哲学经典里的
思想智慧

WENDAO SIBIAN

Zhexue Jingdian li de Sixiang Zhihui

国家图书馆 编

国家图书馆出版社
东方出版社

图书在版编目（CIP）数据

问道思辨：哲学经典里的思想智慧 / 国家图书馆编 . —北京：国家图书馆出版社：东方出版社，2022.2

（"部级领导干部历史文化讲座"20周年纪念版）

ISBN 978-7-5013-7405-2

Ⅰ . ①问… Ⅱ . ①国… Ⅲ . ①古代哲学—中国—文集 Ⅳ . ① B21-53

中国版本图书馆CIP数据核字（2021）第253916号

书　　名	问道思辨：哲学经典里的思想智慧	
著　　者	国家图书馆　编	
责任编辑	王燕来　景　晶　王　雷　赵　嫄	
助理编辑	闫　悦	
责任校对	宋丹丹	
装帧设计	奇文云海	

出版发行　国家图书馆出版社（北京市西城区文津街 7 号　　100034）
　　　　　（原书目文献出版社　北京图书馆出版社）
　　　　　010-66114536　63802249　nlcpress@nlc.cn（邮购）
网　　址　http://www.nlcpress.com
排　　版　阳光盛嘉
印　　装　三河市龙大印装有限公司
版次印次　2022 年 2 月第 1 版　2022 年 2 月第 1 次印刷

开　　本	710×1000　1/16
印　　张	20
字　　数	300 千字
书　　号	ISBN 978-7-5013-7405-2
定　　价	69.80 元

问道思辨

目录

楼宇烈

佛教对现代社会的影响

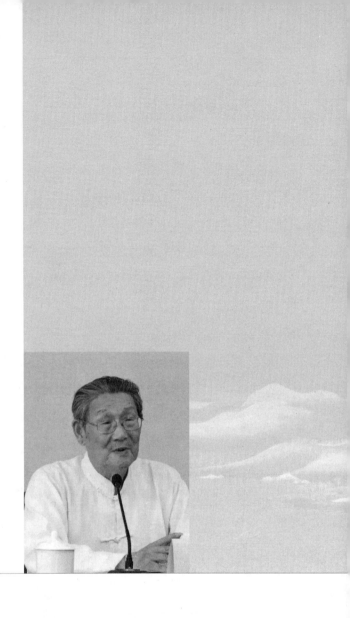

楼宇烈

楼宇烈，1934 年生，浙江嵊州人。1960
年毕业于北京大学哲学系哲学专业。北京大
学哲学系教授、博士生导师，佛教道教教研
室主任，北京大学宗教研究所所长，北京大
学外国哲学研究所学术委员会主任。兼任教
育部人文社会科学研究专家咨询委员会委员、
全国古籍整理出版规划领导小组成员、全国
宗教学会顾问、孔子基金会理事、中华炎黄

文化研究会理事、中国人民大学佛教与宗教学理论研究所学术委员会主任、华东师范大学中国现代思想文化研究所学术委员会主任等职。

　　长期从事中国哲学史、佛教史方面的教学和研究工作。近年来，十分关注传统文化的批判继承和古为今用的问题，发表的《儒家"节欲"观的现代意义》《儒家修养论今说》《佛教与现代人的精神修养》等论文，不仅在学术界受到好评，而且在社会上也产生了一定的反响，为发掘传统文化的现代意义作出了有益的探索。

　　今天，我要讲的题目是《佛教对现代社会的影响》。佛教在现有的世界宗教中可以说是一个最古老的宗教，它是世界四大宗教之一，创立在公元前6世纪到前5世纪的古代印度，创始人是释迦牟尼。在宗教里面，佛教是一个比较有特点的宗教。从它的思想理论来看，也是现存的宗教里面思想理论最丰富的一个宗教。我今天想从这几个方面来讲，第一个问题是想简单地讲一讲佛教的历史和现状，第二个问题是想讲讲佛教的一些主要的教义和理论，第三个问题讲佛教的社会作用和影响。

　　佛教产生在古代的印度，在印度佛教经历了几个发展的阶段。首先是释迦牟尼创立佛教的时候以及他去世以后他的主要弟子们传播的时期，我们在佛教史上一般称之为原始佛教，这个大概在公元前 5 世纪到前 3 世纪。大概在释迦牟尼去世以后 100 多年的时候，佛教内部产生了对释迦牟尼所说理论的一些分歧，于是就开始分裂了。根据史书的记载，大概先后成立了 20 个部派，这个时期大概在公元前 3 世纪到前 1 世纪左右，我们就称之为部派佛教的时期。大概在公元前后的时候，大乘佛教开始发展起来，大乘佛教在发展的过程中间也经历了几个阶段，主要是在理论上有几个不同的时期。早期的大乘主要是般若中观派，中期是瑜伽行派，到了晚期就是密教了。由于印度本土印度教的复兴以及外族的入侵，大概到了公元 13 世纪左右，佛教在印度本土几乎是绝迹了，印度主要是印度教和外族入侵以后传过去的伊斯兰教了。到 19 世纪后期，佛教在印度本土才开始复苏。

　　佛教从它产生以后就向外传播，特别是在亚洲，佛教是有着非常悠久的历史传统的，也有广泛的信众，可以说是许多民族和国家传统文化中的一个主要组成部分，甚至是主体部分。在欧美，20 世纪 70 年代以来佛教的信众也大量地增加，影响也在日益扩大。

　　我们知道在东南亚地区大部分国家，比如说泰国、缅甸、老挝、柬埔寨、斯里兰卡等等，佛教至今仍然是主要的宗教信仰。在这些国家流传的佛教，我们称之为南传的上座部佛教，也就是部派佛教里面的一个主要的流派，佛教在泰国甚至被尊为国教。佛教在印度现在虽然已经没有多大的影响了，但是印度作为佛教的一个发源地，佛教的许多遗迹还是非常重要的文化遗产。释迦牟尼的诞生地在现在的尼泊尔，所以尼泊尔也有很多重要的佛教文化遗产。在印度尼西亚、巴基斯坦、阿富汗这些国家，佛教现在除了在像印尼、巴基斯坦的华人的世界里面还有很多的影响之外，在整个国家里都已经没有什么大的影响了。但是这些国家也曾经是佛教非常盛行的国家，也有许多非常重要的佛教的遗迹。

　　至于在东北亚地区，在韩国、日本，佛教至今还是信众最多的、社会影响最大的一个宗教。这一带流传的佛教主要是从中国再流传出去的大乘佛教。

在中国，佛教大概是在公元前后，也就是在两汉之际传入的。由于传入的时间、途径、地区和民族背景的不同，在中国先后形成了汉传佛教、藏传佛教和云南地区的上座部佛教。我们有的时候也称为汉语系佛教、藏语系佛教和巴利语系佛教，这样三大语系的佛教。这个可以说是印度佛教史上从原始佛教以后在历史上先后发展起来的几个主要的教派，也是当今世界上尚存的传统佛教的三大教派。

在中国汉地，汉传佛教发展到东晋南北朝的时候就开始影响和融入中国文化，也融入我们的日常生活。此后，随着佛教在中国本土化的进程，创立了许多有中国特色的佛教宗派。比如说在隋唐时期就出现了许多非常重要的佛教的宗派，这些宗派都是印度原来的佛教里面所没有的，像天台宗、华严宗、禅宗、净土宗、唯识宗、三论宗、密宗、律宗等。这就是过去常常讲的隋唐佛教的八大宗派，并且一步一步成为中国传统文化中一个非常重要的有机的组成部分。佛教文化渗透到中国传统文化中的方方面面，对中国的传统文化有极其深远的影响。从我们的日常生活到我们的语言，到我们的思想，方方面面都有非常深刻的影响。就拿我们现在的语言来讲，我们学校里面正在编写一部《中华文明史》，在讨论这个问题的时候，就谈到了如果我们不了解佛教文化的话，没有佛教的传入、没有佛教的影响，我们现在的很多语言都没法说，因为我们现在讲的很多语言都是从佛教里面来的。比如说我们常常讲的"烦恼"就是佛教里面的一个概念，"自寻烦恼"，是佛教的一个思想。我们也常常讲"无明"，"无明"也是佛教里面最重要的一个概念，"不要无明火起"，这也是佛教里的一个思想。我们还常常讲"不是冤家不聚头"，这也是佛教里的一个思想。所以，在我们的日常生活中可以说到处都有佛教的影响，这从我们的语言中就可以看到。刚才讲到，在隋唐时期发展起来很多具有中国特色的宗派，这些宗派在它的发展过程中都有消有长，有的兴盛了，有的衰落了。在宋代以后，主要是禅宗的思想最为流行，它和净土宗的思想结合，形成了禅净双修，一直延续到现在。这个大概就是汉传佛教的一个简单情况。

唐代高僧玄奘画像

藏传佛教有两个传入的过程，最初大概是在公元7世纪，佛教传入藏族地区，当时主要是通过中原地区和尼泊尔、印度这些不同的地区传进去的，这个时候我们称之为西藏藏传佛教的前弘期，这个时期大概延续了两个世纪。到9世纪末，由于西藏地区的原始宗教——苯教禁止佛教的传播，所以有100多年的时间佛教在西藏就中断了。到了10世纪末以后，佛教重新传入了西藏，开始了藏传佛教的后弘期，这个可以说是现在的藏传佛教的正式形成时期，到现在也有1000多年的历史了。佛教传入藏族地区以后，对藏族地区原有的文化有非常大的影响，甚至于成了此后藏地文化的一个主体部分，现在我们要讲到西藏的藏族的文化，佛教是它的最主要的一个主体的部分。

南传上座部佛教最初是在公元7世纪的中叶由缅甸传入云南的傣族地区的。佛教传入傣族地区以后也和它的本土的原有文化完全融为一体，所以现在我们到云南傣族地区就可以看到，他们的很多情况是和泰国、缅甸完全相似的。根据1990年英国《大不列颠统计年表》的统计，全世界的佛教徒大概有3.1亿人左右，这些佛教徒主要是集中在亚洲，西欧的佛教徒大概有几十万人，主要是在英国、法国和德国，苏联的佛教徒也相当多，大概有100万，美国大概有30万，拉美地区大概有50万，大洋洲和非洲就少一些。

中国佛教的情况，根据国务院1997年发布的《中国宗教信仰自由状况的调查》——也就是我们常常讲的宗教白皮书——的统计，中国现有的佛教寺庙有13000多座，出家的僧尼有20万人，其中藏语系佛教的喇嘛、尼姑大概有12万人，活佛有1700多人，寺院有3000多座；巴利语系佛教的比丘和长老有将近 1 万人,寺院有 1600 多座。现在大陆地区的佛教信徒究竟有多少呢?这个是很难统计的。因为佛教信徒不像基督教、天主教,他们有比较严格的登记统计制度。根据中国佛教协会的粗略的估计,他们说比较保守的估计,现在在大陆地区佛教信徒大概有 8000 万,这也是一个相当惊人的数字了。现在中国佛教的发展,应该说有几个比较特殊的情况,因为我们可以看到南方要比北方繁荣,东部又要比中西部地区兴盛,当然除了西藏地区之外。其中特别是东南沿海地区,以福建、浙江、江苏佛教的发展最为迅速,也最为兴盛,如果你到这些地区去看,庙里面的香火非常旺盛。

目前在中国的各类佛学院,前两年统计是有 36 所,各级佛教协会和寺庙也成立了许多佛教文化研究所。根据我的了解,现在已经有 10 多处这样的佛教文化的研究所。佛教界正式出版的刊物有 40 多种,如果加上一些非正式的小报大概有近百种。

学界的佛教研究也在迅速地发展,我们最初仅在很少的一些地方有佛教研究机构、教学机构,这几年发展得很快。从 20 世纪 80 年代算起,到现在 20 年的时间,根据我们的统计,在大学里边,撰写跟佛教有关系的硕士论文、博士论文大概有将近 300 篇,集中起来出版,大概可以出 100 本书,所以应该说发展是非常之快的。所以从总体来讲,在改革开放以后的 20 年,中国大陆地区佛教发展十分迅速,寺庙的恢复、宗教活动的开展、学术研究的开展等,应该说都是非常迅速的,在几大宗教里面应该说也是最为迅速的。我这些数字不一定很准确,我只是从一些文献上面看到的,或者是就平时所了解的一些情况来讲的。

以上简单地讲了一下佛教的历史和现状。它之所以会有这样一个迅速的发展,之所以会有这样一种影响,我想主要还是跟佛教自身的教义和理论有关系,所以下面我想要着重地介绍一下佛教的一些主要的教义和理论。

现象上的佛教和佛教的本身所蕴含的教义和理论,应该说有相当大的差距。因为我们平时看到的佛教都是在寺庙里面,在寺庙里面我们可以看到的大部分都是烧烧香、磕个头、求个福、祛个灾,或者是为死去的先人来做一个法会,或者为其他的灾民或世界和平来做一个法会。这样一种情况,其实跟佛教的许

多根本教义和理论应该说是有很大不同的。佛教的典籍非常之多，也可以说在
所有宗教里面，佛教典籍是最多的。它的理论是非常精细的，而且具有很丰富
的辩证思维，跟其他宗教有很大的不同。所以对于佛教，经常有这样一个问题，
就是它究竟是一种宗教呢，还是一种哲学？近代以来对这个问题有很多的讨论，
一直到现在可以说也还是在讨论着。近代许多思想家，像章太炎、梁启超他们
都参加过这个讨论。有的人说佛教从它丰富的精细的理论来讲，应该是一种哲
学；有的人还是强调它是一种宗教，因为它还是提倡一种信仰；有的人认为佛
教既不是宗教，也不是哲学，它就是一种佛法，佛法就是佛法；但也有人认为，
它既是宗教也是哲学。我想佛教确实具备这两个方面的特点，它既是一种宗教，
是有广泛的信仰层面的东西，也就是说一种情感方面的需求；另外一方面，它
确实也有相当丰富的理论思维的内容，所以它也有很多的哲学的思想。所以我
觉得佛教既是一种宗教，又是一种哲学，看我们从哪一个层面去看它。另外，
我想也要说一说佛教从信仰层面来讲，包含着两个不同方面的信仰层次，一个
是所谓的他力信仰，一个就是自力信仰，这两个方面也是相当不同的。我们可
能看到的大部分都是他力信仰的现象，就是去求佛，去拜观世音菩萨，希望佛
来保佑，希望观世音菩萨救苦救难，都是属于一种他力，依靠佛、菩萨、别人
来救助自己，或者是希望自己死了以后，往生极乐世界、西方净土，希望阿弥
陀佛来接引自己，这都是属于一种他力信仰。但是佛教里面，另外还有一个方
面就是非常强调自力信仰，就是所谓的依自不依他，也就是认为所谓的佛，并
不在外面，并不是我们拜的那个佛，也不是我们拜的那个菩萨，它并不在外面，
而就在你的心中，所以你人格完善、道德完善，那你就是佛，所以解脱就要靠
你自己。

　　应该说这个思想是佛教的最初的，也是最根本的思想。因为，释迦牟尼在
创立佛教的时候，对当时印度的各种各样的宗教和哲学思想进行了概括。他认
为，当时印度所流传的宗教和哲学思想，它们在信仰方面都存在问题，是什么
问题呢？一个是无因论，就是说认为什么事情都是没有原因的，都是无缘无故
地就发生的；另外一个是邪因论，就是认为，世界万物都是由梵天生出来的，

因此人追求的最后的归宿也就是和梵天的合一，叫作梵我不二，梵我合一，这个也是追求一种外在的东西。释迦牟尼认为，无因论和邪因论都是错误的，所以他提出了一种正因论，就是正确的因果观。他所提出来的正确的因果观是一种什么观呢？就是认为一切事情都是有原因的。我们现在看到的都是一个结果，而这个结果都是有原因的，包含各种各样的原因，有直接的原因，有间接的原因，有主要的原因，有辅助的原因。我们现在可能还没有认清楚这个原因在哪里，但绝对没有缺少原因的事情，而这个原因绝对不能够到人自身外面去找。他认为，这个原因主要是人自己，是由每个人自己的身、口、意三业所造成的。所谓身、口、意，身就是你各种各样的行为，口就是你各种各样的言论，意就是指你各种各样的思想、想法、观念。他认为，人现在的一切状况都是由人自己的身、口、意三业所造成的。实际上也就是我们现在有的时候也在讲的，一个人的历史都是由他自己写的，都是他自己的行为、言论、思想来写成他自己的一个历史。所以佛教认为一切都是自作自受，你自作的，所以你还是自己受。你要解脱，怎么解脱呢？那就是要自性自度，自己来度自己，自己来解救自己。所以在佛教里面，自力的信仰是原始佛教以来一直到所有佛教里面的一个根本的思想。正是最初在原始佛教里面排斥对于神的信仰，所以一直到现在也还在讨论一个问题，那就是佛教究竟是一种无神论的宗教，还是一种有神论的宗教？这个问题始终是很奇怪的，习惯地讲宗教总是有神论的，但是佛教确实有它的一种特殊性。

近代我们向西方学习的时候，许多思想家考虑西方的特点除了船坚炮利、经济发达以外，还有它们的政治制度，有民主、平等，是不是还有思想方面的根源呢？很多思想家都认为西方之所以强大，除了经济的原因、政治的原因，还有它们的文化的原因。而文化原因里面很重要的一个原因，就是它们有一个全民的宗教作为联络民众情感精神的核心，那就是天主教或者基督教。所以近代许多思想家也提出，中国要强大，除了在经济上、政治上要有所变革，也要有一个宗教。我们大家都知道，康有为就提出来要把儒教变成宗教，而且定为国教。康有为提出的建议，当时遭到很多人的反对。因为那个时候正是在批判封建礼教，批判儒家，而他提出来要把儒教变成宗教、变成国教，当然要遭到很多人的批判，说他是复古派。另外一位革命家——章太炎也提出来要建立宗教，也认为中国要有宗教。当年他被袁世凯抓起来，放出来以后在日本做了一个演讲，在演讲时讲到一个很重要的问题就是中国宗教的问题，特别讲到佛教的问题。他提出要建立宗教，要以佛教来作为中国的国教，他提这个建议的理由就是认为佛教是一个无神论的宗教。

当然，这是比较复杂的一个问题，在原始佛教甚至于可以说一直到部派佛教这个时期，应该说确实它们是没有一个讲神的问题。但是到了大乘佛教发展起来以后就有了一个造神的过程。在大乘佛教以前，就是在释迦牟尼的时代，以及在释迦牟尼的学生的时代，到后来的部派分裂的时期里，佛不是神，佛就是"觉"的意思，佛就是一个"觉者"，觉悟了的人。所以释迦牟尼被称为佛，就是因为释迦牟尼是一个觉悟者。菩萨是梵文里边的"菩提萨埵"的一个简称，

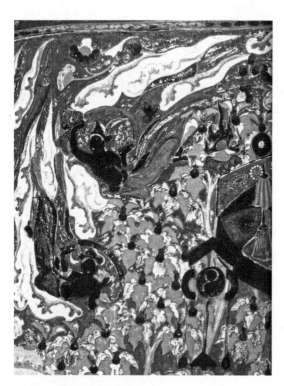

敦煌莫高窟飞天壁画（局部）

现在叫作菩萨，"菩提"就是觉的意思，"萨埵"就是有情，有情实际上就是有生命的，"菩提萨埵"就是觉有情，觉悟了的有情，觉悟了的一个生命体。因此本来佛和菩萨都是代表觉悟的意思，所以它不是一个神。释迦牟尼有十个称号，都是把他称为一位老师、一位指导者。比如说称释迦牟尼是"人天师"——人的老师、天的老师。因为在佛教里面认为天也是一种有情。我们看敦煌壁画里面有许多飞天，飞天是和人一样的一种有情的生命体。所以称

他为"人天师"，称他为两足尊，人是两条腿的，两足的尊者，所以没有把他看作是一个神。但是大乘佛教发展起来以后，确确实实是造出了许多的神，因为在那个时候，佛就是释迦牟尼，释迦牟尼是觉悟了的，其他的人最多也就能够达到一个阿罗汉。罗汉就是已经把一切的烦恼、一切的欲望都断除了的人，已经达到了清净无为的人，也称为阿罗汉。其他人当时来讲，达到的一个最高的境界也就是阿罗汉，佛就是释迦牟尼一个人。但是到了大乘佛教以后，开始了一个造神运动，有十方世界、十方佛。佛也有现在的佛、过去的佛、未来的佛，现在的佛就是释迦牟尼，未来的佛就是弥勒佛；也有东方的佛，像阿閦佛、药师佛，有西方的佛，西方的佛就是阿弥陀佛，这样就出来了十方世界、十方佛。也有许许多多的菩萨，刚才我讲了，菩萨本来就是一个觉悟了的有情生命体，现在出来了许许多多的菩萨：观音菩萨、普贤菩萨、文殊菩萨、地藏王菩萨等等，数不胜数。中国的四大名山就是四大菩萨的道场：五台山是文殊菩萨的道场，峨眉山是普贤菩萨的道场，普陀山是观音菩萨的道场，九华山是地藏菩萨的道场。所以确确实实有这么一个造神的过程。大家也就在很多情况下，求佛、求菩萨来保佑，来拯救。他力的信仰也就这样地发展起来。特别是关于西方净土思想的发展，将来要往生到阿弥陀佛那里去。佛教的发展确实是有这么一个过程。所以我们也不能够简单地说佛教就是无神的，从它的原始部派来讲是如此，但是到大乘佛教有这样一个发展过程。

另外一方面，在大乘佛教的发展过程中间，同样的，自力信仰的思想也在发展，而且更深一步地来强调自力的重要性，这种思想发展到中国的禅宗达到了顶点。中国禅宗可以说是最强调自力解脱的。禅宗认为，佛就在自己的心中，所以它强调心、佛、众生是一体的，三位一体，心外无佛，离开了你自己，外面没有佛。所以禅宗实际的创始人慧能就曾经讲过这样的故事，他说东方人造了孽，做出了恶，就希望能够解脱，解脱到哪里去呢？解脱到西方的极乐世界去。他说那么西方人犯了罪怎么办呢，西方人做了恶怎么办呢？他要往哪儿去呢？他没地方去了。所以他说实际上佛不在其他地方，就在你心中，称之为自性弥陀、自性净土。所以说心净则佛土净，你的心干净了，那么佛土也就净了，佛土就在你自己的心中，离开你自己的心去找是找不到的。所以，我们要看到佛教有这样两个方面的特点，从自力信仰这个角度来讲，应该说佛教是具有非常丰富的人文精神，非常注重一个生命体的主体性、主动性和能动性。我想这个问题首先要弄清楚，这样我们会对佛教有一个比较全面的了解。因为我们看到的大部分都是宗教角度的佛教，他力信仰角度的佛教。其实佛教有另外一个角度，就是它有丰富的哲学理论的一面以及非常突出的自力信仰的一面。从这两个方面来看，我们对佛教可能会有一个比较全面的看法。

佛教的理论在有些地方是非常烦琐的，概括起来讲，佛教的主要教义可以用两个字来概括，一个是"苦"，一个是"空"。"苦"，可以说是佛教的一种生命观或者是人生观，佛教认为一个生命体（这里主要是指人）可以说生下来就有许许多多的苦恼，或者痛苦，它把"苦"概括成八种，其中生、老、病、死，是最基本的四大苦。释迦牟尼就是在对于生老病死的苦的体悟上面才去求道的，求解脱的。除了这四种之外还有怨憎会苦，冤家聚头是非常痛苦的一件事情，非常烦恼；还有爱别离苦，我们常常讲生离死别，活着的人，心爱的人分离非常痛苦；还有求不得苦，你想得到的东西得不到，这也给人带来许多痛苦；还有就是五蕴炽盛苦，五蕴是佛教讲的一个有情的生命体的各种组成的条件，包括肉体和它的精神这几个方面——色、受、想、行、识，色主要是指人的肉身，受、想、行、识都是指人的精神方面的东西，人的肉体有追求，人的精神也有追求，有各种各样的欲望。炽盛，就是追求非常强烈，非常旺盛，如满足不了，就有许多痛苦。所以佛教认为，一个有情的生命体，它生来就有许许多多的苦，这些苦的原因就是刚才我讲的业，业也就是行为，身、口、意三业，还有各种各样的烦恼，各种各样的颠倒妄想、分别执着，这些都是造成苦的原因。

佛教又常常把这些概括为贪、嗔、痴三个方面，称之为"三毒"，佛教的这个概括我觉得是相当精炼的。贪主要是欲，主要指生理上面各种各样的追求；嗔是指嗔恚，一种心理上的不平衡，比如说各种各样的攀比、各种各样心理上的不满足；痴主要是指一种思想上面的东西，认识上的东西，譬如钻牛角尖、认死理等等，这个佛教也称为一种无明，无明就是一种愚昧。在佛教看来这种愚昧、无明就是一种执着，一种认死理。这三毒又可以分为两类，一类属于烦恼，如贪和嗔，痴则属于认识方面的，所以一个叫作烦恼障，一个叫作所知障。在佛教看来，这两个障中，烦恼障相对来说还比较容易克服，而所知障则是难于克服的。这也就是我们常常说的许多观念上的束缚，摆脱不出来。我们许多生理上面、心理上面的追求有的时候还可以放下，可是我们已经认准的这样一个道理就摆脱不了。所以在佛教看来，这两个障碍是人们所有痛苦的根源，而这个根源里面，相对来讲所知障更难克服。

于是，佛教就倡导用戒、定、慧"三学"来对治"三毒"。简单来讲，戒是针对贪的，用各种各样的戒律、戒条来限制你，就是不许吃肉、不许喝酒，限制这样一些生理上面的欲望。用定来克服你的嗔，因为嗔就是你心里的一种不平衡，也就是心不能平静，所以用定让你安静下来。用慧，就是用一种智慧来克服痴，因为佛教所讲的慧和一般的知识不一样。知识是指一般的认识事物，一般的人主要都是在追求一种知识，知识可以说是建立在对事物的一种分别对待的基础之上的，没有分别，没有比较，我们怎么能够有知识呢？我们怎么能够认识外在世界呢？这是我们通常人的一种认识的方式。而佛教则是要来打破这种分别的知识，来求得一种无分别的智慧。人们的烦恼和痛苦，归根结底来源于一种分别的执着。首先是来源于对于自我的一种执着，因为有了我才有他，那么就有了这是我的，那是他的，这是应该我得到的，那个是应该他得到的，有了这样一种对待，有了这样一种分别，有了这样对待、分别基础上面的执着，于是就有诸多的苦恼产生了。所以它认为应该消除这些东西，不应该有这样一种分别的执着，它认为一切东西都是平等的，不应该有这种执着。

佛教的这些问题，从现代的角度来看也还是值得注意的。例如人治病一般都是从生理上来治的多，过去我们也常常强调"病从口入"，所以从生理上面来治生理器官的疾病比较多。但是佛教认为这个还是一种低层次的病，深层次的病是病从心起，心病，心里面的嗔、痴。现在心理治疗之所以在全世界蓬勃地发展起来，正是因为现在的人越来越认识到许多疾病更多的是从心理的问题产生的。所以佛教从这三个方面，从生理的，从心理的，最后还要从认识的理智这个角度来剖析人的烦恼和疾病。现代科学分析，有很多精神上的毛病都是由于痴所带来的，也就是脑子钻到一个死胡同里面去，出不来以后精神失常。所以现在世界上研究心理治疗的人非常注意佛教的这些思想，特别注意中国的传统的东西，我也接触到相当多的西方的心理医师，他们来探求禅宗的一些思想如何运用到现代的心理治疗上面去，即现代心理学上去。这可以说是佛教的一个主要的教义，也是佛教的生命观、人生观。

　　佛教所说的"苦"，是由怎样一些原因带来的？归结起来就是刚才讲的一种分别的执着。而分别的执着怎么会产生呢？就是刚才讲了，你把一些现象的东西，或者是一个自我主体的东西分别了出去，看作是实实在在的，所以才有这样的执着。我实实在在地在这儿，这个东西也实实在在地在这儿，我想要它，这也是一个实实在在的，所以才会有这样的分别。不能够你要，你要了我心里面就不高兴，有这样一种分别的执着，所以才会有这样一些苦恼的产生。因此，佛教就是要从根本上来解决人对于这种分别执着的认识，它认为这种认识是一种颠倒的认识。在它看来，实际上，我们看到的一切东西的本性都是"空"，或者说是"清净"。

　　所谓"空"，可以说是佛教的一个世界观。从原始佛教、部派佛教开始都是讲"空"，但是在原始佛教和部派佛教时期主要是用来克服有情众生对于自我的一种执着。怎么来克服呢？它的理论是一个有情众生都是由五蕴，即色、受、想、行、识这五蕴组合而成，既然它是五蕴组合而成，就说明这个自我并不是一个永恒的东西。它既然有聚，就会有散的时候。所以它就从这样两个角度来讲，就是一切的生命体都是无常的，都是无我的，所以佛教里面常常讲无常和无我。这就是所谓的三法印："诸行无常，诸法无我，涅槃寂静"，"诸行无常，诸法无我"就是来说明空的道理，"涅槃寂静"是来说明我们最后所要达到的一个境界。所谓"诸行"和"诸法"都是指的这种现象，"我"这样一个主体也是一种现象，外界存在的各种各样的东西也是一种现象，这种现象都是无常和无我的。所谓无常就是它不是永恒的，有生就必有灭。所以，佛教讲一切有为法都是有四种状态（有为法就是因缘和合而生的一切事物）：生、住、异、灭。"生"就是生出来，然后要有一个相对稳定的时候就叫作"住"，"异"就是变异，就是人变老，或者是由身体健康变成身体衰弱，最后就要"灭"。所以它不是一个永恒的，有生就必有灭，永恒就是"常"，恒常不变，既然一切的现象都是有生就有灭，那它就是无常的，不是永恒的，用佛教的话来讲就是都是"刹那生灭"的。我们现在讲"一刹那"，"刹那"这个词就是佛教里形容最短最短的一个时间的单位。另外一方面又讲它是无我的，所谓无我就是它没有一个独立的自性，因为它都是由各种因缘、各种条件聚合而成的。佛教所讲的因缘，实际上，是由各种条件集合在一起的东西。如五蕴，即色、受、想、行、识结合在一起才形成一个生命体，就是由它的肉体和它的精神结合才形成一个生命体，所以它没有一个自己的独立的自性。无我主要是指没有一个独立的自性，无常主要指不是恒常的，既然是一个不是恒常的，又是没有独立自性的东西，那么你为什么去执着它呢？佛教的"空"就是这个意思。

到了大乘佛教发展起来以后，"空"的理论得到进一步的发展。不仅用它来说明有情众生对自我的执着是错误的，自我是无常的，而且一切法，包括一切的物质现象、精神现象，甚至于理论学说，也都是无常的，无自性的。佛教所以这样讲，它讲的"空"并不是什么也没有，也不是讲什么都不存在，而主要是指一切现象都是虚幻的、不真实的，所以我们不能够把这样一个虚幻、不真实的东西当作一个不能放弃的东西来对待，所以应该去追求一个真实的东西。那么这个真实的东西是什么呢？用佛教教义来讲就是"空"，就是清净。佛教讲的这个清净，如果用一个我们平时比较熟悉的话来说，实际上也就是说，就拿人来讲，生命是有限的，有生就必有死，当我们来到这个世界上的时候，并没有给世界带来任何东西，我们离开这个世界也带走不了任何东西，也就是所谓的生不带来，死不带去。那么，你现在的所有的一切都是哪儿来的呢？你现在的一切，拿佛教的话来讲，是一切有情给你的，用我们现在的话就是说人民大众给你的，社会给你的。因此，你也要把这一切都还给大众，还给社会，因为你也是带不走的。所以从佛教角度来讲，它是非常非常强调面对现实的，你把现实问题处理好了，就真正能够认识到佛教这个"空"的意思，因为你既不能带来也不能带走，所以一切都要在现实中间完满地解决，提升自己的人格，为大众社会来服务。所以大乘佛教，特别是禅宗，更是强调所谓"当下"。禅宗认为，所谓的学佛并不在哪儿，佛并不在什么任何的地方，佛就是你的本分事，你该做什么，你就要把它做好，这就是禅所追求的一个目标。其次，佛也就是一颗平常心，我们现在也常常讲平常心，平常心也是禅宗里面最常用的话。现在很多人，一讲到禅宗好像就是非常的玄妙，其实禅宗是非常简单的，我常常讲禅宗其实就是两点，一个就是禅宗是你的本分事，把你的本分事做好了就是；另一个就是禅宗就是要回归到一颗平常心，不要去好高骛远地追求这个，追求那个，这样你才能做一个自在人。所以禅宗就是当作本分事来做，回归到一种平常心，最后是做一个自在人。这就是禅，这也就是佛。

在原始佛教和部派佛教时期，它的出世主义的倾向比较严重，因为它看到了有限生命时期的无常、无我，所以非常厌烦，并感到有一种恐怖，要远离它，去追求一种涅槃的境界，也就是非常安静的、没有烦恼的境界。它是厌恶生死，而去追求一个涅槃，因而它要悟到苦，要悟到空，目的就是要断除这个烦恼，来出离生死，超脱轮回，主要是为了解决自己的生死的解脱问题。所以过去有人讲，中国的道教和佛教一个是贪生，一个是怕死，道教是贪生，佛教是怕死。其实这个怕死的意义就是怕生死，因为在生死中间就不断地轮回，所以你永远摆脱不了种种的苦恼，摆脱生死、摆脱轮回才能够摆脱这种苦恼，这可以称为一种出世主义。但是，到了大乘佛教，这个情况有很大的变化。因为大乘佛教相对于小乘佛教来讲，它强调的不仅仅是个人的一种解脱，更强调的是要解脱众生，而且从理论上得到发展，认为一切法都是这样，不仅仅我是空的，一切法也都是空的，诸法是平等的，没有根本差别，所以你在生死中和你达到了涅槃境界没有什么两样。你想脱离生死，去追求一个涅槃，用他们的话来讲，实际上你是从这个牢笼里面钻到另外一个牢笼里面去了。所以根本的问题是什么呢？是你要看清楚生死的本质是什么。认识了生的意义，了解了死的归属的话，你就达到了涅槃的境界。所以，没有离开生死之外的涅槃。既然如此，也就没有离开了世间的觉悟。所以大乘佛教强调生死即涅槃，烦恼即菩提，所以出世和入世也是不能够对立起来的，没有一个离开世间的所谓的出世那个地方。所以到了大乘佛教，就不把出世和入世看作对立的东西，只有在入世中间才能够真正地达到出世的目标。所以它要的不仅是自己的解脱，还要去解脱众生。只要悟到了世界的本性就是空的、清净的，那就是出世间了。所以，大乘佛教非常强调悲智双运的精神，所谓悲，就是一种慈悲的精神，要帮助别人觉悟，帮助别人解脱；智是智慧的意思，就是自我的觉悟和自我的解脱。现在佛教界，有人把大乘佛教这种悲智双运的精神诠释成这样两句话，叫作"觉悟人生，奉献人生"。我想这个诠释应该说还是适合于我们现代社会的，我们现代社会就是要求每个人都能够觉悟人生，又能够去奉献人生。

刚才我讲的是佛教的一些主要的教义，下面我想再简单地讲一讲佛教的一些主要的理论。

佛教的第一个理论是因果论。因果论可以说是佛教一切理论的一个基础，有的时候我们也称它为缘起论。因果论，缘起论，可以说是佛教一切理论的基础。这个理论最核心的东西就是刚才讲的，一切事情都是有它的原因的，一切事情既有生，就必然有灭。这个理论常常被人误解为是一种宿命论。我们也常常可以听到"前生注定"的说法，你前生做了这些事情，所以你今生就应该这样，你今生做了这些事情，所以你下一世一定是如何如何的，或者你以前做过这样的事情，现在遭到这样的报应是必然的，好像有一种宿命，而且是不能改变的。我想如果从这个角度来理解，觉得一切既然都是前生定的，那我也就没法改变了，就会走向宿命论。其实这个因果理论，也可以从另一个角度来讲，包含了一种积极地改变自己命运的道理。因为既然一切都是由你自己的"三业"所造成的，那么你可以通过改变你的行为、言论、思想来改变你的命运。所以因果理论本身具有两面性，你从消极的角度来理解它，就是一种宿命论，可是你如果从积极的角度去理解它，它就变成了一种可以改变自己命运的理论，或者我们称它为"命由己造，命由己立"这样一个理论。如果大家有兴趣的话，可以看一看现在好像很流行的《了凡四训》。明朝的一个文学家叫袁黄，他的号叫了凡，他有一本著作叫《了凡四训》，这四训都是写给他的儿子看的。其中第一训里面就讲了"命由己造"的问题。他用以论证"命由己造"的理论就是佛教的因果理论。书中说，他生下来的时候，母亲给他找了一个算命的，给他算了一下，算命的说：这个孩子命相很薄，身体不好，做不了什么大官，最多考上一个什么举人就了不得了，最好学点手艺，来做点好事，能够延长一下生命就可以了。他的父母很信，他自己也很信，而且说他将来也不会有孩子的，他信了这个。而且以后的经历确实也跟这个算命的给他预言的差不多，什么时候考上一个童子试，考上个秀才，什么时候考上个举人，什么时候当一个什么样的小官，挺灵验。于是他也就非常认命，安于这样地度过一生。后来碰到了一个和尚，也是当时非常有名的一个和尚，和尚看他平时做事情不是特别卖劲，但是也做得很好，他说你怎么会这样。袁了凡就把算命先生给他算命的情况说了一遍。这位和尚听了以后就跟他说：哎，你这个完全错了，哪有这样的命啊？命是由自己来造的，你怎么样做，才有怎么样的命。他一听，觉得这位和尚讲得很有道理，从此就改变了他自己这种做事应付了事的态度，而采取一种积极的做法，结果命运有很大的改变。所以他就把这个教训写下来告诉他的儿子，这就是他的《了凡四训》的第一训。后面当然还有怎么样做人，怎么样处理家庭关系，等等。胡适之先生曾经把《了凡四训》看作研究明代民间思想的

《了凡四训》书影

一个重要的文献。过去我们讲思想史、哲学史很少注意到这些文献，其实它们在民间的影响是非常之大的，《了凡四训》一直到现在在民间的影响也是非常之大的。所以这个因果理论实际上是有它的两面性的。

另外，因果论从总体上来讲，对我们思考问题也还是非常重要的。因为有因才

有果，有果必有因，所以当我们看到一个现象我们必须要去认真地追寻、思索它的原因，才能够很好地来解决问题。

佛教的第二个理论是实相论。大乘佛教发展起来后用实相论来阐发佛教的本性清净，或者"空"的这样一个理论。所谓实相就是讲的一切现象的本来面貌是什么，实相就是它的本来面貌的意思。实相论认为实相就是无相，也就是一切现象的本来面貌就是空，就是清净。但是这些空和清净并不是把这些现象否定掉，而是就这些现象来认识到它本性的空，或者本性的清净并不离开这些现象，所以也并不否定这些现象。用实相论的理论来讲，叫作"性空幻有"，它的本性是空的，但是它是幻有，或者说它是假有，它的现象还是存在的。不离现象来认识本质，而这个本质也不能离开这个现象而存在，所以本质和现象是一个事物的两个方面。看过《红楼梦》的，或者看过《心经》的人都知道有这样的话，叫作"色不离空，空不离色，色即是空，空即是色"，这个话就是讲明现象和它的本质是不能分开的这个道理，我们要从现象来认识它的本质，通过这个本质又来把握这个现象，不要被这个现象所迷惑了。而不是说离开这个现象去寻找一个和现象毫无关系的一个所谓的本质，那是没有的。就拿一个人来讲，也就是从现象的我来认识一个真正的自我。离开了现象的我，可能认识一个什么样的真正的自我呢？那是不可能的。这个问题在现在也是非常有意义的，我们现在的很多年轻人都是想要脱离现实，去追求一个虚无缥缈的东西，其实我们首先应该脚踏实地地从我们现在的现象的我去认识自我究竟是怎么样的，而不能离开现象的我去追求一个虚无缥缈的东西。所以这个理论非常强调既不能够离开假名或者幻有，也不能脱离它的性空这样一个本质；既不离这个两边，同时又不着于这个两边；既不只去注意这个现象，也不只是注意这个本性；既不能因本性的空，连现象都否定掉了，也不能因只看到现象的五光十色，又忘掉了它的本性是空的。它是不着两边，也不离两边的。所以这个实相观，我们有的时候也称它为中道实相观，它是一个中道。这是一个实相论的理论。

佛教的第三个理论是唯识论。唯识论讲的是一切法都是唯识所现的这样一个道理。实际上也就是说明一切的法都是没有自性的，不是恒常的。它分析了大量的现象界的问题，把一切的法分成为五大类。这五大类，包括了各种各样的现象：心（识）的现象、心理的现象、物质的现象、一种既非心理的也非物质的现象，还有我们所追求的超脱现象界的这种现象，等等。唯识的这一套理论，也跟现在的许多哲学的理论有相通的地方。所以现在西方的现象学对唯识学的理论相当重视，也有很细密的地方。但是它最终仍然是要说明一切法的本性是空的，是清净的。

佛教的第四个理论是唯心论，实际上我们后来翻译的唯心论这个概念也是从佛教借来的。唯心论跟唯识论在道理上应该说是相通的，但是它是避开唯识论分析现象的这种非常烦琐的过程。刚才讲的，唯识论把一切现象分成五大类，每一类里又有许多种，非常烦琐。而唯心论则是用一种比较简单的方法来说明，直截了当地说"心生则种种法生，心灭则种种法灭"，一切法都是由心生的。但是，这应该说只是从一个角度、一个方面来讲这个问题，其实"心"和"境"，心和外在的东西，从佛教来讲，非常强调它的互相的依赖性，我们常常说你有这样的心，于是就生出各种各样的现象来，反过来，各种各样的现象也会影响你，使你产生这种心，或者是追求它，或者是舍弃它，或者是爱好它，或者是憎恶它，所以"心"和"境"是互相影响、互相关联的。佛教唯心论是非常强调两者之间的关系的。

因果论、实相论、唯识论、唯心论，都是围绕"空"的问题，是用来论证这个"空"的道理的。此外，佛教在论证这个"空"的过程中间，还运用了一些方法，其中最重要的就是下面我要讲的"中道"的思想和"不二"的思想，这两个也可以说是佛教理论中最富有辩证思维的思想。对于佛教的这种辩证思想，许多思想家都给予肯定，包括马克思、恩格斯也讲过，佛教里面具有充分的辩证思维。这个辩证思维我想主要是体现在中道观和不二法门这两个方面。第一个是中道观。中道观是大乘佛教的一个重要的认识方法，它的核心就是不着两边。因为"中道"的这个"中"本身就说明了既不偏于这边，又不偏于那边。它的核心是不执着于两边，也就是不把相对的两边截然地对立起来，不片面地执着于某一边。至于佛教来讲这些问题的时候，都是从两个方面来讲的，讲生就一定要讲灭，不能够单单讲生不讲灭。反过来，讲不生的时候也一定要讲不灭，不能够单单地讲不生，也不能够单单地讲不灭。这就是一种中道的思想，始终认为相对的两个东西，不能够片面地去执着，要看到一切事物都是相对的。当我们讲到生的时候是相对于灭来讲的，我们讲灭的时候也就是相对于生来讲的，我们讲清洁实际上是相对于肮脏来讲的，如果没有肮脏也就没有清洁。所以这里面我想有一种辩证思维。第二就是不二法门。不二法门既是一个认识方法，也是佛教里面一个很重要的修证的方法，它和中道观在道理上来讲应该说是完全相通的，但是它们的侧重点是不一样的。因为刚才讲，中道观是要消除你对任何一边的执着，而不二法门则是要积极地沟通两面，也就是上面我们曾经提到过，入世和出世本来是两个事情，我们执着于入世也不行，执着于出世也不行，不二法门就是要把出世和入世沟通起来，所以常常讲入世与出世不二，烦恼与菩提不二，生死与涅槃不二。这个不二的思想就是不能够把相对的两面对立起来，不仅不能对立起来，还要把它沟通起来。近代佛教界提出一个很重要的口号，叫"以出世心做入世事"，所以能够把出世和入世完全沟通起来，就是靠这种不二的思想。怎么能够"以出世心来做入世事"呢？在一般人看来，这两个东西是对立的，你既然出世了，又怎么能够入世呢？然而，大乘佛法就是强调这个沟通。所谓出世心，就是你放弃了，或者根本不去思考任何的名和利。不去思考任何的名和利，是不是不要去做现实世界的事情呢？当然不是，你还要积极地去做好现实世界的事情，所以叫作"以出世心做入世事"。这就是一种不二的思想，也是一种非常辩证的思想。我觉得佛教里面这样一些思想是很有智慧地处理这些矛盾的观点。

最后，我想讲第三个问题，关于佛教的社会作用和它的影响。佛教作为一种文化、一种思想，在历史上曾经对亚洲许多国家，包括我们中国都起了相当大的甚至巨大的作用。在有些国家、民族中间，佛教甚至至今也还是它们的文化思想的主体，实际上在影响着它们现实社会的各个方面。有个现象其实很值得我们注意，就是第二次世界大战结束以后，东南亚地区的民族解放运动中，佛教社会主义的理论曾经盛行一时，一直到现在，有些国家也还在声称自己是一种佛教社会主义，像缅甸、柬埔寨等。西哈努克亲王所推崇的实际上也是一种佛教社会主义的理念。佛教思想在这些国家是根深蒂固的传统文化，所以在民族解放运动中间，它们也借用了佛教的一些理论，借用了佛教里面众生平等、救度众生的思想，来把它跟社会主义的理论联系起来宣传，有很大的影响，一直到现在也还是有很大的影响。在中国历史上，也是经常地把佛教和儒、道并列在一起，看成是一种修身养性的重要的方法。一直有这样的说法，叫作"以儒治国，以道治身，以佛治心"，儒、道、佛三者可以说有一个分工合作的关系：儒家的很多理念是中国历史上传统的治国理念，历史上的封建王朝，都是根据儒家的理念来治国的；道家讲究养生，是治身的法宝；佛教着重来治心，三者相互配合。实际上，从佛教提倡的最基本的信徒的行为准则来看，它是强调"诸恶莫作，众善奉行，自净其意，是诸佛教"，一直到大乘佛教的悲智双运，应该说佛教具有一种社会的净化的功能。在 2001 年 12 月，我们党召开了全国宗教工作会议，在这个会议上也强调了宗教具有两重性，有积极的一面，也有它消极的一面，而且强调宗教是一种文化现象和社会道德体系。去年宗教工作会议上面提到的这一点非常重要，就是把宗教看作既是一种文化现象，也是一种社会的道德体系。我觉得佛教在这个方面确实应该说是一种道德体系，就拿"诸恶莫作，众善奉行"这一条来讲，是一个佛教信徒最起码要遵守的，这个就具有一种道德体系：你要做善事，不要做恶事。到了大乘佛教，那种悲智双运，既要自度又要度人的思想，要求信徒既要觉悟人生，又要奉献人生。我想无论对一般老百姓，还是对社会各个精英阶层，佛教在净化人心、提升人格方面，应该说还是起着相当积极和广泛的作用。我们现在确实是可以看到这样一个现象，就是现在大量的企业家，信佛教的人特别多。大概在 80 年代的时候，当时我就看到台湾和香港的企业家中信奉佛教的相当多。那么，他们信奉佛教的什么呢？有什么道理呢？根据我的了解，他们相信这一条：我的一切都是取自于社会的，所以我也要回报给社会。当时我就觉得，如果佛教能够在社会上起这样的作用的话，应该说还是相当好。现在，过了 10 多年，我在大陆地区也看到大量的企业家对于佛教有浓厚的兴趣，而且他们也大量地在做这方面的工作，也在想怎么样对社会回报的问题。所以我觉得这个方面，应该说佛教是有相当大的影响的。

近代以来，佛教一直在致力于适应时代的改革，所以中国佛教在发展的进程中间，都是以建立一种契理契机的人间佛教作为它的一个改革的核心。在现在来讲，建设人间佛教是佛教界的共识。所谓建设人间佛教，包含两个方面的意义：一个就是说它作为一种人生的修养，在提升人的修养、提升人的道德品质方面有积极意义，我们也可以称它为一种人生佛教，体现人生的一种哲理；再一个方面就是为社会服务的方面。人间佛教其实主要是这两个方面，一个就是对信徒的人格自我的提升，所谓的净化人心，净化社会；再一个方面就是做大量的为社会服务的工作。做为社会服务的工作，这个方面也是很广泛的，既有做文化方面的工作，也有做慈善方面的工作，这个都是在积极地开展，也可以从各方面来探索，这个方面可以说是蓬勃地发展。与台湾地区相比，大陆地区的人间佛教建设应该说还是刚刚起步，声势也比较弱，所以怎么样来扩大大陆地区的佛教在世界上的影响，以及发挥它在参加世界事务中的积极作用，我觉得还是很值得我们来思考和研究的。我做了一个调查和统计，佛教在世界上的影响可以说是越来越大了，不仅仅是在亚洲地区，而且在欧美地区的影响也可以说是越来越大，但是在世界上的影响应该说还是不够的。我对台湾的佛光山做了一个调查，台湾的佛光山在世界上到处成立佛光会，可以说有华人的地区，它都深入进去了。我统计了一下，它在全世界各大洲、各个国家，大概五大洲涉及 30 个国家，在这 30 个国家里面它建立了 144 个道场。在香港、澳门也有它的道场，在台湾这一个地区就有 63 个道场，在香港有 3 个，在澳门有 1 个，所以它在全世界，如果包括港澳地区有 200 多个道场，其影响力是非常之大的。其实在海外来讲，应该说，大部分的华人还是向往大陆的，他们认为大陆是佛教文化的根子所在，所以有少量的寺庙、法师在国外建立一些道场，它的影响也是很大的。总体来讲，我觉得这个方面还是值得我们很好地思考的。

随着佛教影响的扩大，现在国内提高出家僧尼的素质，提高信众对佛的正确信仰和认识，应该说是一个非常迫切的问题。而这里面应该说提高僧尼教育的质量是一个关键。我国现在虽然有 30 多所佛教的各级佛学院，但是从总体质量来讲，总体素质来讲，应该说还是不高的，所以有亟待提高的必要。我觉得需要考虑怎么样来改变我们过去僧团教育和社会的普通教育之间的隔阂问题。因为过去从我们国家的规定来讲，僧团教育和普通教育是分开的，所以出家人不能够到普通高等学校来受教育，这个在一定程度上对于比较快地提高僧团的教育质量是有影响的。从现在世界的情况来看，普通教育和僧团教育都是打通的，所以许多出家人，和尚也好、尼姑也好，可以在普通大学里面上学，他们接受通常的教育。特别是我们现在讲人间佛教，这些僧尼们如果不知道人间是什么样的一个情况，怎么去推广，怎么去做？现在我国因为各方面政策的原因还没有完全开放这样一种打通的教育，这其实是一个很值得我们思考的问题，我觉得这是非常重要的一个方面，如果能够打通的话，会对僧团教育质量的提高起很大的作用。

另外一方面，我觉得也应当积极地鼓励学界来开展对佛教的研究，因为这已不是一个可以回避的问题。现在信仰佛教的人越来越多，而信仰的人中间对佛教能正确了解的又不是很多。实际上，现在很多人还是停留在我们所看到的佛教信仰现象上，而对佛教的根本的道理、根本的教义和它的一些根本的理论并没有很多的了解，这还需要我们很好地研究，诸如佛教对于我们的传统文化、历史的影响，以及在现实中的影响，等等。其实，我们现在面临的也是这样一个问题，我们到许许多多的旅游点参观，除了自然景观以外，其中人文景观绝大部分都是和佛教有关的，这也是一个非常现实的问题。如果我们对这些人文景观有一个比较好的、正确的阐发，我想这个影响也会是很好的。

从我们现在的社会来讲，我觉得佛教还是可以发挥很多的影响作用的。这次运送佛指舍利到台湾去，是江泽民同志的一个非常英明的决策，其影响不可估量。台湾方面说是有 600 万人瞻礼了，也有的说是 400 万人，这一场景是很感动人的。动员的义工的人数，很难估算。因为发的盒饭 10 万个，每天要发 10 万个盒饭！但是我们也不能仅仅看这一点，我们如果再仔细了解一下的话，为了这次佛指舍利到台湾去，台湾许许多多出版社出版了大量的有关中国传统文化的书籍，其影响之深远可以说是我们做多少其他的工作都比不上的。

中国佛教界跟周边国家的交流也是非常重要的，赵朴初老生前讲"中日韩三国的佛教是黄金纽带"，到现在也是这样，许多活动都是通过佛教界加入的。我觉得不管在文化方面，在经济方面，在政治方面，佛教都可以在社会上发挥非常巨大的作用。所以现在对于佛教确实要积极引导，更好地发挥它的作用。最近我们可以看到在反对"法轮功"中间，佛教起了很大的作用。佛教是我们传统文化的一个组成部分，也可以说是我们传统的一种宗教，所以我们正确地来利用它，来发挥它的作用，就可以给我们社会带来很大的益处，如果我们没有去充分发挥它的作用的话，也可能会成为我们社会的一种累赘，产生一种阻碍的作用。

（讲座时间　2002 年）

任继愈

关于《道德经》

任继愈

任继愈（1916—2009），山东平原人。1941年毕业于北京大学文科研究所（硕士）。1942—1964年任教于北京大学哲学系。1964—1985年任中国科学院（现属中国社会科学院）世界宗教研究所所长、研究员。筹建中国第一所宗教研究机构，并与北京大学合作培养宗教学本科生，为新中国培养了一大批宗教研究人才。曾任国家图书馆馆长、名誉馆长，曾兼任北京大学教授、中国社会科学院研究生院博士生导师、中国社科基金宗教组召集人、中国哲学史学会会长等职务。作为学术界的代表，当选为第四至八届全国人大代表。

主要著述有：《汉唐佛教思想论集》《中国哲学史论》《任继愈学术论著自选集》《任继愈学术文化随笔》《老子全译》等。主编《中国哲学史》《中国哲学发展史》《中国佛教史》《中国道教史》《宗教大辞典》，主持《中华大藏经》（汉文部分）的编辑出版。另有学术论文多篇。

从中国哲学史上来说，影响中华民族文化的两个最有名的学派，一个是老子的《道德经》所代表的道家，一个是孔子的《论语》所代表的儒家。这两个系统是先秦文化的主流，后来演变为中华民族文化的主流。先秦诸子号称百家，其实主要就是孔、老两家。后来孟子作为孔子的辅助学派，庄子作为老子的辅助学派，孔孟老庄四家归根到底还是两家。今天我就只讲老子的《道德经》。

一、尊道

"道"字产生较早，可是作为一个哲学范畴提出是从老子开始的。最早的"道"字，是走路的意思，就是道路，字形就是划了一条街道，中间有一个人，人在走路，而且最早也是动词，行动走路。后来老子开始对"道"赋予一种新内涵，意义就丰富多了。

老子以后，"道"的意义丰富多了，"道"在中国哲学史上呈现出一个固定的范畴，还有"仁""义""礼"等都是中国哲学史重要的范畴。

老子提出"道"，是一大发现。老子的"道"包括很多意思，比如"混沌不分"，最早"一"也叫作"道"；"道本自然"，道本来是这个样子，自然不是现在自然界的自然，就是自己那个样子，也叫作"道"；是构成万物的一个最原始的材料，所以老子叫它"朴"，就是还没有雕琢成器的一个器物，也是指的"道"；有不同的看得见的东西，所以"道"叫作"无形无象"。

"道"离不开普通事物和普遍的规律，所以老子开始用的时候，觉得很困难，因为过去没有人这么用过，没有这么丰富的内容，所以有时叫"无名"，没有给它一个名称。所以《道德经》开始讲，没有一个名称，勉强叫"道"。"道"的意思从老子开始丰富多了。"无名""朴""无象"，又是"无形""无状之状"，没有形状的一种状，"无物之象"，没有对象的一种"象"。

关于"道"是精神性还是物质性的，20 世纪 50 年代开始有长期的争论，现在回头看这个争论是多余的，因为人类那时还没有唯物、唯心之分，没有像后来恩格斯讲的那么清楚。勉强说是唯心或是唯物，就是替老子说他本来没说过的话，老子没有这么想。所以我们理解老子，理解古时候，可以作出我们的解释，但是倒退回去说老子在 2500 年前已经说了"道"是物质的或者是精神的，这是替老子做结论，不科学，是不对的。

二、贵无

老子还有一个重要思想是"贵无"。"贵无"概念提出"无"，这个"无"的提出是老子在中国哲学史上立的一个里程碑。关于这个问题，因为过去人讲的不多，我想在这个地方借这个机会多说几句。

人类认识外界的过程总是由外向内，由具体到抽象。近半个世纪以来，儿童心理学有很大的发展，研究儿童认识外界的过程及其发展轨迹，经过观察、实验、比较，得出的结果大致可靠，比较接近儿童思维成长的实际状况。由此推论一个民族是不是也要经过一个幼年期、儿童期到发展成熟？一个民族也要有一个像儿童从不完善到完善的过程。

儿童认识外部世界，总是先从身边的事物开始，由近及远。先认识母亲及其家人，扩大到身外周围的食物、玩具，再扩大到鸟兽、草木、鱼虫等目力所及的范围。如高山、大河、天空、气象、风雷等外界，虽在视听范围之内，并不能引起足够的认识，日月星辰先被认识，日月星辰附着在更大的"太空"中，则较迟才会引起注意。

随着人类生活实践、社会实践的不断深化，逐渐从"有"认识到"有"的对立面——"没有"，"没有"是生活中经常遇到的现实。原始人打猎捕鱼，可能"有"，也可能"没有"，两者出现的频率都很高。

民族的发展也有一个过程，"有"认识是先认识，关于"无"的认识就比较麻烦。"无"最早是死亡的"亡"字，人死亡就没有了，"亡"就"无"，都念wu，后来变成"無"。

湖北荆门发现的楚墓竹简《老子》，早期竹简"无"字都写作"亡"，后期竹简的"无"字是很复杂的"無"字。为什么后期竹简里不用"亡"字而用"无"呢？这就有一个认识深化的过程，后来的"无"

郭店楚简《老子》

除了没有以外，还有其他的意思。比如说，"无偏无党"中的"无"就是不要的意思。不愿意也叫作"无"。表示禁止的一个词也叫"无"。草木丛生，繁芜、芜杂，就是乱、多，也叫"无"，后来才写为"芜"。《老子》书中这个"无"已知从完全没有的"無"，发展到繁多的"無"，竹简中有省去"無"的上部和下部，只保存中间的"卌"，这是一个认识深化的过程。

所以，老子"无"的概念有"有"所不具备的一种实际"存在"，它并不是一个"零"。"无"不是空无一物，它具有"有"的对立面的品格，老子称之为"无状之状，无物之象"，就是没有形状的一种形状。"视之不可见，听之不可闻，搏之不可得"，听也听不见，摸也摸不着，抓也抓不到，可它具有规律性，又称为"道"。道也是无的一种品格。无也是道，道也是无。

所以老子的"无"不是停留在描述性的"没有"的阶段，"无"并不是存在于消极面的，而有它实际多样性肯定的含义，有可以预测的后果。在日常生活中、政治生活中一刻也离不开它。"无"的发现，为人类认识史开了新层面。这个贡献非同小可、非同寻常。

从哲学讲老子，首先在中国 2000 多年以前就发现"无"的这个用法，超过描述性的阶段，"有"可以描述，但是"无"不是可以描述的，可它又实际存在，在日常生活、政治生活中都离不开它。老子说"取天下，常以无事"，要抓住"无"这个要点，要用"无"这个原则治天下治国家。"我无为而民自化"，我不要做什么，人们就跟随我服从我。"我无事而民自富，我无欲而民自朴"。我没有什么欲望，人们自然就很朴实。他还说"为无为，事无事"，要做些无为的事情。古代统治者也叫圣人，聪明人也叫圣人，有德的人也叫圣人，圣人这个名词涵盖比较广。"圣人处无为之事，行不言之教"，用"无为"来行事，"不言之教"，这都是圣人的一种造诣、水平，丰富了古代辩证法的思想。

日常生活中认识"无"的功用。老子有这样的论述："三十辐共一毂，当其无，有车之用。埏埴以为器，当其无，有器之用。凿户牖以为室，当其无，有室之用。故有之以为利，无之以为用。"车子全靠中心空的部分穿上轴才滚动，如果车轮中间没有空洞，是一个实心的，车轮就推不动。还有，"善行无辙迹；善言无瑕谪；善数不用筹策；善闭，无关键而不可开；善结，无绳约而不可解"。

老子由"无"衍生出一系列否定概念的积极含义："绝圣弃智，民利百倍；绝仁弃义，民复孝慈；绝巧弃利，盗贼无有……见素抱朴，少私寡欲。"处理人际关系，要遵循"无"的原则，以退让、收敛为原则。"不自见，故明；不自是，故彰；不自伐，故有功；不自矜，故长。""夫唯不争，故天下莫能与之争。"

老子思想之可贵之处在于从纷乱多样的现象中概括出"无"这一负概念。负概念也是一个概念，而用"无"的原则去指导行为，"无其为"，"有若无，实若虚"，这都是"无"的认识的提高、认识的深化。

老子提出"无"的思想，也很重要。对一个思想家的评价，列宁说过，不是看他说过些什么，当然这是重要的，但更重要的是看他比前人多说了些什么。我觉得老子一是提出了"无"，一是讲了"道"，这都是前人没有说过的东西。站在人类认识的最前沿，没有人能够超过他。在认识上，在这一方面，他是最先进的。

三、尚柔

老子还提出一个观念"尚柔"，不要刚强。柔弱跟生长存在分不开。"人之生也柔弱，其死也坚强，万物草木之生也柔脆，其死也枯槁，故坚强者死之徒，柔弱者生之徒，是以，兵强则不胜，木强则兵，强大处下，柔弱处上。"

"上善若水，水善利万物而不争。处众人之所恶，故几于道。居善地，心善渊，与善仁，言善信，正善治，事善能，动善时。夫唯不争，故无尤。"老子认为水的特点最接近于道。他列举生活中与水的品格相近或相似的几种现象作比喻：居住要像水那样"安于卑下"，存心要像水那样深沉不露，交友要像水那样相亲，言语要像水那样真诚，为政要像水那样有条理，办事要像水那样无所不能，行为要像水那样待势而动。如果人能像水那样与世无争，就能不犯过失。

　　柔弱胜刚强，刚强斗不过柔弱。他举一个例子："天下莫柔弱于水，而攻坚强者莫之能胜，其无以易之。弱之胜强，柔之胜刚，天下莫不知，莫能行。是以圣人云：受国之垢，是谓社稷主。受国不祥，是谓天下王。正言若反。"

　　"反者，道之动；弱者，道之用"，讲的都是道的柔弱的关系，柔弱胜刚强的办法。老子的哲学看来是弱势群体的哲学。它是弱势群体处世、生活长期的经验总结。

　　很多人熟读《老子》，有的人说《老子》是政治书，也是兵书，也不无道理。老子主张用于作战，不要取攻势，而要取守势，以逸待劳。面对强大的敌人，要避实击虚。这种深刻的辩证法思想，充分体现了古代农民为了生存发展的世界观。

　　老子取的例子也多来自农民生活实践，以草木、农作物作比喻，特别是南方水稻产区的农民经验。把水的种种品格予以抽象，提高到哲学的高度，指出水的品格、性格趋下，说它弱，它最弱；说它强，它又最强，能冲决堤坝，冲倒大树，洪水夹带来泥石流，可以造成灾难性破坏。

　　中国共产党领导的红军发明的游击战，用劣势兵力战胜强敌，逐渐强大。以至后来大规模的抗日战争、抗美援朝战争，曾继续发挥以弱胜强的指导思想，仍可以看到老子的辩证法的影响。这种很高明的军事辩证法战略思想在八路军、新四军中得到普遍推行，文化不高的士兵容易理解和运用，主要在于我们当年的士兵是穿上军装的农民，一听就懂，一学就会。

　　但是也要看到柔弱如果讲得过头，超过限度，也有问题，真理多迈出半步，就陷于谬误。比如说柔弱，发展阶段是柔弱，长成了以后就坚强了，那么我们是不是让它永远不要发展，永远处在柔弱最好呢？那我们种粮食，永远是小苗，不能收获，这也不对。老子说"贵无"，"无"有它的用处，但"无"的用处跟"有"不能分开，因为制造一个茶杯，没有茶杯的边包着，这个空虚就不存在了。盖房子，空间是住人，没有窗户，没有墙，没有柱子，房子也不存在了。所以讲过了头，也不对。

四、治国

老子《道德经》是一部讲伦理道德的著作吗？我们说，基本上不是，这是一部空前的哲学著作，而不是伦理学著作。它是以实践为切入点，讲万物发展变化的道理。老子的"道"是总规律，天地万物普遍遵循的总原则，而不是具体教人做一个循规蹈矩的顺民。

如果说，老子也讲到人世间的问题，那就是"无为而治"的治国方针政策，提出不要扰民，与民休息，减轻人民负担。还提出不要激怒老百姓，他说，"民不畏死，奈何以死惧之"，老百姓并不怕死，用死来吓唬他，无效无用。他的理想社会是人民都能做到"甘其食，美其服，安其居，乐其俗。邻国相望，鸡犬之声相闻，民至老死不相往来"。他描绘出的农村生活是一种安静的、自给自足的田园生活。有人说老子向往没有剥削的原始社会，恐怕不能这么看。他们把老子说"小国寡民"的意思弄错了。古代的"国"指城镇居民区，不是指国家。"小国寡民"，指的是基层单位要小。

老子的《道德经》把治天下（国）当作头等大事，人间的伦理应放在第二位，老子说过"失道而后德，失德而后仁，失仁而后义，失义而后礼。夫礼者，忠信之薄，而乱之首"。就是说，仁、义、礼、智是"道"以下的几个不同的层次，失去了道以后才有德，失去了德以后才有仁，失去了仁以后才有礼。礼是忠信的缺失，是大乱的祸首。而且"大道废，有仁义"，大道没有了，才产生仁义，可见仁义是第二位、次生的。所以《老子》不是讲道德

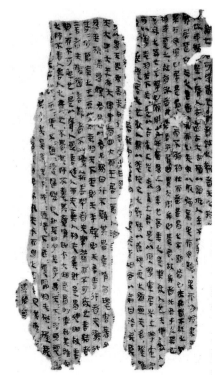

1973 年湖南长沙马王堆 3 号墓出土的帛书《老子》 文化传播 / 供图

修养的书，是讲治国之道的书，它是从世界观的高度讲治理天下的原则。

老子的政治理想是"无为而治"，反对扰民的统治者，他说"太上，下知有之；其次，亲而誉之；其次，畏之；其次，侮之……"意思是说，高明的统治者，人们仅仅知道他存在；差一点的统治者，人们亲近他称赞他；更差的统治者，人们畏惧他；最差的统治者，人们蔑视他。

老子思想是中华文化的瑰宝，中华高度文明起源于春秋战国时期，这个时期正是全人类走向高度文明的时期。西方的古希腊出了苏格拉底、柏拉图、亚里士多德；古印度次大陆出现释迦牟尼；中国出现老子和孔子。欧洲、印度和中国三支文化是在相互隔绝的状态下，差不多同时兴起的。东西方前进的步伐不约而同，文化起源的"多元化"本是事实。宣扬文化只有一个源头，这个源头只能出自西方的言论，不符合事实。早期的西方人这样说，是由于无知，今天的西方人继续这样说，是无知加狂妄。

五、纠妄

2004 年 5 月间，国内有不少重要新闻媒体报道《道德经》进入大学课堂的消息。

5 月 10 日的《光明日报》以"《道德经》引进华中科大"为标题，报道说"从 1996 年至今，该校学生选修《道德经》人数已超过 8000 人"。认为该课程是"素质教育好形式"。这一课程获得了"2000 年湖北省高等学校省级教学成果二等奖（文科类）"，并介绍校评委推荐意见是"具有在全国高校推广的价值"。

5 月 13 日《人民日报》第 3 版以"人文之光照耀科学摇篮"为题，着重介绍华中科大熊良山副教授开讲"道德经解读"一课，认为该课程"滋润着莘莘学子的心田"，"像甘霖洒入干涸的土地"，"校园内重塑起人文精神，弥补由于经济和科技高速发展所造成的现代文明的裂缝"。

这两家报纸报道前后，《湖北日报》《中国青年报》等重要报纸也有转载，新华网、人民网、求是新闻网等重要网站，也都报道了上述内容或文章。

　　与此同时，2004 年 5 月上旬，武汉大学、中国社科院哲学所等单位举办"海峡两岸首届当代道家研讨会"，熊良山提交《道德经浅释》（华中科技大学出版社 2003 年版）。会上，台湾大学教授陈鼓应和香港中文大学教授王煜看了熊良山的文章以后，为该书牵强附会的"浅释"感到非常惊讶。

　　下面举几个例子：

　　1. "道，可道，非常道。名，可名，非常名。"

　　浅释成："道，可以叫道，也可以不叫道。可以叫'道'这个名，也可不叫这个名。"

　　2. "使民重死而不远徙。"

　　浅释道："即使百姓受重刑而死，也不愿离去。"

　　3. "如享太牢。"

　　浅释成："（心里）实际像坐大牢一样的痛苦。"

　　4. "无为而无不为。"

　　浅释道："开始什么都不会，炼到后来什么都会。"

　　5. "太上，下知有之。"

　　浅释成"太上老君，下面的事情他都知道。"

　　6. "知其雄，守其雌。"

　　浅释成："知道公的，守住母的……公的（雄性的）之间相互竞争，都有自己的'势力范围'，在势力范围内的雄性为了守住它的配偶，守住势力范围，常常与'入侵者'进行搏斗，并以清静处下的方式向雌性'示爱'，获得雌性的'青睐'。"

　　类似的错误有 300 多处（以上据《科学时报》2004 年 6 月 10 日刊载的《学术研究有行规》一文）。

　　工科副教授熊良山的《道德经浅释》，来自他的老师孙享林的《李聃道德经意解》。孙享林是根据他练气功的体验写成的，其中有"三花盖顶""五气朝元""九转还魂丹"之类的鬼话。这位孙享林 1988 年就曾创"自然神功"，自称有特异功能。宣称熟读《道德经》，能使道德高尚，百病不生，能修出谷神，也就是修出阳神。修出了阳神，可以得道，可以永生。孙享林还说："老子认为人只要修出谷神，灵魂是可以不死的。太上老君创道以后，就坐镇大道的轴心，指挥整个大道的运转，宇宙中各个银河系、恒星系、星球体上发生的事情，太上老君都能知道。"读了《道德经》，让学生去修道，修出谷神，去指挥宇宙运行。

诸如此类怪说，经过媒体一传播，还得到称赞，而且有 8000 人在选这个课，我觉得这就很值得注意。

2004 年 6 月 10 日，《科学时报》以"学术研究有行规"为题，报道了陈鼓应、王煜对《道德经浅释》的批评，也报道了熊良山和他的老师孙享林对学者们所提批评的答辩。熊良山辩解说："我们的学生学习《道德经》，不是以学习哲学或研究那些古文为目的，专家认为不对的解释，至少也是一种解释。"他认为自己所用的是一种主客观结合的方法，并认为"对《道德经》从古到今都是各有各的观点，学术界也从来没有统一过，他在街上买十本《道德经》的注释，没有一本是一样的，大家都是这个样子"。

我觉得教育界，人文科学、社会科学界应该引起足够的反省和注意，因为最早发现这个问题并引起争论提出质疑的是香港、台湾的两位教授。好像大陆的学者对此都没有反应，我很担心这个事情。

六、批判地继承

最后讲一讲对老子要批判地继承。

老子还有一些话对今天的人们还有用处，比如讲"千里之行，始于足下"，"九层之台，起于垒土"等。

老子所说的柔弱胜刚强有些合理部分。老子指出做事要打好基础。对有害的事要重视事物的萌芽状态，防微杜渐。

老子反对欺诈、虚伪，提倡纯真、朴素，这些思想在他的无为政治理论中讲得比较充分，直到今天，仍不失其光辉。但是这些讲过头，就会走向谬误。

比如为了保持淳朴而反对知识，为了反对欺诈，而提倡愚民（"非以明民，将以愚之"），这显然不对。社会的进步在于脱愚，开发人的智力。智力低下、文化落后的民族将难以立足于世界民族之林。

老子曾说过"大智若愚，大巧若拙"，这话很深刻也有发光点，因为"大智若愚"不是真愚昧，"大巧若拙"不是真笨拙。可惜老子思想的这一闪光点转瞬即逝，其主旋律却在教人避免接触新事物的诱惑，才能保持精神的纯洁："五色令人目盲，五音令人耳聋。"有了知识，就破坏了原始的淳朴，就把人引向邪路，这是错误的，今天看来是不对的。

老子倡导淳朴、轻视文化的思想，2000多年来深入人心，直到20世纪60年代，还在影响现代人的生活，以致影响国家的文教政策。很长一段时期，把农村看成净化灵魂的圣土，把城市看成是滋生罪孽的渊薮。干部犯了错误，要下放农村去改造思想；青年学生要下乡接受农民的再教育；高等学校、科研机构中，谁热心读书，就被贬为"白专"道路。"知识越多越反动"的口号曾一度流行。20世纪六七十年代全世界科技飞速发展，我们却提倡不要知识，耽误了现代化的步伐，与科技先进国家的距离拉大了。

福建泉州老君岩老子石像

陈英杰 / 摄

对老子《道德经》这个人类知识宝库，要充分认识它的价值。中华文化如果缺了老子思想，就不会有今天的成就，同时也要批判继承，一味顶礼膜拜，也会走偏方向。

近代，特别是近百年来，哲学、社会科学与自然科学分头发展，互不照应。自然科学发展比较快，一日千里，一天的生产力超过过去几千年的总和。人文科学前进的步伐则不大。自然科学这条腿太长，人文科学这条腿太短，以致知识结构出现了跛足现象。认识自然已深入到物质内部结构，却不懂得自己如何对待生活。现在科学技术能管天管地，移山倒海，但管不住自己行为的盲目性。这已成为全世界的流行病、常见病。病因不是自然科学走得太快，而是哲学走得太慢。

最近报纸上讲禽流感应该引起全国全世界的重视，这是应该的。但我觉得科学发展的不平衡危害更大，好像注意这个问题的人还不是太多，而且这些患者感觉自我良好，还不知道是有病，这个就更可怕了。

也有些人注意到这一现象，开了药方，指出社会信仰危机出现，宗教可以弥补。我认为一些议论有好多缺陷，不对症。现在宗教除了大家知道的几个大的宗教以外，那些说不上名字的新兴宗教，我初步估算不下千种。宗教能不能够救世呢？我看事实上宗教冲突也成为战争的一个根源，因为在宗教名义下发动的摩擦以致流血冲突，层出不穷。于事无补，反增混乱。

从社会发展来看，将来走什么路子，我觉得这是研究人文科学、自然科学的人都应该重新认识、认真想一想的问题。

我们完全不接触西方，闭门当然是错误的。可如果是开门以后，自己没有选择的能力，或判断的能力很低，辨别能力差，就会被人家牵着鼻子走，文化交流以后，恐怕不但得不到好处，倒很容易就感染坏处了。

苏联解体，叶利钦任命盖达尔为俄罗斯的总理。他是个"海归派"，提出了一个照搬美国的治国方案——"休克疗法"。这个疗法实行以后，造成了一批新富豪、新贪污巨头，整个社会元气到现在刚刚缓过劲来。可见盲目引进是不行的。

再就是奖金，诺贝尔奖当然是最有名的，其中的自然科学奖有一些权威性，还有和平奖、文学奖、经济学奖等，我觉得它们的政治意义更多。"诺贝尔和平奖"达赖喇嘛就得过，但他是和平制造者吗？文学奖标准也是很难说。经济学奖我看也不具有权威性，比如哪一个经济学家能够使中国这个又穷又大、包袱又重的大国，连续 25 年高增长持续发展？没有一个学者可以做到这一步。中国的政治思想有一个好传统，从比孔子还早的管子开始，就提出国家要把经济特别是农业生产放在第一位，要政府干预，调控。

所以，我们搞开放，不能盲目迷信。对待经济问题是这样，对待人类问题，也应该这样，将来社会是大同也好，是共产主义社会也好，国家组织最终会消灭。最后存在什么呢？有人认为宗教比国家的寿命还长，这我也承认，但我想最后要存在的一种学问应该是哲学。因为哲学是关于研究世界观、人生观、价值观的学科，永远存在，任何一个社会都离不开世界观、人生观、价值观的指导，这就是哲学的基本任务。

哲学的前景，应该跟人类社会共存，因为将来的人类社会，智力是主要的，认识是主要的。哲学跟宗教最大的不同是宗教的基础在于信仰，哲学的基础在于提出问题、研究问题。我想人类的进步就在于不断地发现新问题、研究和解答新问题，这是哲学的任务。如果把解决问题放在信仰上，社会还有什么进步？就没有进步了！

现在提倡建设和谐社会，这是我们当前最重大的新问题，要好好总结过去的经验，好好学习历史，看古人做了哪些成绩，还要补上哪些东西，这是当务之急。一个无知愚昧的民族在世界竞争激烈的时代是没法立足的，要真正立于不败之地，就是靠知识，要充实、要科学地建立正确的世界观、人生观、价值观，这就要学哲学。

哲学说起来也很复杂，图书馆分类第一类就是哲学类，有看不完的书。学哲学有两个基本点要掌握，一是发展观，事物是发展的，这是哲学的核心部分；再一个是全局观，哲学的发展不是局部的，要整体看。有的事情局部看起来很好，很重要，可是从全局看，从长远看，未必就是对的。我们过去吃过这个亏，围湖造田修水坝，当年粮食增产，可是后果贻害无穷，局部近期都是好的，问题在后头。像水利工程，如四川都江堰的水利工程，2500 多年前建成的，现在还受益，这是真正站得住的水利工程，一般的就很难做到。

一个是发展观，一个是全局观，当领导的一定要掌握。

（讲座时间　2005 年）

余敦康

《周易》的决策智慧

余敦康

余敦康（1930—2019），湖北汉阳人。1955年毕业于北京大学哲学系。曾任中国社会科学院世界宗教研究所研究员，中国社会科学院研究生院教授、博士生导师。

长期从事中国古代哲学史、思想史研究。主要著作有:《何晏王弼玄学新探》《内圣外王的贯通》《中国哲学论集》《魏晋玄学史》《宗教·哲学·伦理》《周易现代解读》《易学今昔》《汉宋易学解读》等。

很高兴有机会讲一讲《周易》的决策智慧。今天的讲座实际上是个漫谈性质的介绍，主要讲一下《周易》在中国传统文化中的地位。

一、中国的智慧在《周易》

《周易》里面是不是有一种智慧？它是一本算命的书，还是一本蕴含着决策智慧的书？我曾经拜读过经济学家吴敬琏的《何处寻找大智慧》，这本书提出了

"何处寻找大智慧"这个问题，但是好像没有找到大智慧在哪里。现在经济学家有困惑，从事各行各业的人有困惑，我们做学问的人也照样有困惑，那么何处寻找大智慧呢？

《周易》是中国智慧的总汇。从汉代到清代的 2000 多年历史中，《周易》一直是群经之首。我认为，解决困惑的智慧应该到《周易》里面去找。从汉朝开始，几乎所有的知识分子和官员都学《周易》，从《周易》里面寻找智慧。宋朝的大哲学家朱熹写了一本《周易本义》，这本书后来被定为标准教科书。

鸦片战争以后掀起了西学东渐的浪潮，从那时起《周易》的地位一落千丈。冯友兰先生的高徒朱伯崑先生花了毕生的精力写了一部《易学哲学史》。这本书的结论就是在中国文化接受西学以前，中国人的理论思维、哲学思维、逻辑思维都是从《周易》里面找到根源、找到源泉、找到精神的原动力的。《周易》还贯穿于儒教、佛教、道教之中。道教思想完全是来自《周易》的，佛教在中国化的过程中也从《周易》里面吸收了思想的成果。所以，中国的智慧在哪里？就是在《周易》中。

朱熹的《周易本义》是一本非常标准的、简明的教科书。他在序言中写到"易之为书，卦爻象象之义备，而天地万物之情见"。这句话的意思是，《周易》这套象数系统，把天地万物之情都表现出来了。一部《周易》就是世界宇宙的一个图式，反映了整个宇宙和人生。这么神妙的智慧是什么呢？朱熹说就是两个字——阴阳。一部《周易》讲的就是阴阳，八八六十四卦是阴阳，三百八十四爻也是阴阳。只要把阴阳两个字弄懂了，整个《周易》就会

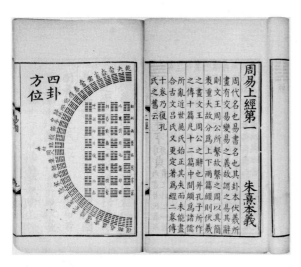

《周易本义》书影

一通百通。

但是到了"五四"时期，中国人开始拼命地到西方去找智慧，到西方去找救国救民的真理。中国有中国的智慧，西方照样也有西方的智慧，究竟哪个智慧高，哪个智慧低呢？有一些人认为中国的智慧比不上西方，要全盘西化。不学西方的智慧，中国就要落后了，落后就要挨打。针对这种想法，梁漱溟写了一本书——《东西文化及其哲学》，讲述了东西文化及其哲学。他认为东方的文化和西方的文化不一样，哲学也不一样。两者各有所长，各有所短，应该互相交流，取长补短。他把当时的世界分为三个地区，一个是中国，一个是西方，再一个是印度。从梁漱溟写出这本书以后，中国的学者开始把中国的文化和西方的文化进行一种平等的比较。"西方中心论"是黑格尔首先提出来的。黑格尔认为东方，包括中国和印度，都没有哲学，并且在他的《哲学史讲演录》中把中国和印度的哲学排除在外。到了 20 世纪，黑格尔的断言破产了。罗素又写了一本《西方的智慧》。他认为西方的智慧来源于希腊，而希腊智慧的顶峰是柏拉图。所以，希腊哲学史、西方哲学史都是以柏拉图作为最高源头的。中国有中国的智慧，西方有西方的智慧，印度也有印度的智慧。经过很多大学者的研究，大家才知道这三大地区、三大民族的文化都有不可替代、不可磨灭的价值，都有其合理的地位。

作为一种智慧，一定有一个源头。西方智慧的源头是柏拉图，印度智慧的源头是《奥义书》，中国智慧的源头是《周易》。

《周易》成书于 2500 多年前，它的创作过程可谓"人更三圣，世历三古"。《周易》不是一个人写出来的，是三个圣人写出来的——伏羲、文王和孔子，这三个圣人经过了上古、中古和近古才完成了这本书。按照朱熹的说法，伏羲之易和文王之易是算命之书，到了孔子时代才上升为哲学之书。所以，《周易》经过了一个从卜筮到哲学的发展过程。

冯友兰先生说，一部《周易》，就是中华民族的精神现象学。中华民族的精神有一个发生、成长、发展、定型、成熟的阶段。这几个阶段都浓缩在《周易》这本书之中，所以叫精神现象学。考古学者和文史专家研究证明，卜筮、算命、预测吉凶是世界上许多民族童年时代的一个共有现象。中国殷周时期的卜筮主要有两种，一种叫龟卜，一种叫易占。龟卜就是利用乌龟壳来预测吉凶。先把决策的问题刻在乌龟壳上，放到火上烧，然后请专家根据烧出的"兆"来判定吉凶。这样长期积累就形成了甲骨文，它是一种国家档案。另外一种方法就是用50根蓍草来算卦。由于龟壳非常贵重，所以只有宫廷、王室才有资格用。蓍草哪里都可以找到，简便易行，所以用蓍草算卦就发展起来，龟卜却渐渐消亡了。

为什么龟卜不能形成一套哲学，而卜筮能够形成一套哲学？《周易》全部的秘密就在这个问题之中。蓍草算卦时用两个爻，一根叫阳爻，两根叫阴爻。把它们按照数学的自然规律排列，必然就形成了八个卦，八个卦相重以后必然形成六十四个卦。"太极生两仪，两仪生四象，四象生八卦"，秘密就在这个地方。这套符号系统可以把算卦的卦筮准确有序地编排进去，就成了现在的《易经》。

到了春秋战国时期，人们更加理性了。从那时开始儒家和道家对这套符号系统进行不断地开发，使其变得具有哲学含义。老子说："道生一，一生二，二生三，三生万物，万物负阴而抱阳，冲气以为和。"一下子把《周易》提到一个哲学的高度。儒家也是根据《易经》进行推演，把社会中的君臣、父子、夫妇、兄弟等关系用阴阳来解释。这样儒家和道家都对《周易》进行了开发，形成了各自的哲学系统。

二、《周易》的智慧在"和谐"

《周易》中的八卦依次为乾卦、坤卦、震卦、巽卦、坎卦、离卦、艮卦和兑卦。八卦里面分阴分阳。乾卦是纯阳之卦，坤卦是纯阴之卦，两者之间互相交合，然后派生出另外六个卦。这六个卦也分阴分阳，古时候人们就是从这几个简单的符号系统中开发出了一系列的哲理。

乾坤六子　乾为天，是纯阳之卦，坤为地，是纯阴之卦。乾坤两卦被看作是父亲和母亲，父亲、母亲交合以后生出六个孩子，就是"乾坤六子"。"乾坤六子"又分三男三女。震卦是奇数，因此是阳卦，称之为长男，坎卦为中男，艮卦为少男。巽卦是长女，离卦是中女，兑卦是少女。八卦中每一个卦代表一个卦象，我们举几个例子。

否卦与泰卦 否卦是乾卦在上，坤卦在下。泰卦是坤卦在上，乾卦在下。这两个卦表明整个宇宙由阴和阳组合而成。为什么天在上、地在下是否卦？地在上天在下就是泰卦？这里面有很多哲学道理。六十四卦中，有的是相互和谐的关系，有的是互相冲突的关系。天在上、地在下，这个关系不好，所以叫否卦。否卦就是天地不通。泰卦是天在下地在上，天地交而泰。从阴阳的角度来讲，乾卦代表阳气，坤卦代表阴气。否卦是阳气上升，阴气下降，阴阳背道而驰，所以不好。泰卦是阴气上升，阳气下降，阴阳互相交合，天地交而泰，所以是个好卦。卦的好坏就是根据阴和阳相互之间的关系确定的。

既济卦与未济卦 既济卦是坎卦在上，离卦在下，坎卦的卦象为水，离卦的卦象为火。既济卦颠倒后就组成不同的卦，叫未济卦。既济就是已经成功，未济就是没有成功。从卦象来看，既济卦是水在上、火在下，这叫水火既济，阴和阳总是很好。那么未济卦是火在上、水在下，阴和阳不协调，所以未济卦是没有成功。八卦的不同重合组成六十四种不同的形态。这些不同的形态，构成了整个宇宙的图式，使我们对宇宙产生了一种哲学的思考。

韩国太极旗 韩国的国旗叫太极旗，中间是一个太极图，太极是由阴阳鱼组成的，即老子所说的"万物负阴而抱阳"，也就是阴阳结合为一体。此外，韩国国旗上还有四个卦，即乾、坤、坎、离。乾代表天，坤代表地，两卦相对，天不能没有地，地不能离开天，天地组合就是一个宇宙。坎代表水，离代表火，常言道"水火不相容"，不相容，也一定要把它组合起来，这就是"仇必和而解"。

"仇必和而解" 这句话出自宋朝哲学家张载的《太和篇》，张载把《周易》的思想总结为四句话："有象斯有对，对必反其为，有反斯有仇，仇必和而解。"这四句话实际上是告诉我们应该怎样处理矛盾。张载认为，《周易》的最大特点就是把世界上的万事万物都分成一阴一阳，而且所有的事物都必须是相对的，没有对立就没有世界。有上就有下，有东就有西，有左就有右，有天就有地。所以说"有象斯有对"。"对必反其为"是讲既然事物是相对的，那么它们的行为方式、价值取向就不会一样。比如说东和西不一样，左和右不一样，君和臣不一样，夫和妇、男和女不一样。行为方式的不同、价值取向的不同就会产生矛盾，也就是"有反斯有仇"。但是我们也要注意，冲突有对抗性的，也有非对抗性的。最后一句话特别重要，就是"仇必和而解"。碰到了矛盾，碰到了冲突，必须想办法和解。通过和来解决矛盾，这句话代表了中国人的一种价值取向。

睽卦 这个卦很重要。睽卦的上面是离卦，下面是兑卦，离上兑下。离为火，兑为泽，泽就是水。从这个卦象的组合来看，这个卦不好。火往上动，泽是水，水往下流，这不是和未济卦一样吗？这就是"有象斯有对，对必反其为，有反斯有仇"，这个卦有仇了，有矛盾了。睽就是你和我不照面，相背离。既然不好，我们应该怎么样来对待这个问题呢？我们应该"仇必和而解"呢，还是消灭这个对立呢？我们应该求同存异。《周易》的智慧就在这里。

求同存异 《周易》认为矛盾是事物的当然状态，没有哪个事物没有矛盾。当你把对立面消灭之后，你自己也不存在了，所以要容忍，要宽容。抱着容忍和宽容的态度，使相反的事物相反而相成，求同存异。《周易》明确地把"求同存异"这个成语写在睽卦里面。

第一次把求同存异用于外交的是周恩来总理。1955年召开万隆会议，当时新中国成立不久，全世界封锁中国。面对这种情况，周总理提出中国的外交方针是求同存异，这样外交局面一下子就打开了，把纳赛尔、苏加诺、尼赫鲁、奈温等各国领导人都团结了起来。而且就在万隆会议上，根据求同存异确定了"和平共处五项原则"。

那么《周易》是否对一切问题都主张"仇必和而解"，用和解的方式解决问题呢？我们再来看一个卦。

革卦 我们把睽卦的上下颠倒一下，就变成了另外一个卦。我们通过看卦的符号就知道，这个卦比睽卦还要差。因为上面的兑卦是泽，下面的离卦是火，火在下头要把水烧干，水在上头要把火浇灭，水火不相容。

水火不相容，就会发生一种对抗性的矛盾。这个卦就叫"革卦"，革就是改革，就是革命。《周易》虽然说"仇必和而解"，但是当这个矛盾是结构性的矛盾，不可调和的时候，就要改革。

《周易》中有一句话，"汤武革命，顺乎天而应乎人"，这是《周易》的主要思想。"革命"这个词是《周易》提出来的。当矛盾无法解决时，就要革命，要顺乎天应乎人。革命的目的不是为了继续革命，而是"革故鼎新"，建立一个新的制度去代替旧的。我们的改革开放就是革了一个故，鼎了一个新。

我们对现实的矛盾要有一个清醒的认识。大多数矛盾都是可以调和的，对于可以调和的矛盾，我们应该抱着宽容、容忍、谦虚的态度，尊重对方，求同存异。存异很重要，不存异就没法求同。我们中国的智慧提倡"求同存异""和而不同"。但如果是对抗性的矛盾、结构性的矛盾，就要改革，要革故鼎新。《周易》集中体现了这种大智慧。

晋卦与明夷卦　晋卦上面是离卦，下面是坤卦。离卦的卦象是火，坤卦的卦象是地。把晋卦上下颠倒就成了明夷卦。从卦象来看，还是晋卦好。上面是火，火代表光明，下面是地，光明普照大地的意思。

假设我们生在一个晋卦的时代，光明的时代，我们应该怎么做？《周易》告诉我们，生在这个大好的时代，我们要"自昭明德"。但是如果不幸生在一个明夷卦的时代，我们还要"自昭明德"就不行。在那样的时代我们应该"用晦而明"，韬光养晦，而不能露锋芒，表现自己。在明夷卦的时代，用晦才是明，韬光养晦是最明智的。

《周易》中关于用晦而明举了很多例子。殷纣王时代箕子和周文王都是用晦而明。邓小平同志在"文化大革命"时期被关在南昌，也是用晦而明，粉碎"四人帮"后，开始自昭明德。

乾卦　一个乾卦，其中智慧无穷。乾卦是纯阳之卦，它的总体形象就是龙。中华民族是一条龙，我们都是龙的传人。乾卦的六爻好比一条龙的六个发展阶段。乾卦实际上是指导我们在不同的发展阶段应该怎么自我实现。

"初九，潜龙勿用。"九是阳爻的表现，初九就是乾卦的第一个爻。初九的龙，是一条潜龙，潜在地底下的龙，谁都不知道你是龙。当时诸葛亮在隆中时就是"卧龙"，卧龙就是潜龙。既然是潜龙，就不要表现自己，要勿用。这时要不断地提高自身的修养，不要以为自己是一条龙，就张牙舞爪。

"九二，见龙在田，利见大人。"九二就是说这条龙从地底下上到地面来了。"利见大人"，有利于见一个大人，这个大人是伯乐，他知道你是千里马，可以提拔你。潜龙就没有这个机会，到地面上来才有这个机会，这个时候要小心谨慎。

"九三，君子终日乾乾，夕惕若，厉无咎。"九三比九二还要高一级，上升到一个中间阶段。这个位次上不在天，下不在田，悬在半空中，处境危险。作为以龙为象的君子应对这种处境，白天要自强不息，晚上也要戒惧警惕，虽然面临危险，但可以免犯过错。

"九四，或跃在渊，无咎。"处在这个位次的龙可以作出两种选择，或者往上向天空飞跃，或者往下退居深渊，随时进退，免犯过错。作为一条龙，它在地底下没有事，升上天空也没有事，关键的关键在它离开地面上升到天上的这个过程最难，就好像一架飞机起飞最难。但是乾卦告诉你没有关系，因为你是龙，你必然要经过这个考验。不在基层磨炼，不经过考验，你没法成才。

"九五，飞龙在天。"飞龙在天就是实现了自己的理想，飞上了天空，可以自由地翱翔。所以我们说九五之尊，九五是尊位。

"上九，亢龙有悔。"龙飞上天空后，被胜利冲昏了头脑，得意忘形，这就是失败的开始。北京市的周良洛和上海市的陈良宇都是亢龙有悔。他们过去确实是成功了，但就是在最后的关头，没有把握好自己。《周易》不是简简单单只做一些警告。它还从两个方面来总结教训。为什么"亢龙有悔"呢？从思想认识方面来说，他们都犯了三个错误。第一个是"知进而不知退"，第二个是"知得而不知丧"，第三个是"知存而不知亡"。要想纠正"亢龙有悔"的错误，我们必须戒骄戒躁、居安思危。

避免"亢龙有悔"，还要做到一点，就是不能脱离群众。《周易》说得很好，之所以成为九五之尊，不是传位的问题，而是群众的拥戴。"同声相应，同气相求……云从龙，风从虎"，你之所以能够飞龙在天，完全是受了群众的拥戴。一旦脱离了群众以后，就会出现"亢龙有悔"的局面。

《周易》究竟是本什么样的书？孔子说："五十以学《易》，可以无大过矣。"意思就是 50 岁学《周易》，就可以不犯大错误了。孔子说："五十而知天命。"因为人到了 50 岁，人生的经验积累得很丰富，有成功的经验，也有失败的教训。学了《周易》以后，人就可以从成功的经验或者失败的教训中进行一些总结，迁善改过。

《周易》里面有三句话很重要。一句话是"吉凶者，言乎其失得也"。"失得"，失就是错误，得就是正确。意思是一件事情的结果是凶是吉不是命中注定的，而是取决于决策的正确与错误。我们每一个人都要趋吉避凶，希望转祸为福。抱着这种希望，做一种决策的时候总是希望事情往好的方面来发展。但谁也不是"常胜将军"，所以就有了第二句话"悔吝者，言乎其小疵也"，意思就是做一件事情不完全如意时，需要反思小毛病在哪儿。第三句话是"无咎者，善补过也"，意思就是之所以没有错误、相对满意，是因为善于补过、改正错误，这叫迁善改过。这三句话强调对客观的形势要有正确的认识，对于行为规范要合理遵守。这里面体现了一种思维模式、一种价值理念，这就是哲学。所以，我们把《周易》归结为一本迁善改过之书是最好不过的了。

学习《周易》应该把六十四卦、三百八十四个爻全部烂熟于心中。就好比我们下棋一样，如果想成为一个棋道高手，就要把棋谱好好地研究一下，对于可能发生的各种情况，都能做到心中有数。这样到了正式应战的时候，才能"运用之妙，存乎一心"。所以学习《周易》是一种思维模式的训练，是一种战略战术的模拟。六十四卦代表六十四种不同的情况，三百八十四爻代表三百八十四个不同的选择，学习《周易》以后，就能够达到"运用之妙，存乎一心"的高度。所以几千年来人们都是通过各种不同的比较在《周易》里面寻找智慧。《诗经》里面也蕴含了很多智慧，但这些智慧很多是关乎恋爱的智慧。

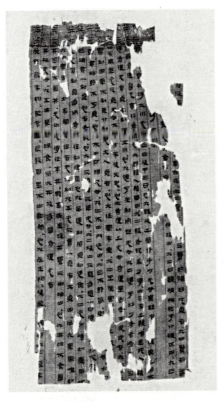

西汉帛书《周易》残片

"关关雎鸠，在河之洲，窈窕淑女，君子好逑。"淑女找君子，君子找淑女，学习了这首诗以后，就可以得到一个好姻缘。《周易》的智慧是关乎治国平天下的道理，是治国安邦、经世致用、体现着东方智慧的管理哲学。汉朝人班固通过不断地总结，把六经、诸子、诗赋等当时汉代所有的图书做了分类，编集起来，写成了《汉书·艺文志》，正式视《易》为群经之首。魏晋三玄分别是《周易》《老子》《庄子》，所以《周易》还是三玄之首。唐朝太宗时期编写《五经正义》，《周易》仍位于首位。

中国历代都有很多改革，有些改革成功了，有些改革却失败了，但是可以肯定地告诉大家，中国历代的改革思想都是源自《周易》，这是事实。以宋朝为例，宋朝有两次大的改革，一次是以范仲淹为首进行的"庆历新政"，此次改革的理论依据就是《周易》。范仲淹是位《周易》专家，还有胡瑗、孙复、石介、欧阳修等《周易》大家相辅助。要特别强调的是胡瑗，胡瑗人称"安定先生"，他把《周易》规定为"明体达用"之书，"明体"是知道理论，"达用"是联系实际，既有理论又有实际，完全是根据《周易》而来的。当时胡瑗在苏州和湖州两地办起了书院，培训了一大批的学生。后经范仲淹提拔他出任国子监祭酒，类似于现在的教育部部长。有研究宋史的人告诉我，当时朝中几乎有一半以上的官员，都是出自胡瑗的门下，可见《周易》起了多么大的作用。宋神宗时期王安石主持"熙宁变法"，搞《三经新义》，以《周易》作为此次改革的指导思想。《周易》认为整个世界、社会、人生、政治是相互依存的关系，你离不开我，我离不开你，谁也不能够消灭谁，因此就要在这种互相依存的关系中寻求平衡，寻求互动。

"庆历新政"失败了，"熙宁变法"也失败了，失败的原因在哪里呢？"庆历新政"的失败是因为宋仁宗听信了谗言，不相信范仲淹，认为范仲淹和欧阳修结为朋党，危害政权。王安石变法失败的原因与"庆历新政"是一样的。宋神宗最初非常信任王安石，把他从普通地方官员提拔至宰相。可是中间遭遇了挫折以后，就罢免了王安石的相位。之后又经历了第二次起用、第二次罢免。司马光、二程（程颢、程颐）等人认为王安石太专制，刚愎自用，同时王安石"结党为援"争权夺利，打压苏东坡、司马光等人。由于党争，变法图新的大好形势被破坏了。我刚才说到"有象斯有对，对必反其为，有反斯有仇，仇必和而解"。熙宁变法期间王安石、司马光、程伊川等人都在"仇必和而解"这五个字上面犯了错误。这几个字说起来容易，真正做起来是很难的，可是他们终于认识到"仇必和而解"是一件天经地义的事。司马光为观古知今、以史为鉴，编撰了《资治通鉴》，并将其主要观点都表达在"臣光曰"评论中，这些"臣光曰"所使用的评价标准都源自《周易》，如果没有看过《周易》就不会领悟司马光的历史观。所以说，史学和《周易》是密切贯通的。历史上很多大人物都把《周易》当作一个战略思想、一个最高的思想源泉。我曾经写了一篇文章，专门研究明朝宰相张居正。明朝万历年间张居正的十年改革是成功的，他的成功得益于"戒慎恐惧"四个字。张居正始终抱着"君子终日乾乾"的意识，熟读《周易》，对六十四卦、三百八十四爻了如指掌，不断从《周易》中汲取决策管理思想，指导自己的改革事业。张居正作为一朝宰相，总会遇到各种各样的困境，而《周易》中的困卦告诉世人，"困而不失其所亨，其唯君子乎！"意思是说困难虽然存在，但并不是不可克服的，应当保持乐观的信念，处之泰然，从容应对，这就是君子的处困之道。康熙晚年命令大臣李光地把朱熹、程伊川二人关于易学的书结合起来编纂了《周易折中》一书，并亲自作序。序中说他从童年开始就读《周易》，读了50多年，深知这本书对于治国安邦的重要性。

三、"和谐"以"不和谐"为前提

《周易》的核心思想是什么呢？就是一个"和"字。故宫有三大殿——太和殿、中和殿、保和殿，太和、中和、保和这三个词都是从《周易》中来的。《周易》乾卦中说道："乾道变化，各正性命，保合太和，乃利贞。"中国自孔子以来就把"和"作为一种指导思想、一种核心价值观。这是因为中国是一个泱泱大国，历来就主张用"和"来解决民族问题、宗教问题、政治问题等。固然有些问题尚未处理好，但是这种和谐思想是存在的。

改革开放 30 年以来，中国最大的成就就是观念的转变，由斗争哲学转为和谐哲学。"文化大革命"以前的十几年，我们曾经走过一段弯路，过分地强调以阶级斗争为纲。环境的问题也是斗争，于是与天斗，与地斗。斗争在当时看来固然有它的历史必要性，但是到了"文化大革命"的时候就到了崩溃的边缘，非改不可了。这就是《周易》里讲的革卦，要解放思想。中国共产党十一届三中全会高度肯定了"实践是检验真理的唯一标准"，批判了"两个凡是"的错误主张，确定了"解放思想，实事求是，团结一致向前看"的指导方针。这样就慢慢地转移到以和谐为纲上来了。标志性的事件就是 2004 年的中国共产党第十六届中央委员会第四次全体会议，正式提出了"构建社会主义和谐社会"的观念，这个和谐就源于"仇必和而解"的思想。

和谐观念可以用来处理国内外的各种矛盾，中美问题、中日问题、台湾的问题，都要以和谐为纲。以美国为例，无论是克林顿还是布什，刚上台的时候，都与中国为敌，因为遏制、压制中国是美国一贯的思维。布什刚上台时曾说中国是其战略竞争对手。可是我们却不与其为敌，尽量进行谈判，运用"仇必和而解"的方式来解决矛盾。美国的罗伯特·B.佐利克说过一句话，我们美国人错了，原来中美的关系是个利益攸关方。所谓利益攸关方，用中国的话来说就是阴和阳互相依存。美国是阳，中国是阴，彼此互相依存。《周易》中有句很好的话，"独阴不生，独阳不生"。意思就是事情是由矛盾所构成，只有阴而无阳，不能称为世界，只有阳而无阴，也不能称为世界，阳不能把阴消灭掉，阴也不能把阳消灭掉。也就是你中有我、我中有你，互相依存。这就是和谐思想的高明之处。

时代变了，作为执政党应该始终坚持以和谐为纲这个思想。我们所要建设的社会主义和谐社会，应该是民主法治、公平正义、诚信友爱、充满活力、安定有序、人与自然和谐的社会。我们把这六个内容与古代的和谐观念比一比，只有一条古代没有提到，那就是民主法治。《周易》里面就讲公平正义，叫"大中至正"，就是公平正义。诚信友爱，互相之间不讲诚信是不行的，阴和阳之间要以诚相待。安定有序很重要，《周易》里不断地讲安定有序。还有一个是充满活力，以前老说《周易》思想没有活力，其实大错，《周易》思想绝对是充满活力的，只要阴和阳互相协调，那么家庭、社会、民族、国家就充满活力。如果老是斗来斗去，就会两败俱伤，《周易》里面关于这样的内容太多了。人与自然的和谐是《周易》的一个前提，《周易》讲"推天道以明人事"，人事要服从天道，就是要与自然相互协调。学习《周易》达到的最高境界就是"大人"，"夫大人者，与天地合其德，与日月合其明，与四时合其序"。虽然我们达不到这个境界，但是遵循的方向就是人与自然的和谐。我们现在讲民主法治，这与《周易》的根本原理并不矛盾。《周易》讲泰卦，天地交泰就是要以民为本，民为邦本，本固邦宁，高层领导人要经常深入基层才能处理危机，所以以人为本才是社会主义价值观的核心。这些思想在《周易》里面都有体现。

《周易》源自卜筮之术，经过哲学改造之后，就成了一种哲学化的卜筮，不同于原始蒙昧的巫术。朱熹说过，有伏羲的《易》，有文王的《易》，有孔子的《易》，它不断地发展，就构成一个精神现象学，有它的童年，有它的少年，有它的成年，还有它成熟的壮年。著名经济学家吴敬琏从经济学的角度提出了一个问题——何处寻找大智慧？诚然，我们需要西方的智慧，需要和西方的智慧进行交流，但是我们中国人根本的智慧在哪里呢？几千年的文明、几千年的历史和文化告诉我们，在《周易》里。中国人几千年来一直是把《周易》看作智慧源泉，而《周易》的智慧就是这四句话："有象斯有对，对必反其为，有反斯有仇，仇必和而解。"这四句话太高深了，我们把它学懂以后就会对事物产生一种非常客观、非常切合实际的认识。对任何问题都不要一厢情愿，比如中美矛盾、中日矛盾、城乡差别问题、贫富分化问题等等，这些现实的矛盾不可避免，关键在于如何处理。中国的智慧完全集中于"仇必和而解"，过去我们认为一切矛盾都要斗争，结果发现斗争可以取一时之利，却不能长治久安。

《周易》的阴阳哲学是通过一套结构严密的象数符号表示出来的，其基本符号为"—""——"，"—"是阳爻，"——"是阴爻，阴阳组合就形成了六十四卦，阴阳协调就是吉卦。例如，晋卦的卦象是"明出地上"，象征政治清明的治世，君子应当"自昭明德"；而明夷卦的卦象则是"明入地中"，象征政治黑暗的乱世，君子则要反其道而行之，应当"用晦而明"。这就是《周易》里边很简单的道理。

我希望在 21 世纪的时候，中国人都能够在《周易》里边找到智慧，并将其发扬光大，使《周易》文化走向世界，和世界文明平等交往。古代的智慧已经转化成现代社会的和谐口号，只要我们能把民主法治的口号落到实处，《周易》所折射出的大智慧就在当今社会中得到了充分体现。

（讲座时间　2008 年）

钱 逊

《论语》精要及其
文化内涵

钱　逊

钱逊（1933—2019），江苏无锡人。1953—1981年任清华大学马克思主义理论课教师，1982年后转攻中国思想史。曾任清华大学思想文化研究所所长、教授。曾兼任中华孔子学会副会长，国际儒学联合会、中华炎黄文化研究会理事。

主要研究方向：先秦儒学、中国古代人生哲学。著有《论语浅解》、《先秦儒学》、《中国古代人生哲学》、《中国传统道德》(全书副主编,《理论卷》主编)、《推陈出新——传统文化在现代的发展》、《儒学圣典——〈论语〉》、《〈论语〉读本》、《论语初级读本》等。

一、《论语》简介

《论语》是一本语录体的书,是由孔子的弟子们记载的,主要记录了孔子与弟子们的对话及孔子日常生活中的一些事情。确切的成书时间,现在已不可考。有说在孔子去世后几十年之内成书,有说在孔子去世之后 200 年才成书。现在从史书中可以看到的比较确切的记载是《汉书》所记。据《汉书》记载,西汉的时候有几个本子:《鲁论》《齐论》《古论语》。秦始皇焚书坑儒之后,汉初在

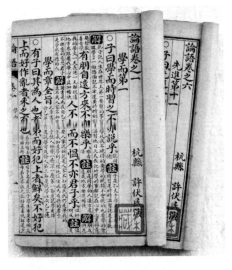

《论语》书影

孔府的墙壁里发现了一批古书，其中有一部《论语》，就称作《古论语》。这些本子大同小异，都早已遗失了。现在我们所看到的流传下来的《论语》，它的基础是东汉时候郑玄的一个注本。郑玄根据他当时还能看到的《鲁论》《齐论》等本子，给《论语》做了一个注，这个注本成为后来流传本的基础。

《论语》是儒学和中华文化最重要的一部经典。汉代以后 2000 多年，儒学是中华文化的主干，而孔子是儒学的创始人，儒学的基本思想都在《论语》中。《论语》包含了中华文化的基因，是儒学和中华文化的源头活水，要了解儒学和中华文化，《论语》是首选的必读书。所以《论语》也被称为"中国人的圣经"。今天，中央提出来要弘扬中华文化，建设中华民族的共有精神家园，我想《论语》可以是首选的书。

《论语》也逐步传播到中国以外的广大地区，产生了深远的影响。《论语》在国外的传播，最早是在朝鲜。朝鲜的三国时代，约在公元 3 世纪，随着汉字传入朝鲜，《论语》和其他一些儒家典籍也传入朝鲜。公元 285 年又经由朝鲜传入日本。以后，朝鲜、日本先后将《论语》等儒家经典定为大学必修的科目，并且列入国家遴选人才时的考试科目，把儒家思想定为统治理念。

公元 16 世纪以后，随着欧洲传教士来华与中国历史上西学东渐文化进程的展开，《论语》也逐渐传入欧洲。在意大利，1594 年（明万历二十二年），利玛窦出版了《四书》的拉丁文译本。在法国，1687 年（清康熙二十六年）法国传教士库普列翻译了《四书》。在德国，1789 年（清乾隆五十四年）才开始翻译《论语》。俄国于 1715 年（清康熙五十四年）开始向中国派遣"北京传教士团"，1807 年（清嘉庆十二年）来华的第九届教士团的比丘林，翻译了《四书》。

历代研究《论语》的人很多。程树德的《论语集释》里征引的关于《论语》

的著作有 680 种之多。日本学者著录过一部《论语年谱》，说有 3000 种。当代作者注释的本子也很多，尤其近几年出版了许多。向大家推荐杨伯峻《论语译注》、钱穆《论语新解》、钱逊《〈论语〉读本》。如果要读古代的注本，可以读朱熹的《论语集注》(《四书集注》中的一种)。

二、《论语》的基本思想

孔子生在春秋末期。他所生活的年代，是一个礼崩乐坏、社会处于动乱变革之中的时代。西周以来以礼乐为标志的社会制度遭到破坏。作为天下共主，号令诸侯的周天子，力量衰落。各诸侯纷纷扩大地盘，增强兵力，攻城略地，争霸天下，大小战争不断。诸侯国内部，父子兄弟之间也是争斗不断，子杀父，弟杀兄，篡位夺权的事层出不穷。这就是所谓"礼崩乐坏"，原来的社会秩序被破坏了。当时各家各派都提出了一些如何恢复正常秩序的主张。

孔子对这种局面极其不满，他的全部思想和活动都是为了改变这种局面，恢复社会秩序的稳定，变天下无道为天下有道。

（一）孔子的治国思想

治国为政方面，孔子的核心思想是"政者正也"。这个"正"有两方面的含义：正人和正名。

季康子问政于孔子。孔子对曰："政者，正也。子帅以正，孰敢不正。"（《颜渊》）

子曰："其身正，不令而行；其身不正，虽令不从。"（《子路》）

子曰："苟正其身矣，于从政乎何有？不能正其身，如正人何？"（《子路》）

季康子患盗，问于孔子。孔子对曰："苟子之不欲，虽赏之不窃。"（《颜渊》）

这是讲正人，要使人走上正道。正人中又有两方面：正人和正己。"正人先正己"。不只是对百姓进行道德教育，首先是要求当权者、领导者自身要正。对百姓的教育是重要的，但身教重于言教："其身正，不令而行；其身不正，虽令不从。"当权者、领导者不能以身作则，对百姓的教育就不会有效。上梁不正下梁歪，领导者自身不正，下面的风气自然会歪。

"正"的另外一个含义是"正名"。

子路曰："卫君待子而为政，子将奚先？"子曰："必也正名乎！"（《子路》）

齐景公问政于孔子，孔子对曰："君君、臣臣、父父、子子。"公曰："善哉！信如君不君，臣不臣，父不父，子不子，虽有粟，吾得而食诸？"（《颜渊》）

正名，君君、臣臣、父父、子子，是要使社会秩序正常。这是针对当时礼崩乐坏的情况提出的，要求人人都安于其位，按他的身份做他该做的事，享受他该享受的权利，恢复原来的礼制秩序。过去人们批判说，这是为了维护等级制度。这样说有一定的道理，在孔子所处的时代，"君君、臣臣、父父、子子"的思想有没有要维护等级制度的内涵？确实是有的。春秋时期如果想恢复原有的社会秩序那就必然是需要维护等级制度。孔子也是要维持周礼的秩序。但问题还有另一面。正名同时也是保证社会稳定发展的普遍要求，任何一个社会要发展，都要求各个阶层、各部分人都能各安其位，各司其职，各守其道，各取其酬。没有这一点，就会陷入混乱。现在许多乱象，都来自这里。

这里我想再说几句。因为这里涉及我们探讨如何对待传统文化的一个方法论问题。这就是要看到传统文化的二重性。传统文化的性质不是单一的，而是有二重性的。一方面，任何一种文化都是在一定的时代里面产生、发展的，都有它的时代性。另一方面，文化发展又有延续性，在各个时期的特殊表现里面总包含着一定的超越时代的普遍内容。正名在当时是维护宗法等级制度，但在这种特殊的时代性中，包含着普遍的意义，即任何社会都要求"正名"。其实不仅是文化，任何事物都有这两方面的内容，有区别于其他事物的特殊的特质和有普遍性意义的特质。毛泽东同志曾经说过，"这个普遍和特殊的关系问题，是矛盾问题的精髓。不懂得它，就等于抛弃了辩证法"（见《矛盾论》）。

怎样做到"正"呢？孔子主张为政以德。

子曰："道之以政，齐之以刑，民免而无耻；道之以德，齐之以礼，有耻且格。"（《为政》）

当时百家争鸣，诸子百家围绕治国之道提出多种主张，其中主要是儒、法两家。儒家主张为政以德，法家主张用法，"不务德而务法"。孔子用"免而无耻"与"有耻且格"八个字概括地说明了法制刑政与道德礼教的不同特点和功能：法制刑政依靠的是强制，它的作用是惩罚犯罪，使人不敢做坏事，却不能使人为善；道德礼教依靠的是教育和自觉，它的作用是使人知耻，不愿做坏事，预防犯罪。孔子这个主张着眼于使百姓自觉走上正道，体现了"政者正也"的理念，基本上是正确的。从这个基本认识出发，他主张"为政以德"，强调以道德教化为治国的基础，把社会秩序的稳定建立在人们道德自觉的基础之上。

"道之以德，齐之以礼"，是孔子"为政以德"思想的概括说明。怎样才能使百姓自觉走上正道呢？就是靠"道之以德，齐之以礼"这两个方面相结合。德和礼是统一不可分的两个方面，二者的结合、统一是孔子思想中的一个重要问题。

孔子还把政权巩固的基础放在百姓的富足和信任上。

子适卫，冉有仆。子曰："庶矣哉。"冉有曰："既庶矣，又何加焉？"曰："富之。"曰："既富矣，又何加焉？"曰："教之。"（《子路》）

子贡问政。子曰："足食，足兵，民信之矣。"子贡曰："必不得已而去，于斯三者何先？"曰："去兵。"子贡曰："必不得已而去，于斯二者何先？"曰："去食。自古皆有死，民无信不立。"（《颜渊》）

前面这一章说的是孔子治国思想中的三个比较具体的目标"庶""富""教"。一个是"庶"，就是人口较多，这在当时是治国的第一个重要的问题。因为当时总体来说地多人少。各个国家要争霸、扩张，要不断增强国力，首先就要增加人口。当时各家各派的政治家、学者都主张人口要多。人口多了以后就要"富之"。在富的基础上要"教之"。这是他提出的三个施政的目标。

后面这一章他提出了"足食""足兵"和"民信"三个方面的问题。"足食"就是粮要充足，这与"富之"有联系，都是讲经济、民生方面的问题。第二条是"足兵"，即要有武装。第三条是"民信"，要取得老百姓的信任。这里特别值得注意的是，当子贡问他不得不去掉一项时先去哪一项？孔子说，先去掉兵；

如果要再去掉一项，去食；最重要的是保持百姓的信任。孔子认为，维持一个政权的稳固最重要的是取得百姓的信任。

前一章是说在正常情况下，先要使百姓富足，然后要进行教化，后一章讲的是在特殊情况下，即使经济有困难，也一定要取信于民。百姓信任政府，就会与当政者共渡难关；失去百姓的信任，尽管还有经济基础，政权也会垮台。

孔子"政者正也""为政以德"的思想，反映出一种重要的治国理念：治国的实质不是管制，更不是镇压，而是"正"，使人和社会秩序走上正道；治国的手段主要不是靠暴力强制，更重要的是进行道德教化。

江苏南京市博物馆内的孔子行教雕像
刘朔 / 供图

这是一种以人为主体的治国思想。同时也可以说，这也是整个儒学的核心思想；全部儒学，它的出发点和落脚点都在于提高每一个人的素质。现在看来，孔子的这种主张基本上是正确的。

孔子的治国思想也有比较理想化或者比较片面的地方。

子曰："善人为邦百年，亦可以胜残去杀矣。诚哉是言也。"（《子路》）

子曰："听讼，吾犹人也。必也使无讼乎！"（《颜渊》）

他的理想是要消灭残暴、杀戮，取消诉讼，一定程度上忽略了法制、刑罚。而这种理想是不现实的：即使真能按他的理想"为邦百年"，要做到胜残去杀和无讼也是不可能的。他比较忽视法治这方面，对道德、教化有较为理想化的一面。

（二）孔子的教育思想

孔子一生出仕为官的时间很短，大概主要就是三四年的时间。虽然在一开始的时候孔子有很好的政绩，甚至一年之内连升三级。但是他当时的一些理念与当权者不合，所以很快就离开了。

孔子一生主要的时间和精力都用在教育上。他开办了中国第一所民间学校。当时中国的教育都是官办的，只有贵族子弟才能够受教育。孔子自己私人办学、招弟子，对于学生的身份他没有任何的限制，贵族可以来，穷人也可以来，甚至坐过牢的也可以来。这就是所谓"有教无类"。史书上记载孔子有弟子三千，能够精通六艺的有七十余人。

有人问孔子为什么不去当官、为政，孔子引用了《尚书》中的一句话"孝乎惟孝，友于兄弟"。就是讲孝悌，然后他说"施于有政，是亦为政，奚其为为政？"意思就是说，教育培养一批人，通过他们去从政治国，就可以影响政治，这也就是从政了。还有什么是为政呢？

在孔子思想里，为政和教育是紧密联系在一起的。从政治思想方面看，他主张为政以德，把道德教化当作治国的手段和国家的重要职能，首先要求在位的当政者要有德，要是贤才；对百姓则要"道之以德，齐之以礼"，提高人们的素质，使百姓"有耻且格"，这些才是为政的核心，而这些都要通过教育来做到。他把教育看作是治国的基础和重要手段。从教育方面讲，他认为教育不是单纯传授知识的文化活动，而是培养人、培养治国贤才的手段，是关系到社会安定、国家治乱的根本大事，教育本身就是国家的一个非常重要的职能。

在教育方面，孔子也有许多有价值的思想。孔子也是一位伟大的教育家。因为时间关系，这方面就不做介绍了。

在孔子看来，为政不只是掌权管人管事，教育也不只是传授知识；无论为政还是教育，中心都是提高人的素质。所以孔子全部思想的核心，是讲做人的道理。孔子提出了一个以"仁"为核心的道德思想体系，也就是我们常说的"仁学"。

总之，《论语》的思想有着丰富的内容，包括政治、教育、伦理几个主要方面，而核心是关于做人的思想。

三、《论语》的为人之道

《论语》最核心的思想就是关于做人的道理。政治也好，教育也好，最后核心的问题都集中到讲做人的道理。在他看起来，把道德问题做好了，通过教育使得老百姓都能够有着耻之心，社会自然就安定了。

《论语》中的为人之道，大体可以分为三个方面：人生理想（在中国古代是讲立志）、仁与礼（孔子对君子的要求）、修养。我抽出几点来介绍一下。

（一）志于道

在人生的理想方面，中国古代强调一个人首先要立志。

子曰："志于道，据于德，依于人，游于艺。"（《述而》）

《论语》里的"志于道"是什么含义呢？曾子说：

士不可以不弘毅，任重而道远。仁以为己任，不亦重乎？死而后已，不亦远乎？（《泰伯》）

"任重而道远"这句话我们很熟悉，也是我们现在经常使用的一个成语。但是曾子讲的"任重而道远"和我们现在用的这个"任重而道远"不太一样。它的意思不是说我们面临着某一项任务需要花很长的时间，很多的精力，而是指我们对人生的理解。我们这一生就是"任重而道远"的一生。作为一个士，一生就要"仁以为己任"，以弘扬仁道作为一生的使命和责任。在中国传统来讲，人生在世是担负了一定的责任和使命的，不能只追求吃好玩好潇洒走一回。我们都有很重的责任，要用终生去完成人生的使命。这个使命是什么？就是弘扬仁道。弘扬仁道的内容又是什么？下面这一段可以帮我们理解。

子路问君子。子曰："修己以敬。"曰："如斯而已乎？"曰："修己以安人。"曰："如斯而已乎？"曰："修己以安百姓。修己以安百姓，尧舜其犹病诸。"（《宪问》）

"弘扬仁道"就是要自己认真修养，并且帮助他人过得好，最高的要求是修养自己，帮助所有百姓都过得好。用现在的话来讲，就是要为了理想的社会努力奋斗终生。这是我们自己担负的使命。这是中国人对人生的一种理解，这里实际上给我们提出和回答了人生的两个基本问题：精神生命和物质生命的关系、群体和个体的关系。在我们思考自己的人生应该怎么过的时候，这两个问题是每个人都无法回避的。

精神生命和物质生命的关系。这个问题是儒学里一个基本的问题。儒学有一个很重要问题就是"人禽之别"。人和禽兽有什么区别？人为什么能够高于禽兽？人的生活有两个部分，物质生活和精神生活。物质生活指的就是衣食住行，包括两性关系等等。物质生活的基础是人的生物本能。这一点上，其实人和禽兽没有本质的区别。禽兽也有同样的生物的本能。那么，人和禽兽的区别在哪里？区别在于人除了物质生活以外还有精神生活。人是生活在社会中间的。社会生活中会形成一定的关系。为了维护这些关系，就需要有道德规范，这是禽兽所没有的。这也是中国古人观察人生时的一个很重要的出发点。

战国时期儒家学派的代表人物孟子、荀子都谈过这个问题。孟子说："饱食、暖衣，逸居而无教，则近于禽兽。"这是从中国古代文明的发展来说的，文明的发展首先是解决了吃穿住的问题，但是那时还没有教化，孟子说，这就还近于禽兽。于是有了教化。这个教化就是指人伦关系。荀子对这个问题讲得更明确："禽兽有父子而无父子之亲，有牝牡而无男女之别。"禽兽也有父子的关系，但是没有人这样的父亲子爱。有牝牡，就是分为公、母两性，但是不像人有男女之别。这是中国古人对人的基本看法。因为人之所以异于禽兽，人之所以为人，就在于人有精神生活，所以人要把精神生活放在第一位，而不能只追求物质生活的享受，在《论语》中就叫作"义以为上"。舍弃精神追求，只顾追求物质生活方面的满足，按照中国传统观念，这样的生活就近于禽兽。

群体和个体的关系。人是生活在群体中间的，我们每一个人既是一个不同于他人的个体，又是群体中的一分子。古人从不把人看成孤立的、单个的个人，总是把人放在一定的关系中间来看。一个人既是父亲的儿子，又是儿子的父亲，还是妻子的丈夫，或者丈夫的妻子。一个人总是处在一定的关系中间，这点和西方人很不一样。西方人比较强调个人就是独立的个体，所谓上帝是高高在上的，上帝下面所有的人都是平等的。所以西方强调发扬个性，追求个人价值，等等。但中国人看问题总是把自己放在群体中间，强调自己要融合到群体中间去，把个人的性命融入群体的、历史的大生命中，在群体的发展中求个人的发展，以实现个人的价值。孔子提出，"修己以安人，修己以安百姓"，"己欲立而立人，己欲达而达人"，孟子说，"老吾老，以及人之老；幼吾幼，以及人之幼"，又赞扬伊尹"自任天下"，"思天下之民匹夫匹妇有不被尧舜之泽者，若己推而内之沟中"。后儒"先天下之忧而忧，后天下之乐而乐"，"天下兴亡，匹夫有责"，都是体现了这一点。

中国人对这种价值的最高追求，就是"杀身成仁，舍生取义"。"杀身成仁"是孔子讲的。

子曰："志士仁人，无求生以害仁，有杀身以成仁。"（《卫灵公》）

这句话强调人不能为了求活命而损害仁，只有在必要的时候可以杀身以成仁，可以牺牲自己的生命来成全对仁的追求。"舍生取义"是孟子说的。孟子用了一个非常简单的比喻：

孟子曰："鱼，我所欲也，熊掌，亦我所欲也，二者不可得兼，舍鱼而取熊掌者也。生，亦我所欲也，义，亦我所欲也，二者不可得兼，舍生而取义者也。生亦我所欲，所欲有甚于生者，故不为苟得也；死亦我所恶，所恶有甚于死者，故患有所不辟也。"（《孟子·告子上》）

鱼和熊掌二者只能选一种，你取什么答案很简单，"舍鱼而取熊掌也"。因为鱼和熊掌的价值差别是很明显的，孟子用这样一个比喻来说明"生"和"义"二者的关系，"生"是指个体的物质生命，"义"是指精神理想的追求，人的精神生命。当这两者不可得兼的时候，你把哪个放在前面？就是要舍生而取义。为什么要舍生取义呢？"生亦我所欲，所欲有甚于生者，故不为苟得也；死亦我所恶，所恶有甚于死者，故患有所不辟也。"就是生命确实是我所欲，但是所欲有胜于生者；生命不是最高的价值，有比生命价值更高的，这就是"义"，就是精神生命。如果陷我于不义，我毋宁死。

我们现在常常讲生命是最可贵的，没有什么比生命更可贵，这话有一定的道理。比如说在汶川抗震中，其他一切事情都要服从于救人，因为生命是最宝贵的。但是回过头来再想想，孟子讲得有没有道理呢？作为个人人生的思考，你是不是把个人的生命看作是最宝贵的？是不是可以求生以害仁？是不是两者不可得兼时，能够舍义而取生呢？中国古人讲"生亦我所欲，所欲有甚于生者；死亦我所恶，所恶有甚于死者"。在汶川地震抗震中间出现了很多鲜活的例子。为什么那么多解放军战士能够在死亡的威胁下，仍然不顾一切地去营救灾区人民？为什么那些教师能够为了救孩子，牺牲自己的生命？为什么有的人顾不上救自己的亲人，和大家一起去救其他灾民？在他们心中，并没有把个人的生命放在第一位，而是始终将百姓的安危放在第一位，把灾民放在第一位。他们的这种做法体现的就是"修己以安百姓""杀身成仁，舍生取义"的中国人的精神。

　　与汶川抗震主流精神形成鲜明对比的就是范美忠的表现。范美忠逃跑情有可原，并不应该过多地去责备。但问题是他的那些思想。他说，在危难情况之下求生是每一个人的本能，既然是本能，那也是每个人平等的权利，所以他逃生没有错。你不逃生，你愿意救人牺牲是你的选择，也并不高尚。他这完全是西方的价值观念，就是将个人的生命放在第一位。范美忠也是珍惜生命的。但是他珍惜的不过是他个体的生命。中国人的传统精神是把个人与群体、百姓紧密联系在一起。在抗震救灾中，他们牺牲了自己个人的物质生命，实现了精神生命的永恒。他们的这种精神生命永远为人们所纪念，永垂不朽。我想，中国人讲的"志于道"大体上就是这个意思。

　　也有人批评中国文化，特别是批评儒学，说中国人只讲集体不讲个人，否定了个人独立的人格，应该说这是一种误解。从西方人的思想体系来讲，他们对中国的文化是很难理解的，所以他们认为你强调"杀身成仁，舍生取义"就是不讲个人独立的人格。从中国文化的思想本身来说，实际情况并不是这样。

　　孔子说："三军可夺帅也，匹夫不可夺志也。"（《子罕》）任何一支强大的军队，其统帅是可以被剥夺的。但是一个普通人所立下的志向是没有任何力量能够改变的。从个人来讲，一个人立下志向以后，在任何的环境下面都要坚定不动摇。孟子说："富贵不能淫，贫贱不能移，威武不能屈，此之谓大丈夫。"（《孟子·滕文公下》）什么叫大丈夫？大丈夫就是要能在任何情况下坚守你的志向。无非是三个考验：第一个是富贵的引诱，第二个是贫贱的煎熬，最后一个就是生死的威胁。一个大丈夫，要在任何环境下面都坚守你的志向不动摇。这两段话都是强调个人独立人格的重要性。所以，杀身成仁、舍生取义有两个方面：一是为理想信念、群体事业献身；二是个人人格的完成。在古人身上二者是统一的。中国古代的杰出人物和仁人志士，把"杀身成仁，舍生取义"作为自己做人的最高标准和最高要求。文天祥就是一个典型的例子。文天祥抗元失败被俘。元人先是劝降，文天祥坚决拒绝，后被关押在土牢里很多年，最后被杀害。在他就义以后，人们在他的腰带上发现了这样一段话，这也是他心声最后的表达。他说：

孔曰成仁，孟曰取义，惟其义尽，所以仁至。读圣贤书，所学何事？而今

江西吉安文天祥纪念馆内的文天祥塑像

而后，庶几无愧。(《宋史·文天祥传》)

"孔曰成仁，孟曰取义"，概括了儒家学说最核心的要求，是文天祥对他读的儒家学说的一个理解。他明白表示，成仁、取义是他毕生追求的目标。而在生命的最后一刻，他以终于达到这个目标而感到无憾和欣慰。为理想信念、群体事业献身和个人人格的完成达到了完美的统一。

孔子所讲的学说思想都是从普通人的生活中间总结出来的。它不是像西方哲学家有那么多高深的理论体系，儒家学说的基础是在普通人的生活中间。所以我们学习、修养也要从日常生活做起，逐步达到一个很高的境界，所谓"极高明而道中庸"。普通百姓在日常生活中践行着孔子的思想，只是日用而不知。在《论语》中我们可以看到，在实际生活中这种价值观有三个层次的要求。

最低的层次是"见义勇为"。《论语》的原话是：

见义不为，无勇也。(《为政》)

义，宜也。义就是应该。见到应该做的事而不做就是无勇，没有勇气，是懦夫。从正面讲，见到应该做的事就要去做，就是见义勇为。这是第一步。从见义勇为开始。现在一般人的理解，见义勇为就是要勇于与歹徒搏斗或在危险或灾难中舍己救人。这些行为当然是属于见义勇为。但是那样去理解见义勇为，并不符合《论语》的本义。孔子的原意，是说在实际生活中遇到合于道义、应该做的事，就要勇于去做。

现实生活中，有两个问题。一个问题是我们遇到一件事自己都会有个选择，这件事我做还是不做。一般会有两种考虑，一是应该不应该，一是有利没有利。应该不应该和有利没有利，把哪一个放在前面？应该做就做，就是把精神生活的要求放在第一位；有利才做，无利不做，就是把物质生活的考虑放在第一位。见义勇为，就是把应该不应该放在前面，作为指导我们行为的一个原则，而不是以对自己有没有好处作为原则。实际上这也就是前面讲到的，把精神生活放在首位，即义以为上。再一个，从道德教育上来说，见义不为是我们道德教育中一个很大的问题。很多事情，他不是不知道应该怎样做，但他不做。这就是道德认识与道德实践脱节。见义勇为就是要解决这个问题，认识到了就去做。

这是一个修养的起点。为什么知道应该做而不做？都是出于一些私心的考虑。这就叫作无勇。我们说的勇敢，不是简单的天不怕地不怕，不怕死。在中华文化中讲勇，最大的勇敢是勇于战胜自己，改正自己的错误是最大的勇敢。见义勇为的"勇"首先也是这个意思，不是一定要不怕牺牲生命，舍己救人。

把见义勇为揭得过高，以为只有那些英雄行为才是见义勇为，反而不能为多数人所接受。所以，要对见义勇为做准确的解释，一事当前，凡是应该的就去做，这就是"见义勇为"！

应该做的就去做。这是第一步的要求。第二个层次，就是把这个原则用于对个人物质利益的取舍。在有利可图的时候，如何处理物质利益的追求和道德精神原则的关系？"君子喻于义，小人喻于利。"有人会问，是不是君子就只讲义不讲利？其实，这句话只是说你要按照义的原则来决定你对利的取舍。

富与贵，是人之所欲也，不以其道得之，不处也；贫与贱，是人之所恶也，不以其道得之，不去也。(《里仁》)

《论语》并不否定要取得富贵，它只是说你不以其道得到的富贵不能要。要见利思义，不取不义之财。这是第二个层次。贯彻到底，最高的境界和要求就是舍己救人。最后在生死关头，也能"杀身成仁，舍生取义"！

（二）仁和礼

仁和礼是孔子对君子所提出的要求。《论语》里多处讲君子如何如何，小人如何如何。君子，是孔子所提出来的一个做人的理想标准。孔子教他的弟子要做君子，不要做小人。在古书里，君子的另外一个含义是指在位当权的人。《论语》里的君子主要是指做人的标准，说得简单一点，就是有道德的人的标准。

子曰："质胜文则野，文胜质则史。文质彬彬，然后君子。"(《雍也》)

文就是花纹、文饰、外表的表现，这里指的是礼。质是内在的品质，这里指的是仁。彬彬，就是两个东西配合得很好。文质彬彬的意思就是，一个人内心的道德品质和外表的礼仪，能够很好地统一起来，这样的人才是个君子。

仁

樊迟问仁。子曰："爱人。"（《颜渊》）

爱人，是仁的根本精神。

厩焚，子退朝，曰："伤人乎？"不问马。（《乡党》）

马厩着火了，孔子只问伤人了没有，不问其他，正是爱人精神的体现。爱人是总的精神，它通过孝悌、忠恕等道德得到体现。

孝悌

有子曰："其为人也孝弟，而好犯上者，鲜矣；不好犯上，而好作乱者，未之有也。君子务本，本立而道生。孝弟也者，其为仁之本与！"（《学而》）

孝悌是仁之本。怎么理解孝悌是仁的本呢？一个理解是从爱人的方面讲，爱人首先是从孝悌开始。儒家讲的爱人不是抽象的、普遍的爱，而是一种有差等的、由亲及疏的爱。而父母兄弟是一个人最亲近的人。一个人来到世上，生活在家庭里面，首先接触到的是父母、兄弟、姐妹，这是关系最亲密的人。所以对亲人的爱，可以说是爱人的起点。我们现在也常常讲这句话，如果你连父母都不爱、不孝，怎么可能去爱别人呢？从这个意义上说，孝悌是仁的根本。后来孟子讲亲亲、仁民、爱物，首先是对亲人孝悌，然后"老吾老以及人之老，幼吾幼以及人之幼"，推广到其他的人，对其他人也要有爱心。再由人推广到物，人是生活在自然中间的，天地万物都是人类的朋友，所以要爱物。对人的爱和对物的爱有所区别，所以叫亲亲、仁民、爱物。

另外一个理解，在这段话里边，把孝悌和不犯上作乱连在一起。只要为人孝悌，犯上作乱的可能性几乎是没有。

把孝悌和不犯上作乱连在一起，这句话有一定的社会背景。这是因为当时是个宗法制的社会，天子、诸侯都是实行嫡长子继承制，其他庶子被分封到各地。在当时的社会结构里，天子和诸侯的关系，诸侯国君和大夫之间的关系既是一个政治上的关系，同时又是父子或者兄弟的关系。在这种情况下，做人能够孝悌，就不可能犯上作乱，这是它的时代内容。所以，孝悌也具有两重性。通过提倡孝悌维系宗法制度，使人不犯上作乱，这是它时代性的一面。但是孝悌又有它普遍性的一个方面。那就是，孝是在血缘亲情的基础上产生的，爱人总是从父母兄弟开始，这种血缘亲情是超越时代的，只要有家庭血缘关系存在，就有孝的基础，有孝的需要，是不受时代限制的普遍性的。关于孝，孔子强调了一个"敬"字。

子游问孝。子曰："今之孝者，是谓能养。至于犬马，皆能有养；不敬，何以别乎？"（《为政》）

一般人认为孝就是赡养父母。孔子说，如果只是养，没有敬，那和养一只狗、一匹马有什么区别呢。强调孝的精神要敬，这是很有现实意义的。

子夏问孝，子曰："色难。有事，弟子服其劳；有酒食，先生馔，曾是以为孝乎？"（《为政》）

色难，最难的就是要能够保持一个非常好的脸色。不只是有事儿女做，有好吃的给父母，而是始终保持好的脸色。不管父母卧病在床，多么的麻烦，多么的辛苦，儿女在侍奉的时候都能够保持和颜悦色。这也是强调，心中对父母要有爱、有敬，因为脸色是人内心情感的一种直接反映。

忠恕

子曰："参乎！吾道一以贯之。"曾子曰："唯。"子出。门人问曰："何谓也？"曾子曰："夫子之道，忠恕而已矣。"（《里仁》）

曾子说，贯穿于孔子思想中的中心思想就是忠恕。对于这一点，学术界有不同的看法。我们先不讨论这个问题，而是要来看看忠恕的内容和它的意义。

曾子突出忠恕是有道理的。因为从"爱人"精神的落实方面看，最重要的就是忠恕。

忠恕的内容就在下面这两段话：

子贡问曰："有一言而可以终身行之者乎？"子曰："其恕乎！己所不欲，勿施于人。"（《卫灵公》）

子贡曰："如有博施于民而能济众，何如？可谓仁乎？"子曰："何事于仁！必也圣乎！尧舜其犹病诸！夫仁者，己欲立而立人，己欲达而达人。能近取譬，可谓仁之方也已。"（《雍也》）

"己所不欲，勿施于人"，是恕，是说自己所不愿意的事情，不要强加到别人身上。这主要是对自己的一种自我约束，不希望别人这么对待自己，就不要这么对待别人。"己欲立而立人，己欲达而达人"，就是"忠"，是更积极的一个层面。不只是约束自己，任何事情自己不愿意的也不要强加到别人身上；而是说我自己所想要做到的事情，也要帮助别人做到。比如我想在社会上站住脚跟，想在社会上办事很顺利通达，别人也会希望这样，那我就帮助别人来实现这一点，这就是忠。忠有一种积极帮助别人的意思，不只是对自己约束，而是有一种责任。

这两个方面，一个是对自己的约束，一个是对别人的责任。而共同的一个精神，就是要以自己的心情去理解别人的心情，就叫作"推己及人"。这也就是上面引的那段话中孔子说的"能近取譬"，孔子说，这是"为仁之方"，践行仁爱的方法。这种思想，实际上在中国的老百姓中间也是深入人心的。中国人常说将心比心，遇到什么问题设身处地替别人想一想，再简单一点讲，就是心中要想着别人。这已经成为中国人一种传统的处世之道。

"己所不欲，勿施于人"，孔子在《论语》中提出的这一原则，已经为世界各大宗教所接受，被公认为是人类可以普遍接受的共同价值。但若仔细考察，就可发现在共同之中又有着差异。比如，《论语》说的是"己所不欲，勿施于人"。《圣经》说的则是"你们要别人怎样对待你们，你们也要怎样对待他们"（《路加福音》6.31）。"你们要别人怎样对待你们，就得怎样对待别人，这就是摩西律法和先知教训的真义"（《马太福音》7.12）。二者是相通的，而又是不同的。孔子提出的问题是应该怎样对待他人，回答是自己不愿接受的就不要加之于他人，出发点和落脚点都是他人；《圣经》提出的问题是你想要别人怎样对待自己，回答是想要别人怎样对待自己就怎样对别人，这样做是为了换来别人也这样对自己，出发点和落脚点是在自己。在这一点上，正反映出中西文化核心价值观的分歧。这一点也是值得注意的。

仁，一方面是最重要的道德要求，同时又是孔子倡导的道德的总称，包含了孔子讲的所有的道德要求。比如恭、宽、信、敏、惠、温、良、俭、让等，都可以归结到仁的下面。因为时间关系，这里不作介绍了。

礼

《论语》好几处都讲"不学礼，无以立"，立就是立身，立身就要依据礼。不学礼，就没有立足社会的依据。那么，礼是什么呢？钱穆先生有一次接受一位美国学者访问的时候，讲过这么一段话：

在西方语言中，没有礼的同义词，在西方没有礼这个词，它是整个中国人世界里一切习俗行为的准则，标志着中国的特殊性。

西方语言中没有和"礼"相当的词语，它是中国特有的，所以用现在人们习惯的语言说起来不太容易讲清楚。总体来说，礼是中国人的一切习俗行为的准则。古代从天子的祭天、祭祖，诸侯国之间的会盟、外交、打仗，到普通老百姓的婚丧嫁娶、坐卧行走、互相称谓等等，这一切都有礼的规范。简单讲，礼是一切习俗、行为的准则。在中国古代，人们的一切行为都要用礼来规范。孔子讲，"道之以德，齐之以礼"，怎样来规范人们的行为呢？就要靠礼。可以说古代中国人是生活在礼中间的。

颜渊问仁。子曰："克己复礼为仁。一日克己复礼，天下归仁焉。为仁由己，而由人乎哉？"颜渊曰："请问其目？"子曰："非礼勿视，非礼勿听，非礼勿言，非礼勿动。"颜渊曰："回虽不敏，请事斯语矣。"（《颜渊》）

子曰："生，事之以礼；死，葬之以礼，祭之以礼。"（《为政》）

孔子说要把仁和礼配合起来，"道之以德，齐之以礼"。道德要落实到行为规范上来。颜渊问仁，孔子说"克己复礼为仁"。"批林批孔"的时候把"克己复礼"说成要复辟，这种理解是不对的。这句话的意思是，克服自己不符合礼的思想行为，照着礼去做，这就是仁。说具体一点，就是"非礼勿视，非礼勿听，非礼勿言，非礼勿动"。凡是不符合礼的，你不要看，不要听，不要说，不要做，视听言动都按照礼的要求，这就做到仁了。孔子又说，孝就是父母生前要依礼的要求侍奉父母，父母去世后要依礼的要求安葬和祭祀。总之，仁落实到礼的上面，就是按照礼的要求做。检验一个人是不是仁，用礼去检验就可以了。所以，仁与礼就是紧密不可分的。

仁和礼的关系，可以从三个方面看：

第一，仁是灵魂，礼是形式。仁要落实到礼上，反过来，礼可以检验仁。

第二，如果礼脱离了仁，那么礼的这些形式就毫无意义。有一位香港的教授曾经做了一个比喻。他说马戏团训练狗熊的时候，它完全可以按照你的要求来做，而且一板一眼一点不错。但狗熊所做出的动作背后没有道德思想的内涵。礼，不是只照着做就行，关键还要懂得为什么要这样做。孝也是如此。赡养父母是礼的要求，但如果子女内心没有敬，赡养是没有意义的。

宰我问："三年之丧，期已久矣。君子三年不为礼，礼必坏；三年不为乐，乐必崩。旧谷既没，新谷既升，钻燧改火，期可已矣。"子曰："食夫稻，衣夫锦，于女安乎？"曰："安。""女安则为之。夫君子之居丧，食旨不甘，闻乐不乐，居处不安，故不为也。今女安，则为之！"宰我出。子曰："予之不仁也！子生三年，然后免于父母之怀，夫三年之丧，天下之通丧也。予也有三年之爱于其父母乎？"（《阳货》）

宰我（名予，字子我）说要把丧期改为一年，孔子没有说你这样一定不行，而是说如果你心安你就去做。这是什么意思？如果宰我内心没有道德情感，只守孝一年也可以心安，那你非让他守三年就没有意义。说仁是灵魂，最核心的就是要有一种道德的自觉。所以孔子说：

礼云礼云，玉帛云乎哉？乐云乐云，钟鼓云乎哉？（《阳货》）

人而不仁，如礼何？人而不仁，如乐何？（《八佾》）

第三，礼也有培养仁德的作用。

慎终，追远，民德归厚矣。（《学而》）

礼是一种外在形式，但是如果你认真地去做，就可以使民风淳厚。

礼之用，和为贵。（《学而》）

礼的功用是和。人都生活在一定的关系中，有一定的地位、身份。君臣、父子、夫妇、兄弟、朋友这五伦，就是古代社会基本的人伦关系。礼就是在这种区别的基础上产生的。它反映、厘清和维持这种区别，以达到和的目标。爱和敬的感情是普遍的、共通的，但它的表现又是有别的。古人强调爱有差等，有亲疏之别就是这个意思。礼既体现着爱和敬，同时也体现着"别"；爱和敬通过"别"而表现。西方人讲平等。受西方思想影响，现在我们许多人也爱讲平等。认为礼的规范是封建等级制的反映，一概要不得；父子、夫妇、兄弟、朋友、同学、上下级……都用一个"平等"来概括。现代社会在人格上人人平等，等级制下的贵贱尊卑关系应该废除是对的。但父子、师生、上下级等等的差别是客观存在的事实，协调这种差别就要有礼，不能抹杀差别，不能否定礼。只讲平等，没有礼的规范，不讲恭敬、礼让，不可能有社会的和谐。

礼是随社会的发展变迁而发展的。古代的礼，许多已经不再适应现代社会的要求而被淘汰；继续存在的也会改变形式、有所发展；还要适应现代社会的需求，进行现代礼的建设。古代社会建立在个体农业基础之上。古代的礼，主要也只是局限于古代五伦的私人生活的领域，而缺乏公共生活领域的规范。在公共生活领域建立礼的规范，是弘扬中华文化、建设精神家园的一项重要工作。

（三）修养

无论立志也好，要做一个君子也好，都要通过学习和修养。这一点是中国文化和儒学中非常重要的组成部分。就我的了解，大概只有中国文化对修养问题有如此丰富、完整的学说。任何一种文化都没有像中国文化如此重视修养问题。

子曰："性相近也，习相远也。"（《阳货》）

人有先天和后天两个方面。先天的性是相近的，差别不大；习，是后天环境的影响和习染，人的差别主要是来自后天。这就说明，人需要和可以通过后天的学习修养改变自己、提高自己。中国传统文化为什么这样重视学习和修养？道理就在这里。

《论语》中关于修养的内容很丰富，有关于修养的基本态度，也有修养的方法。因为时间关系，今天只介绍关于修养的基本态度的部分。

修养的基本态度：为己，由己，求诸己。都有一个"己"字，落实到"己"，可以叫作"三个己"。

为己

子曰："古之学者为己，今之学者为人。"（《宪问》）

所谓为己，是说学习修养都是为了充实、提高、完善自己；为人，就是做给别人看，沽名钓誉，牟取名利。为己是学习修养的最根本的态度。这个思想在《论语》的很多地方都有反映。

由己

颜渊问仁。子曰："克己复礼为仁。一日克己复礼，天下归仁焉。为仁由己，而由人乎哉？"颜渊曰："请问其目。"子曰："非礼勿视，非礼勿听，非礼勿言，非礼勿动。"颜渊曰："回虽不敏，请事斯语矣。"（《颜渊》）

子曰："有能一日用其力于仁矣乎？我未见力不足者。"（《里仁》）

子曰："仁远乎哉？我欲仁，斯仁至矣。"（《述而》）

道德修养全靠自己，做好做坏完全掌握在自己手中。不能推诿于他人或条件，不能怨天尤人。

曹交问曰："人皆可以为尧舜，有诸？"孟子曰："然。"（《孟子·告子下》）

只要努力人人就都可以达到圣人的境界。圣人的境界，不是说可以真的成为像尧舜一样的人，而是说在道德思想境界上可以做到像尧舜那样。有人没有做到，"是不为也，非不能也"。只是他没有努力去做，不是做不到。

求诸己

子曰："君子求诸己，小人求诸人。"（《卫灵公》）

君子凡事首先从自己方面要求，而不怨天尤人。《论语》中多次用不同的语言说到这一点。

不患无位，患所以立。不患莫己知，求为可知也。（《里仁》）

不患人之不己知，患其不能也。（《宪问》）

君子病无能焉，不病人之不己知也。（《卫灵公》）

说的是一个意思，不怕没有职位，不怕人家不了解自己，只怕自己无能，没有能力担当重任。这就是求诸己的精神。

人不知而不愠，不亦君子乎？（《学而》）

人在怀才不遇的时候，在被人家误解的时候，或是人家不了解自己，看不到自己优点和成绩的时候，会觉得烦恼、郁闷，会有怨恨；求诸己，从自己的方面要求，就可以免除这些烦恼、怨恨，"人不知不愠"了。

还有一种情况，人与人之间的交往，经常会有一些冲突和矛盾。面临这些情况的时候，我想一个基本的态度也是求诸己。"双方各自多做自我批评"，矛盾就容易化解。

另外，人们在相互关系中所处的地位不同，要求也不相同。也要从自身做起，首先做好自己应该做的事。

"三个己"体现了一个精神：立足于个人的自觉。启发个人的自觉，依靠个人的努力，靠每个人从自己做起，提高全民的素质。

自天子以至于庶人，壹是皆以修身为本。(《大学》)

可以说，这是整个儒学的核心思想；全部儒学，它的出发点和落脚点，都在于提高每一个人的素质；而要做到这一点，靠的也是每一个人的自觉。这也是以人为本的核心内涵。

四、《论语》思想对后代的影响

(一)《论语》中所提出的人生价值观，是中华民族民族精神的思想基础

中华民族的民族精神，集中表现为贯穿中华5000年历史的浩然正气。这种浩然正气，源自儒学和中华文化提倡的核心价值。"成仁""取义"是孔孟提出的君子人格的最高要求，也是历代仁人志士的最高追求、安身立命的精神家园、民族精神的基础。

先天下之忧而忧，后天下之乐而乐。

天下兴亡，匹夫有责。

人生自古谁无死，留取丹心照汗青。

苟利国家生死以，岂因祸福避趋之？

　　这些名言都体现了《论语》所提出的核心价值观和中华民族的浩然正气，贯穿于我们民族 5000 年的历史中。

　　民族精神是发展的，随时代前进而不断取得新的时代内容。每一个时代人们为之而奋斗的具体使命都是不同的，都有鲜明的时代性。每一个时代所表现的精神也都有着鲜明的时代特点，有着与其他时代不同的内容。但儒学的核心价值则是始终一贯地贯穿于从古到今的各个时代，是民族精神的核心内容和灵魂。

　　近代以来，民族精神不断发展，表现为革命战争年代的长征精神、延安精神，新中国成立以后的"两弹一星"精神、焦裕禄精神、雷锋精神、抗洪精神、航天精神……成为支持、激励中国人前赴后继，为民族独立，为人民解放，为建设独立、民主、富强的新中国而奋斗的精神支柱。不同时期所表现出的每一种精神，都有其鲜明的时代特点和内容；但它们的思想基础又是一贯的，都离不开中国传统文化的核心价值；也都是彰显了中华民族的浩然正气。它们的基础是在中国共产党领导下的伟大的革命、建设和改革实践，而它们的文化背景、思想来源则在中华文化和儒学的传统中。当代的革命精神，是几千年来民族精神的发展。古代的文化传统、民族精神和当代的革命精神，是同一个传统的两个发展阶段，而不是两个传统。割裂古代文化传统与当代革命精神的联系，就不可能真正理解当代革命精神；如果否定和抛弃了儒学核心价值和民族精神的传统，那就根本不会有长征精神、延安精神及其以后的这一切。

　　汶川抗震救灾培育和弘扬了伟大的抗震救灾精神。抗震救灾精神的出现，无疑是植根于有中国特色的社会主义建设的实践，如胡锦涛同志所说"充分反映了社会主义精神文明建设，特别是社会主义核心价值体系建设取得的重大成就"。同时，它也强烈地体现出儒家所倡导的核心价值。我们看到，多少教师用自己的血肉之躯保护学生，视死如归；多少战士甘冒死亡的危险，义无反顾；多少人顾不上抢救自己的亲人，坚守岗位，救出其他人而失去了自己的亲人；赶回灾区探亲的普通百姓，中途返身护送伤员；身处灾区的母亲，为了减轻救灾负担不许儿子回家；无数志愿者自发奔赴灾区；全民捐献，捐钱捐物献血……

这一切，远非简单的"珍惜生命"四个字可以说明。这里表现的是超越对个人小我、物质生命的珍惜，把群体大我、灾民的生死放在第一位，为救灾不惜"舍生取义"的崇高精神追求。这是对生命意义的最好诠释，是中华民族民族精神、浩然正气的集中体现。尤其值得注意的是，这种精神不是表现在少数人身上，而是表现于千万人身上，显示出了惊天地、泣鬼神，无坚不摧的力量。

（二）在孔子为政和教育思想的影响下，形成了重教育的传统

孔子思想关注的中心是人，是提高人的素质，他全部思想的核心就是讲做人的道理；他把道德教化当作治国的基础和国家的重要职能，一生的主要活动就是教育。孔子的这一思想有重要的影响，形成了中国重视教育的传统。

在这一思想的影响下，历代都把教育当作治国的大事，后来又形成了以考试取才的科举制度。这在当时是很先进的。不仅官府，儒生文人也有这样的传统，每到一地，都把兴学作为一项要务来做。这对推动文化发展、培养人才都有很大的作用。

今天，我们应该将道德摆到什么地位？孔子将道德教育视为治国最基础、最重要的一个职能。当今时代我们应该怎么看待这个问题？在依法治国的现状下，道德应该处于一个什么地位？在教育中间，道德应该被放在一个什么地位？我们有一个很重视教育的传统，我们应该怎么把握？这些问题可以对我们有很多启发。

（三）孔子的为政思想，发展了中华民族的礼乐文化，使中国成为"礼仪之邦"

礼乐文化始于西周，孔子"道之以德，齐之以礼"的思想，把礼与德相联系，成为统一的体系，构成汉以后 2000 年治国的基本模式。虽然汉以后也吸取了法家的合理部分，成为"德主刑辅"的模式，但核心的还是"道之以德，齐之以礼"。正是在这种治国模式下，使中国成为世人称颂的"礼仪之邦"。这个传统由于种种原因，在相当大的程度上丢失了。总结历史经验、继承发展这一

传统是一个重要的问题。

（四）孔子的治国思想，给我们提出了一些值得思考的问题

第一，对为政治国的理解和认识。作为国家干部、公务员，我们怎么认识自己的职责？从政治国是做什么的？镇压？管理？教化？几者的结合和如何结合？我们与百姓之间是什么样的关系？孔子说政者正也，应怎样评价，有什么现实意义？与依法治国、以人为本等如何结合？

第二，社会的安定、国家的强大、政权的稳固，最重要的基础是什么？军事？经济？人民素质？何者为先？几个方面的关系？

第三，如何认识道德教育、道德建设与法治的关系？道德教育、道德建设在现代国家的治理中应处于什么样的地位？与依法治国的关系如何？

第四，怎样看待教育的作用和地位？政府应该把教育放在什么地位？教育工作者要怎样认识自己的责任和使命？教育在弘扬中华文化的事业中应起什么作用？

第五，怎样认识和落实正人先正己的原则？怎样认识我们的官员和公务员首先学好中华文化的重要意义？如何把中华文化基本知识的内容落实到官员和公务员的培训中去？

（讲座时间　2008 年）

刘家和

先秦儒家的"中庸"思想
——在西方文化背景下
对中国古代历史文化的思考

刘家和

刘家和，1928年生，江苏南京人。北京师范大学历史学院教授。曾兼任中国世界古代史研究会名誉理事长、北京师范大学中国古代史研究中心学术委员会主任、美国《世界史杂志》编委等。

1952—1979年，主要从事世界古代史教学、研究工作。1980年至今，转以中国古代史为主兼治世界史，同时从事中外古史比较研究工作。主编两本《世界上古史》（均由国家教委定为高等学校文科教材，并获得国家教委高等学校文科教材一等奖）和一本《世界古代文明史研究导论》（教育部推荐研究生用参考教材）。另著有《古代中国和世界》《史学、经学与思想》及论文数十篇。曾参与的集体著作、译作尚有多种。

今天讲的这个题目看起来很传统，不过任何一个传统之所以能够成为传统，就是因为它是有生命力的。所以，今天我就是从这个意义上讲一讲中国的"中庸"之道。

引言

理论意义：先秦儒家之中庸思想有本体论、认识论、伦理学等多方面之内涵，颇值得分析，但本讲只就伦理学层面来谈。

实践意义：中庸实为实现社会和谐之重要途径之一。

本讲所引据之基本材料：《礼记·中庸》（以前 12 章为主）、《论语》、《孟子》、《荀子》。酌情参阅古希腊柏拉图的《理想国》、亚里士多德的《政治学》《尼各马可伦理学》等有关著作的部分内容。

一、"中庸"释义

（一）"中庸"是什么

子曰："中庸之为德也，其至矣乎！民鲜久矣。"这句话是说，中庸是非常

明代李唐绘《孔子讲学图》

难得的思想。然后孔子又解释说："不得中行而与之，必也狂狷乎！狂者进取，狷者有所不为。""中庸"是"狂"与"狷"两极之间的状态。子贡问："师与商也孰贤？""师（复姓颛孙，名师，字子张）"与"商（卜商，字子夏）"哪个更好？子曰："师也过，商也不及。"孔子说，"师"过了，"商"还不够。子贡又说："然则师愈与？"过不好吗？子曰："过犹不及。"那么，孔子为什么说"过犹不及"？因为过度和不及的结果是一样的。所以"中庸"就是过度和不及的中间，两极之间的一种平衡状态。接着孔子说："君子中庸，小人反中庸。君子之中庸也，君子而时中。""小人之反中庸也，小人而无忌惮也。""小人"是反对"中庸"的。"时中"就是要随时根

据时间地点条件的变化而保持"中庸"。"中庸"不是一条直线的中点。如果是这样的话，那就太简单了，人人都会。孔子就不会说"中庸之为德也，其至矣乎！民鲜久矣"。"中庸"要"时中"，达到动态中的平衡。

"故君子尊德性而道问学，致广大而尽精微，极高明而道中庸。"一定要有很高的道德修养。"致广大而尽精微"，"广大""精微"又是两极，只有广大了以后才能精微。年轻的时候，我们对很多问题考虑不全面，但是当我们积累了一定的经验以后，不仅能够处理好问题，还能够提出问题。"极高明而道中庸"，"极"是动词，使高明到了极点，怎么才能使高明到极点呢？"道中庸"这个"道"是"导"，导致。要想达到最高文化境界，一定要通过"中庸"之道。

（二）"中庸"不是什么

"不偏之谓中，不易之谓庸，中者天下之正道，庸者天下之定理也。"这是朱熹注引程氏的话。这句话怎么理解呢？正道常道其中还有变化没有？"中庸"的常态是不变的，可是它的"常"不是抽象的常，它是动态的常，"中庸"是动态中的平衡，就像骑自行车一样，是兼于变中之常和常中之变。

"中庸"不是折中主义。过去我们批"中庸"之道的时候，把"中庸"主义等同于折中主义。我们过去把折中主义理解成为"乡愿"。"乡愿"最通俗的说法就是好好先生。孔子说"乡愿，德之贼也"，"乡愿"是有害的，人应该明辨是非。"中庸"是矛盾统一中的动态平衡。古代希腊也有"中道"，西方讲的"中道"是由亚里士多德明确提出的，实际上同我们的"中庸"是不同的。

二、经与权

"常之谓经，变之谓权。""经"是什么？经就是道之常。"常"就是不变。"权者何？权者反于经，然后有善者也。""权"看起来与"经"不同，"经"是重心的中点，权是什么？是动态的平衡。

子曰："可与共学，未可与适道。"什么意思？我们大家都当过学生。大家

孟子画像

可能有很多的不同，但是没有关系，仍然可以坐在一块听课。"未可与适道"，却不一定能够成为志同道合的人。"可与适道，未可与立"，可以成为志同道合的人，但是不可以有共同的地位。"可与立，未可与权"，可以在同一个职位上相处得很好，但是在真正最关键的时候，未必就能一致。《论语》说出了人生非常深刻的道理。常态中间的合作很好处理，但在动态中间想达到平衡就没有那么容易了。权是非常难做到的。淳于髡说："男女授受不亲，礼与？"在男女授受不亲的情况下，嫂子掉在水里，要不要伸一把手，拉一把呢？孟子知道淳于髡是故意抬杠，所以回答得很不客气："嫂溺不援，是豺狼也。男女授受不亲，礼也；嫂溺，援之以手者，权也。"

关键的时候是要行权的，孟子在这段讲得更清楚："杨子取为我，拔一毛而利天下，不为也；墨子兼爱，摩顶放踵利天下，为之。"杨子是极端的自我主义，墨子是无我主义。孟子是什么？"执中无权，犹执一也，所恶执一者，为其贼道也，举一而废百也。"如果只有最符合标准的事情才办的话，那能办的只有一件事，因为每件事都是在动态中发生的。所以，这些都告诉我们"权"是非用不可的。没有权是不行的，可是权的执行太难了。"权"跟秤砣的关系非常大，秤砣衡量重量，我们就叫作权衡。秤砣这个"权"要在秤杆上移动而找到一种平衡。秤砣在古代引申为"重"，有重量，为"力"，为"势"，为"变"。

三、义与利

（一）儒家义利之辨

孔子曰："君子喻于义，小人喻于利。"这句话讲得对不对？到今天说还是对。如果是一个君子，他会做合乎道义的事。如果是小人，只有有利益的事，他才会打起精神去做。孔子实际上把这个问题看得非常透彻。可这句话被误解成"正其义不谋其利，明其道不计其功"，只要义不要利，只要道不要功。这样理解义与利就错了。孔子没有说不要利。"富与贵，是人之所欲也。不以其道得之，不处也。贫与贱，是人之所恶也。不以其道得之，不去也。"

（二）义利之间的辩证关系

现在怎么解释"利"呢？"利者，义之和"。和就是和谐。最大的"利"是达到最合理的和谐。这是全国人民最大的利。"利"的含义接近西文的权利，英文的权利"right"是从德文的"Recht"来的，它的意思比英文多，有法律、权利的意思。

马克思主义经典著作中将"right"翻译成资产阶级法权，这样翻译对不对呢？好像中国没有法权之说，是不是应该翻译成资产阶级权利？我觉得"法权"实际上是一个新造的词，中国原来没有这个词。如果从英文看这个字应该翻译为"权利"。可是从德文、从法文、从俄文看都既有法律又有权利的意思。这说明一个什么问题呢？在西方人的传统观念里，权利是根据法律而得到的，是法律赋予人利益。

"利"还有第二个解释，通常指财货、财富与利益等物质利益。相当于英文"benifit""profit""interest"。这里"利"是中性词，因为你得到这些东西的时候可以是合法的，也可以是不合法的。

"利"还有第三个意思，指贪取或者牟利。这个词大概等同于英文"gain"。下面我梳理一下先秦儒家的"义利观"与西方的"权利观"的比较分析。

"权"这个字本身是忖度、衡量的意思，是经过权衡以后所应该得到的利益。"义"是什么呢？是"just"，它来自拉丁文的"jus"，是合法的、公平的、公正的意思。西方有个特点，它的权利跟法是相通、相应的。有人把权利理解成因权而牟利，这是对权利的误解。我们今天要的是什么？权利的正解。需要坚决克服的是权利的误解，也就是因权而牟利。因权而牟利就会"上下交征利"。

美国现在的经济危机，造成了全球性的影响，这就是因权而牟利的结果。

四、和与同

孔子曰："君子和而不同，小人同而不和。"其实在孔子以前，中国人就已经有这个观念了。在《左传》和《国语》里，都有一些类似的记载。大家觉得什么人是同你和的人？什么人是同你不和的人呢？如果不加理性地思考，都会认为和你的意见一致是同你和，和你意见不一致是和你不和。这里面关键的一个字是"和"。齐侯认为他的宠臣和他最和。晏子却说："没这个事，你说什么他就是什么，你说这个球是白的，他绝不说是黑的。那能叫作'和'吗？"晏子说真正的和是要有不同的意见，但经过沟通达到了正确的结果。可见，中庸之中，不是抽象之中，没有两极，就没有中庸。

汉画像石《晏子见齐景公》

做菜、做饭也是一样。水加多了，就成了一锅稀汤，都是干的，也吃不了。如果人家对你提出不同意见，那么你把中间的缺点去掉，就可以使得你的优点更好地发挥出来。这就要求我们在真正的矛盾中间取得最佳状态，在分歧之间求得最佳状态，这就是中庸。

五、仁与礼

"仁"是什么？"仁"是爱，是博爱。博爱是普遍的爱，在英文是"fraternity"。"fraternity"是什么？是兄弟之爱。"frater"是"brother"的拉丁文写法。儒家也有这方面的记录。子夏说过"四海之内皆兄弟也"，但是这与西方的博爱是有异同的。孔子讲"仁"是最核心的思想，但是从不给"仁"下定义，他根据每个学生的情况，进行不同的教育，也就是"因材施教"。"仁者，己欲立而立人，己欲达而达人。"你想要自己能站住，要让别人也能站住。但这还不够，更重要的一条是"己所不欲，勿施于人"。我们不愿意别人强迫我们做什么，我们也不要强迫别人去做什么。

"仁"跟"礼"是什么关系呢？《中庸》讲"仁者人也，亲亲为大；义者宜也，尊贤为大；亲亲之杀，尊贤之等，礼所生也"。儒家讲"仁"是爱，而这个爱是有层次的爱。要爱自己、爱自己的父母和子女。"老吾老，以及人之老。幼吾幼，以及人之幼。"然后再把爱一层一层推广出去，由爱家人推到爱中国人，由爱中国人推到爱全世界人民。

儒家的"仁"为什么提倡有层次的爱呢？孔子讲"克己复礼为仁"。也就是说，"仁"要按照"礼"的路数推广爱，而"礼"是有亲疏之别的。关于爱的等级，孟子说"君子之于物也，爱之而弗仁"。我们对物品、对动物也有爱，但是我们不能把它们当作人来爱，实行的不是人道主义，"爱之而弗仁"。"于民也，仁之而弗亲。"对于老百姓，我们要"仁"，但是我们无亲。

"仁之而弗亲"的"仁"，我觉得就是恰如其分地把人当成人看。我们既不把人当成神看，也不把人当成畜生看。仁、义、道、德的仁爱应该是人类之爱、同类之爱。

"仁者以其所爱及其所不爱，不仁者以其所不爱及其所爱。"仁者是因为爱自己的父母，所以也爱别人的父母；不仁者是把自己的父母也看成路人。"仁"是爱，但不是自私之爱，也不是"兼爱"。"兼爱"要我们把别人的父母当作自己的父母，把别人的子女当自己的子女，这是不可能做到的。所以，孟子批评"兼爱"是"杨氏为我，是无君也。墨氏兼爱，是无父也。无父无君，是禽兽也"。

六、结语：中西的伦理观结构之异同

"君子道者三，我无能焉。仁者不忧，知者不惑，勇者不惧。"孔子认为君子要有这三项品德，但是认为自己一样都不行。子贡说："夫子自道也。"他认为，孔子这三德都有。那么仁、知（智）、勇三德之间是什么关系呢？

"择不处仁，焉得知？"这句话的意思是如果不仁就不能智。"令尹子文三仕为令尹"，子文做了三次令尹，没有什么喜色，三次罢相也没有什么不高兴；他所做的事一定给继任者交代得清清楚楚。子张就问孔子子文怎么样？孔子说"忠矣"。这人很忠。子张又问，这个人是不是仁呢？孔子说"未知，焉得仁"。他不明白大是大非，只是忠心而已，算不上仁。

"崔子弑齐君"之后，陈文子逃跑到别的地方，到了那里一看"犹吾大夫崔子也，违之"。这里的执政者还是像我们国家的一样，又走了。子张就问孔子说，陈文子怎么样？孔子说"清矣"。这人很洁身自好。是"仁"吗？不是。为什么？"未知，焉得仁"，他都不能够分辨出这些人的是非，怎么能是仁？所以说仁、知（智）、勇的关系是"仁者必有勇，勇者不必有仁"。孔子之君子三道以仁为先。孟子讲仁、义、礼、知四端。孟子的四端也是以仁为核心。

苏格拉底说："正义和其他一切美德都是智慧……既然正义和其他一切美好的事都是智慧，很显然正义和其他一切美德都是智慧了。"苏格拉底认为智即是美德，并在西方开创了这个传统。苏格拉底认为凡是好的事，人们一定会去做，谁愿意做不好的事呢？

柏拉图在《理想国》卷四中论公民四德为智慧、勇敢、节制和正义。柏拉图认为一个国家的国王应该是一个哲学王，也就是中国所说的"内圣外王"。社会正义的含意就是要透过教育，让哲学王有智的美德、军人有勇的美德、平民有节制欲望的美德，这样可以造就一个理想国，借此达到社会正义。柏拉图把老师苏格拉底的三德变成了四德，但是他仍然坚持着他的老师的基本观点，就是"以智为先"，以智慧为首德，认为由智慧才能够判定是否公正、是否正义、是否合法。

亚里士多德所讲的四德中将"智慧"改成了"明智""审慎"，希腊文是"phronesis"，英文是"prudence"。

可见柏拉图也好，苏格拉底也好，认为人只要知道哪些是好事就会主动去做。如果人知道什么是好事的话就不做坏事了，那么社会上还会出现知法犯法的事吗？亚里士多德比他的老师更高明一点，他提出要审慎，这是人类学的领域，根据社会风俗和社会实践来衡量，所以他的这个智慧不是一种抽象的理性，不是一种纯粹的理性，而是一种实践的理性。但是亚里士多德也没有能够完全摆脱智的传统。

古代中西方皆以中庸或中道为诸德赖以调节之关键，此乃其同。中国孔孟论诸德，以仁为先；仁有感情，故与礼相须。希腊三哲论诸德，以智为先；智无感情，故与法相倚。亚里士多德说："法律是完全没有激情的理性。"

中国的传统提倡"仁"，讲究人情味；而法律却恰恰不讲人情味。我们该怎么办？如何取舍？恐怕只有自己反复思考，作出选择了。谢谢诸位！

（讲座时间　2009 年）

陈鼓应

庄子的思想及其生活智慧

陈鼓应

陈鼓应，1935年生，福建长汀人。1960年获台湾大学哲学学士学位，1963年获台湾大学哲学硕士学位。曾任台湾大学哲学系讲师、副教授、教授，台北政治大学国际关系研究中心研究员，北京大学哲学系教授，《道家文化研究》主编等职务。

致力于中国哲学道家思想研究，对于现代西方哲学也有探索。主要著作有：《悲剧哲学家尼采》《尼采新论》《庄子哲学》《老子注译及评介》《庄子今注今译》《管子四篇诠释——稷下道家代表作解析》《老庄新论》《易传与道家思想》《道家易学建构》等。合著有《周易今注今译》等。

一、庄子对老子思想的继承与发展

我先简要介绍一下老庄和孔孟。春秋末期，我国思想界出现两位空前绝后的历史巨人——孔子和老子。孔子和老子生活在同一个时代，假定孔子出生于公元前 551 年，老子则出生于公元前 571 年，老子大约比孔子年长 20 岁。孔子和老子分别是儒、道学派的创始人，但他们继承着一个共同的人文传统，即殷周以来逐渐形成的人文精神、人道观念、民本思想对他们都有着根源性的影响，慢慢地成为他们成长的文化土壤。

很多研究先秦诸子的学者都有一个错误的观念，认为孔子继承了殷周的宗法伦理，老子是反伦理的，这是我首先要澄清的。1998 年公布郭店楚墓出土的竹简《老子》非常重要，为恢复老学的伦理空间提供了契机。《老子》通行本第八章主张"与善仁"，但第十九章出现"绝仁弃义"，在郭店出土的竹简《老子》中为"绝伪弃诈"，崇尚朴质的主张，与老子、孔子所处时代的风尚较为相应，而"绝仁弃义"的观点当为受到庄子后学影响而改动所致。老子崇尚仁慈，认为人与人之间还是要讲仁。老子提出了"三宝"：慈、俭、不敢为天下先。"三宝"中的"慈"，蕴含了仁的内涵。仁、义、礼跟老子的道、德是环环相扣的，通行本《老子》第三十八章说"上德无为而无以为"，接着讲到上仁、上礼，再讲到"失道而后德，失德而后仁，失仁而后义，失义而后礼"。其原义并非只肯定道德而否定仁、义、礼，而是说仁、义、礼都蕴含在"道"中。老子同孔子一样，注重忠信，因此老子接下来说："礼者，忠信之薄，而乱之首。"认为忠信是礼的重要内涵，如果忠和信都不足的话，社会祸乱就会开始了。由此可见，老子不反对礼。所以，我们对于老庄的很多观念，都应该从文本来思考调整。

战国中期，我国又出现了两位非常重要的思想家——孟子和庄子。孟子是主张性善，鼓励人发展善的可能性；庄子讲真和美。他们在不同当中又具有充分的人文思想、人文精神。

老庄、孔孟不同点在于，孔孟阐发仁、义、礼，老庄阐发虚、静、明。老庄的道德论与孔孟的人道观和人伦关系的规范有些不同，老庄的思想视野由人间社会关怀到整个的天地、宇宙，由此再探讨天地万物，人类从哪里来，怎么发生，其本源是什么，存在的根基是什么等问题。庄子提出的有无、动静、阴阳、虚明，这些观点都与孟子不同。

中国的重要典籍，如《周易》《老子》《论语》《庄子》《孟子》，如今都已成为世界文化的重要遗产。西方人翻译外国典籍最多的是《圣经》，其次是《老子》。比如从海德格尔到现代的 G. 沃尔法特，欧洲哲学家都想将希腊哲学与中国的老庄结合，为西方的哲学思想探寻到一条新的路子。所以，老庄在 20 世纪对欧洲的哲学家影响非常大，可以说超过孔孟。

中国哲学与西方哲学有许多不同之处。西方哲学从柏拉图开始就是本体界与现象界分开的，宗教上也有所谓彼岸、此岸，超自然与自然，等等。西方的传统哲学被注入过多的神学的血液，用怀海德的话说就是自然两橛化（the bifurcation of nature）。相反，中国的哲学家看整个世界，本源、有无都是一体的，"有"是以"无"为本，并不像西方的思维方式常把对立关系绝对化，导致绝对化的对立。道家思考问题，都在一个整体，是一个生生不息的整全的世界，是一个有机的联系体。所以，我们看问题，要有一个开阔的思维、多维视角，避免单边主义。

老庄强调的有无、动静、虚明，这些概念成为道家学说的重要内容。道家最核心的概念是"道"，"道"不仅是中国文化的符号，也是中国哲学的最高范畴。"道"的本意是人行走的道路，后来引申出技艺、方法、事理、规准、法则及和谐、秩序等含义，这些含义为先秦诸子广泛使用并流传至今。老子最早将上述文化意义的"道"提升为哲学的最高范畴，即将"道"提升为宇宙的本原和万物的本根，统摄天道与人道，从人间的规范探讨天地的法则与万物的根源。

在讲庄子之前，我必须先介绍老子。我们就从《老子》第一章"道可道，非常道"讲起，简要了解老子的思想。"道可道，非常道"这里用了三个"道"，这三个"道"属于不同的语境，分别代表不同的语境意义。第一个"道"包含了天道和人道的双重含义。简单来说，日月星辰的运转和四时的交替，都有着其中的规律，这就是天道；人间有需要共同遵守的法条、规范，这就是人道。第二个"道"是言说，就是语言文字表述的那个道理，是我们的现象界、感觉世界、经验世界的法则，不是永存的那个道。第三个"道"是"常道"，永存之道。在老子之前从来没有人提到过，老子说"无名，天地之始；有名，万物之母"，他用"有"和"无"来表述第三个道，即用第三个道来统摄这个经验世界、现象界的法则的方式和规范。如果用现代的语言来表述，第一个"道"好比地球村。第二个"道"意即对话，就是说我们可以透过语言文字、思想感情来沟通地球村不同的族群、不同的生活方式。第三个"道"是探讨我们人类可以永续发展的原则，总之这作为本源、本根的"常道"跟现象界的"道"，是一个整体，而不是分割的。比如，我们可以看到一棵树的树干、枝叶和盛开的花朵，可是我们看不见大树的根，老子所要探讨的就是本根的问题，探讨深层的源流。

"有"和"无"都是"道"的一体两面。所谓"物固有形，形固有名"（《管子·心术上》），在我们的世界上，有很多东西我们可以看得见，有些是理性思维可以推测到的。但是，有些是我们直觉感觉不到，但它是存在的。比如我们接电话时，电波是看不见摸不着的，用老子的话称为"无"，但是它又是存在的，称为"有"。《老子》第四十二章上略述了宇宙的生成过程："道生一，一生二、二生三，三生万物。"道生一，一生二是顺生，那么老子用逆向思考，在《老子》第四十章中说："天下万物生于有，有生于无。""无""有"即是指道产生天地万物时由无形质落向有形质的活动过程。"无"是含藏着无限的未显现的生机，蕴含着无限之"有"。

庄子继承了老子"道"的思想，以道为"生生者"，在宇宙论中畅言大化流行、生生不息。中国古典哲学中凡阐述大道及天地万物所孕育之蓬勃生机——此"生生"之义，皆出自庄子哲学。同时，庄子提出"气化论"和理的概念来

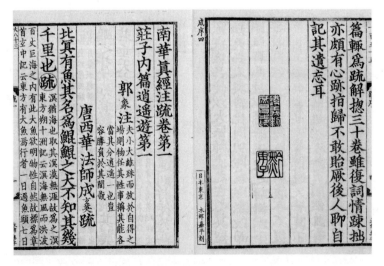

《南华真经》书影。唐玄宗于天宝元年（742）诏封庄子为"南华真人"，
《庄子》一书亦被尊为《南华真经》

补充老子的不足，用"气化论"来解释万物的形成与整个的运化、演化。庄子说"通天下一气耳"（《知北游》），认为"气"是自然界的基本物质粒子，人的生死就是"气"的聚散。庄子的气化宇宙论对后来影响非常深远。

庄子虽继承了老子"道"的思想，但在内涵上有着很大的不同。《吕氏春秋》说"孔子贵仁，老子贵柔"，那么，比较起来，庄子就是"贵游"。如果用两个字分别概括老子与庄子的思想，则老子为"无为"，庄子为"游心"。庄子的"游心"不只是精神自由的表现，还是一种审美式的人生态度的表达，更是艺术人格的体现。老子和庄子比较大的不同之处在于：《老子》五千言，主要是向当时的君主提的建议书，所以《老子》是救世之书，主要讲的是"治道"，治道包含治身与治国；《庄子》更侧重治身。庄子说"道之真以治身"（《让王》），重视生命的内涵，要保持内在精神状态的自得自适，这与他所处的时代环境是有很大的关系的。

庄子是老子之后先秦道家学派的集大成者。庄子将老子"玄之又玄"的道，化而普于万物，更加突出了"道"的"整体性"的特点，并将老子高远的"道"落实到人心，转化而为心灵的境界，从而使庄子的哲学主要成为一种境界哲学。庄子讲"心斋"，将"道"与人心以及我们的精神联系起来。"心斋"境界的提出，也属于精神生命修养的最高境界。此外，在自然论方面，庄子更为深入地发挥了人的自由性与自在性。

世人虽然往往以老、庄并称，然而进入到他们的世界里，立刻就感受到老子的机警和庄子的豁达，形成鲜明的对比。庄子的寓言最能体现庄子对老子的继承和发展以及他们之间的不同点，我们就从庄子的寓言来看庄子的人生哲理，以及他所追求、向往的人生崇高境界。

二、庄子的人生哲理

《庄子》中共有180多个寓言，这些寓言表达了丰富的人生哲理和想象力，不同人读后会作出不同的解读，即使同一个人在不同的时期、不同的心境下阅读，也会产生不同的体验和理解。以鲲鹏展翅、鲁侯养鸟、浑沌之死、濠梁鱼乐这四个寓言简单谈谈我个人解读的方向。

（一）鲲鹏展翅

庄子开篇所展示的鲲鹏展翅寓言，无疑是一则想象哲学中具有典范性的题材。

> 北冥有鱼，其名为鲲。鲲之大，不知其几千里也。化而为鸟，其名为鹏。鹏之背，不知其几千里也；怒而飞，其翼若垂天之云。是鸟也，海运则将徙于南冥。南冥者，天池也。（《逍遥游》）

庄子运用拟人化的艺术手法创造鲲鹏展翅的寓言，借变形的鲲鹏，拉开了一个无限性的思维空间。鲲有几千里那么大，鹏的背也是几千里那么大，为什么庄子要描写巨鲲大鹏？诚如林云铭《庄子因》所说："'大'字是一篇之纲。"而形的巨大乃是用来衬托心灵的宽广。

在这则寓言中，"化为鸟"的"化"字是唯一重要的哲学概念。《老子》中只谈到自化，侧重于政治教化。庄子把"化"转到人要观察外在的变化，同时

明代周臣绘《北溟图》（局部） 文化传播／供图

要安于变化。庄子还讲到观化、顺化、参化、安化，认为人生的变化为观化，顺应变化为顺化，而且要参与变化，同时要安于所化。

鲲鹏为什么由北向南飞？这是一个值得思考的问题。《易经》乾卦第一句话为"元亨，利贞"，《易传》作"元、亨、利、贞"，这一解释不合乎《易经》原本文本的意义。"元亨"即大亨通之意，"利贞"即占问之有利之意。《易经》坤卦说"东北丧朋，西南得朋"，"朋"在殷周时为朋贝，意思是如果往东北方去做生意就会失利，南是向阳之方，而向南做生意则有利，这是一个意涵。第二个意涵为，东北的鬼方是殷周的敌国，去敌人的一方做生意会失利。因此，古人认为，由北到南是向阳之方，而且友邦比较多，所以要往南走。

鲲鹏展翅寓言意味着几个重要的意义：

一是人生是一个动态的历程。我常把鲲鹏展翅寓言和尼采《查拉图斯特拉如是说》第一卷首章"精神三变"联系起来。"精神三变"意谓人生经历三种形变和质变：首先要有骆驼的精神，忍辱负重，奔向沙漠。之后，精神要有第二个变化，转变为狮子精神，就是对于传统或者世俗不合理的价值观念进行挑战，但抗击旧价值的狮子精神不足以创新，所以精神还得转换为婴儿。婴儿精神代表着创造新价值的开端。而鲲鹏寓言，则意味着人生的历程由鲲之深蓄厚养，待时而动，转化为鹏；鹏待势而起，以施展其凌云之志，不自觉地散发出庄子"放"的精神。

二是功夫通向境界的进程。此则寓言由鲲之潜藏而至鹏之高飞，强调其积厚之功，此中亦蕴含着庄学的修养功夫通向境界的进程。鲲在海底，象征着人要深蓄厚养。远大的事业，需要用毅力和耐心一点一滴地累积出来。所以庄子又说"水之积也不厚，则其负大舟也无力"，"风之积也不厚，则其负大翼也无力"。用老子的话说，即"九层之台，起于累土；千里之行，始于足下"（《老子》第六十四章）。"积厚"的功夫是完成生命气质变化充分而必要的主观条件，那么，鲲在海底深蓄厚养，不仅要待时而动，乘势而起，更要奋翼高举——"怒而飞"，"怒"字在这里的意思就是努力的努，然后趁时趁势而起。这正是不懈地激发主体潜力、主观能量的最佳写照。

三是展现了多维视角和多重观点。《逍遥游》一开始就突出两种视角——"天地视角"和"人的视角"。正如王博在《庄子哲学》中所说:"飞,以及飞所代表的上升,正是《逍遥游》的主题,这种飞可以让我们暂时离开并且俯瞰这个世界,从而获得与这个世界之中不同的另外一个角度。"的确,人在地平面观看是一个视角和一种观点,庄子借地平面以下的海底之鲲则是另一个视角和另一种观点,而地平面以上的高空之鹏,又是另一个视角和另一种观点。开放的心灵才能开拓心的视野,接纳多重观点而不至由片面思考而囿于单边主义的独断作风。庄子看问题与儒家不同,孟子说"天无二日"(《孟子·万章》)。而庄子在《齐物论》中说"十日并出",十个太阳可以一起照亮这个世界,即是开放的心灵的写照。庄子讲的"以明",就是以开阔的心胸,如实地反映多彩世界的千姿百态的美景。这正如苏东坡的诗句:"横看成岭侧成峰,远近高低各不同。"庄子鲲鹏寓言所揭示出的不同视角,反映了庄学多重观点的开阔视域。

庄子在《齐物论》中提示我们"成心"和"以明"之心,用我们现在话讲就是封闭的心灵和开放的心灵,就是要有一个开阔的心胸,所以《逍遥游》其实不是形在逍遥,而是心灵的高举和精神的提升。

(二)鲁侯养鸟

在孔子和子贡的对话中,庄子讲了一则鲁侯养鸟的寓言:

昔者海鸟止于鲁郊,鲁侯御而觞之于庙,奏《九韶》以为乐,具太牢以为膳。鸟乃眩视忧悲,不敢食一脔,不敢饮一杯,三日而死。此以己养养鸟也,非以鸟养养鸟也。夫以鸟养养鸟者,宜栖之深林,游之坛陆,浮之江湖,食之鰍鲦,随行列而止,委蛇而处。(《至乐》)

鲁国海边有一只鸟很奇特,鲁侯把它迎进太庙,送酒给它喝,奏音乐给它听,宰牛羊给它吃,结果它不敢吃一块肉,不敢喝一口酒,目眩心悲,三天就死了。庄子就说"此以己养养鸟,非以鸟养养鸟"。意思是说,这不是用养鸟的方法来养鸟,是用养人的方法来养鸟。鲁侯执己所好,而施之于鸟,结果造成了鸟的死亡。这则寓言极富深意,治者出于己意的统治,往往造成人民的灾害。

庄子主张为政之道，要使人民"不一其能，不同其事"。即让人们顺应他自身的情状去充分发展并自由地表现其各自的特性与功能。

（三）浑沌之死

因应自然、顺应民心，是为帝王之道。《应帝王》以浑沌的故事作结，给人留下无尽的回味：

> 南海之帝为儵，北海之帝为忽，中央之帝为浑沌。儵与忽时相与遇于浑沌之地，浑沌待之甚善，儵与忽谋报浑沌之德，曰："人皆有七窍，以视听食息，此独无有，尝试凿之。"日凿一窍，七日而浑沌死。（《应帝王》）

南海之帝为儵，北海之帝为忽，中央之帝为浑沌。浑沌待他们非常好，南海之帝和北海之帝为了报答浑沌的善待，为其凿七窍，一天凿一窍，结果到了第七天，浑沌就死了。在这则寓言中，南海之帝和北海之帝的本意是好的，却因"日凿一窍"，导致浑沌的死亡，庄子以此说明帝王"有为"的危害。即使出于善意，如果不能推己及人，有时也会产生完全相反的结果，因此我们要充分尊重个体之间的差异，不以己意度人并强加于人。

《齐物论》有一则啮缺问王倪的故事。"啮缺问乎王倪曰：'子知物之所同是乎？'曰：'吾恶乎知之！''子知子之所不知邪？'曰：'吾恶乎知之！''然则物无知邪？'曰：'吾恶乎知之！虽然，尝试言之：庸诅知吾所谓知之非不知邪？庸诅知吾所谓不知之非知邪？'"意思是，啮缺问王倪说："你知道万物有共同的标准吗？"王倪说："我怎么知道呢！"啮缺又问："你知道你所不明白的东西吗？"王倪说："我怎么知道呢！"啮缺再问："那万物就无法知道了吗？"王倪说："我怎么知道呢！虽然这样，姑且让我说说看。怎么知道我所说的'知'不是'不知'呢？怎么知道我所说的'不知'并不是'知'呢？"其用意在于衬托出真知的困难。"不知"的回答，激人自觉反省，使人省察习以为知，是否为真知？庄子接着借王倪之口说，西施很美，大家都围过去看，但是麋鹿看见她跑开了，鱼看见她潜到了水里，鸟见到她也飞走了。这说明标准不定于一处，不以自我为中心，了解问题应从不同的角度作面面的透视，这才是开放心灵的态度。然而，常人所采取的观点，大则以人类为本位，小则以自我为中心。什么是居住最好的标准，什么是我们味觉最好的标准，什么是最美的标准，都是以人类的标准作为标准。我们人类以自我为中心，一直在毁损这个地球的生命。所以我讲这三个寓言，说明我们人类要尽量地不要再以自我为中心一味去毁损地球。

（四）濠梁鱼乐

在讲濠梁鱼乐之前，我讲两个大家都知道的寓言，即罔两问影和庄周梦蝶，这两个寓言出现在《齐物论》中，既富有哲理性又令人费解。第一个是罔两问影。罔两指影外微阴，影外微阴问影子，你为什么跟着你的身体，一会儿站一会儿坐，没有自己独特的行为、意志、操守？影子说："恶知所以然，恶知所以不然？"影子的回答全以疑问的口气，意谓似有所待，实无所待。学界不解寓言的意旨，往往以郭象、成玄英的"天机自尔""天机自张"的观点作为解释，实则庄子乃是以宇宙整体观的思维，说明宇宙间一切存在都有其内在的联系，在相互关联中，共同构成一个有机的整体。在庄子看来，整个世界是一个相互联系的有机体。庄子所说的道，有一层意义很重要，即宇宙是一个相互联系的整体，在这个宇宙之间，我们的个体生命都是相因相应的。

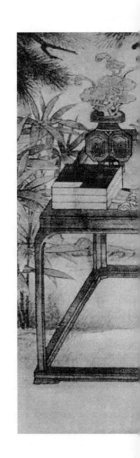

第二个是庄周梦蝶。庄周晚上睡觉梦到自己化为蝴蝶，飘然飞舞，"自喻适志"，但是，庄子与蝴蝶一定是有所分。庄子说"此之谓'物化'"，以比喻物我界限的消解融合，在宇宙生命里面能够相互的转化。这样，我们才能以审美的眼光，欣赏庄周达观的人生态度。

在庄子诸多的寓言当中，我个人最欣赏、最喜欢濠梁鱼乐这则寓言：

> 庄子与惠子游于濠梁之上，庄子曰："儵鱼出游从容，是鱼之乐也。"惠子曰："子非鱼，安知鱼之乐？"庄子曰："子非我，安知我不知鱼之乐？"（《秋水》）

我们先入乎其内，再出乎其外。庄子和惠子，一个是道家，一个是名家，不同的观点、不同的世界观导致他们不同的人生观。首先我们注意第一个"游"字。庄子用"游"，就是表示一个诗意的、带有一种美感情怀的心境，如此的心境游于如此美景，就产生一种情境。"游于濠梁之上"，即指以审美的心境观赏山水之美。庄子即景生情，他看到小白鱼在水里悠悠哉哉，出游从容，产生移情作用，把外物人情化，把宇宙人性化，说鱼是很自在的、很快乐的，这是庄

元代刘贯道绘《梦蝶图》（局部）

子伸张感性同通的一个心态。惠子说，你不是鱼，你怎么知道鱼是快乐的？惠子提出一个非常重要的哲学问题，即主体如何认识客体，这是一个中国哲学、西方哲学都共同的重要的哲学问题。寓言的最后，庄子说："请循其本。"这个"本"就是心、性、情。心可以相通，情可以化景物为情思，所以，庄子讲到人与人内心深处是相通的，以这样的心境来看待事物，才会四海之内皆兄弟。

庄子跟惠子濠上观鱼寓言表达了两个很重要的意涵。一是对话。不同学派、不同的思想观念，甚至不同意识形态要进行对话，在差异中求会通。《论语》《孟子》以及柏拉图《对话录》，属于同质性的对话，但是，庄子与惠子的对话是异质性的对话，如果把这个对话与我们的现实世界相结合，即东方和西方不同的异质文化要进行对话。二是主体如何认识客体。庄子和惠子代表了不同立场不同观点者的思想感情，惠子着重在理性思维，庄子着重在感性的同通。一般来说，哲学比较侧重理性的分析，读《庄子》不仅感到他思辨能力很强，而且很注重人与人、人与物之间感性的同通，所以，理性的分析、感性的同通，这两者有很大的不同。虽然庄子和惠子的辩论像火车轨道一样平行，没有交叉，但是，我们作为一个人，不仅要用理性的头脑分析问题，还要有感性的心情、以情性来接触理解外物，这就是情和理如何兼顾的问题。

三、庄子思想的时代精神

庄子哲学精神最具独到之处有四点：

（一）宽容胸怀

开阔的思路与宽广的胸怀是相互联系的。老子的逆向思维和双向思考，在《庄子》中得到更进一步的发挥。例如《齐物论》中说："物无非彼，物无非是。自彼则不见，自知则知之。故曰：彼出于是，是亦因彼。彼是，方生之说也。"庄子认为任何事物都具有相互依涵的双向关系，在反对独断论和绝对主义的基础上，更突出了老子的相对性思想。

（二）个性尊重

庄子强调道的"自本自根"（《大宗师》），又倡言"物固自生"（《在宥》）、"物固自化"（《秋水》）。庄子对于万物的自性、个体的殊异的发挥格外突出，如谓"天之自高，地之自厚，日月之自明"（《田子方》）。《秋水》篇中河伯与北海若第四次的对话中强调各物的殊性、殊技。道家由个性的尊重到主体性的建立，而至于倡导互为主体，这些主张在庄子的思想中格外地被显扬。

（三）齐物精神

《逍遥游》注重主体性自由的阐发，《齐物论》则是由个体的尊重、主体性的建立到互为主体的论述。所谓"齐物"乃不齐之齐，乃殊异中求其同。虽然说"道家注重个体"，但也重视整体的协同关系。庄子的内七篇，理论性最强的是《逍遥游》和《齐物论》。《逍遥游》则是中国或者人类思想史上最早的一篇表达精神自由的文章，带着古代一种要求自由的心声。《齐物论》则以哲学论文的形式，写人间思想言论的活动，以及彼此之间如何相尊相蕴、相互会通，是表达人类平等要求的一篇文章。我们根据庄子的一段话来阐释齐物的含义："物固有所然，物固有所可。无物不然，无物不可。"这几句话言简意赅地突出了齐物的精神。"物固有所然，物固有所可"即肯定各物都有其存在的理由及其独特的价值。意思是说每一个东西或者每一个人，都有他（它）存在的理由。"然"就是指存在的理由。接下来，庄子说："恢恑憰怪，'道'通为一。"就是告诉我们，从殊相来讲，我们世界每一个人都是千差万别，但是，可以相互会通，互为主体。

《齐物论》中在长梧子与瞿鹊子的对话中谈道："以隶相尊……万物尽然，而以是相蕴。"这是说，将卑贱的和尊贵的等同看待，万物都归于一体，而相互含蕴在大全的世界中。我把这段原文用"相尊相蕴"这一命题来表述。"相尊相蕴"正是齐物精神的体现，它意味着每一个个体的存在样态虽然不同，但都可以互相包容。在道的宇宙大全的王国中，每一个人都可以发挥各自的功能，彼此在社群里面也能相互尊重。齐物的精神境界，要有开阔的心胸才能达到。

（四）异质对话

在中国异质文化交流的历史上，庄子的思想曾起过良好的作用。佛学思想进入中土，道家有接引之功，庄、禅的融合更在隋唐产生了辉煌的文化成果；北宋儒学明确排斥佛老，却暗中援引庄子，无论在理论的建构和精神境界的提升上，都产生了巨大的作用。今天，我们遇到了比佛、儒更具有强烈异质色彩的西方文化，中西对话的工作，需要儒释道共同来承担。而在承担之中，庄子思想最具关键性，因为他那开阔的心胸和审美的心境是当今世界最为欠缺的，他所具有的宇宙视野最能和全球化视域相对应，而他所倡导的自由精神和齐物思想则最具现代性的意义。

庄子思想对后世产生了深远的影响。在文学上，庄子的独特风格常常成为启发后代浪漫主义创作的思想源泉；在哲学上，庄子直接激发了魏晋玄学及禅宗的思辨；在社会思想和人生态度上，庄子思想对后人也影响深远。庄子对时代的灾难有痛切的体会，对知识分子的命运有敏锐的感受，正因如此，他的声音直到今天还能得到普世的肯定和日久恒新的共鸣。

（讲座时间　2010 年）

李存山

宋明理学的兴起与流变

李存山

李存山，1951年生，北京人。1978—1984年在北京大学哲学系学习，获硕士学位。1984—2001年在中国社会科学院《中国社会科学》杂志社工作，任哲学编辑室主任、杂志社副总编辑。2001年调入中国社会科学院哲学研究所，任研究员、博士生导师、中国哲学研究室主任。兼任中华孔子学会副会长、中国哲学史学会副会长、《中国哲学史》杂志主编、国际儒学联合会理事。1986年被国家人事部授予"有突出贡献中青年专家"称号。1992年起享受国务院政府特殊津贴。

主要从事中国哲学和儒家文化的研究。著有《中国气论探源与发微》《商鞅评传——为秦开帝业的改革家》《中华文化通志·哲学志》《智慧之门·老子》《中国传统哲学纲要》《气论与仁学》等专著。发表学术论文200余篇。

著名学者钱穆曾经说：

宋学精神，厥有两端：一曰革新政令，二曰创通经义，而精神之所寄则在书院。革新政令，其事至荆公而止；创通经义，其业至晦庵而遂。而书院讲学，则其风至明末之东林而始竭。（《中国近三百年学术史》，商务印书馆1997年版，第7页）

这里说的"宋学"包括宋代的理学，但不限于理学。宋代的理学又称为道学，西方为把宋代道学与道家、道教有所区分，就把宋代理学又称为新儒学。

在《宋史》中列有《道学传》，是指以"濂洛关闽"为谱系的学说。"濂"指周敦颐，"洛"指二程（程颢、程颐），"关"指张载，"闽"指朱熹。在"濂洛关闽"的谱系中，二程与朱熹是主要代表，所以宋代理学又被称为程朱理学。

宋代理学兴起于北宋，北宋时期有各种不同的学派，如王安石的新学、三苏（苏洵、苏轼、苏辙）的蜀学、二程（程颢、程颐）的洛学等。在这一时期，理学并没有占据主导地位。直到南宋末年的宋理宗时期，理学才得到朝廷的认可和表彰。而南宋的朱熹是宋代理学的集大成者。

在理学的内部，也有一些不同思想的分歧，比如张载的思想属于"气本论"的范畴，而二程的思想则是构建在"理本论"的基础上。朱熹主要继承了二程的思想，但也融合了张载的思想。在理学内部，还有朱熹理学与陆九渊心学的分歧。明代前期有一个"述朱"的阶段，即主要讲述朱熹的学说。但是到了明代中期，朱熹的思想被教条化，引起一些反感及批评，所以就有了王阳明的心学。到了清代，学术上是以考据学为主，可是作为意识形态，作为国家的主导学说，仍然是以程朱理学为主。可以说，在中国古代的后半期，特别是元、明、清三代，理学占据了主导地位。

程朱理学的影响扩及韩国、日本、越南等东南亚国家。如何认识程朱理学，对于我们如何认识中国后半期文化是非常重要的。理学在宋代兴起，实现了儒学的复兴。那个时期也是中国和西方综合实力发生转折的交点。反思这段历史与文化，是非常有意义的。以下我们主要讲宋学的兴起和"濂洛关闽"理学谱系的形成。

一、宋学的兴起

朱熹曾经说：

本朝道学之盛……亦有其渐，自范文正以来已有好议论，如山东有孙明复，徂徕有石守道，湖州有胡安定，到后来遂有周子、程子、张子出。故程子平生不敢忘此数公，依旧尊他。（《朱子语类》卷一百二十九）

"范文正"就是范仲淹（989—
1052，字希文，谥文正）。孙复
（992—1057，字明复，世称"泰
山先生"）、石介（1005—1045，
字守道，世称"徂徕先生"）和
胡瑗（993—1059，字翼之，世称
"安定先生"）被称为"宋初三先
生"。朱熹把范仲淹和"宋初三先
生"作为道学兴起的先驱，这是
符合历史实际的。

范仲淹画像

　　关于宋明学术史、思想史，
有两部书占有重要地位，一部是黄宗羲独立著作的《明儒学案》，另一部是由黄
宗羲编修、其子黄百家续作、后由弟子全祖望等人补述，至清代道光年间经王
梓材等人整理，才最终成稿的《宋元学案》。

　　因为胡瑗曾做过程颐的老师，一直被程颐尊称为"安定先生"或"胡先生"，
所以《宋元学案》"托始于安定、泰山"，即把《安定学案》（胡瑗）和《泰山学
案》（孙复、石介）放在前面，而把《高平学案》（范仲淹）补在了"宋初三先
生"的后面。这一顺序并不符合实际，掩盖了范仲淹作为宋学之开创者的地位。

　　在一般人看来，范仲淹因《岳阳楼记》而成为一位文学家，实际上范仲淹
是一位重要的政治家、思想家、教育家。他的地位被很多的因素掩盖了：在学术
史上，他被"宋初三先生"所掩盖了，因为在《宋元学案》里边，"宋初三先生"
排在了范仲淹的前面；在政治史上，他被后来的王安石所掩盖；在哲学史上，因
为道学的谱系先从周敦颐开始讲，所以又被周敦颐所掩盖。而实际上，我认为无
论是"革新政令"，还是"创通经义"，范仲淹都是当之无愧的宋学的开创者。

　　《宋史·范仲淹传》记载：

　　仲淹门下多贤士，如胡瑗、孙复、石介、李觏之徒，（范）纯仁皆与从游，
昼夜肆业，至夜分不寝，置灯帐中，帐顶如墨色。

　　这段史料不仅见于《宋史·范仲淹传》，也见于朱熹编的《三朝名臣言行录》和《宋元学案》里边的《高平学案》。这就是说，"宋初三先生"和李觏等都是范仲淹门下的"贤士"。他们是经范仲淹的指导、延聘和奖掖而成长起来，在中国思想史、学术史和教育史上发挥了重要的作用。

　　历史上关于范仲淹的评价有很多，范仲淹去世后，其次子范纯仁请欧阳修撰写神道碑。欧阳修说：

　　公少有大节，于富贵贫贱，毁誉欢戚，不一动其心，而慨然有志于天下。（《居士集》卷二十《范公神道碑铭并序》）

　　希文平生刚正，好学通古，今班行中无与比者，其立朝有本末，天下所共知。（《居士外集》卷十七《与高司谏书》）

　　研究宋史的专家漆侠先生也曾说，范仲淹在当时，是士人当中毫无争议的领袖，当时在朝中，没有人能够与他相比。

　　朱熹也曾说：

　　且如一个范文正公，自做秀才时便以天下为己任，无一事不理会过。一旦仁宗大用之，便做出许多事业。（《朱子语类》卷一百二十九）

　　南宋史学评论家吕中说：

　　先儒论本朝人物，以范仲淹为第一。（《宋大事记讲义》卷十）

　　近现代对范仲淹的评价比较"到位"的，见于青年毛泽东在 1913 年《讲堂录》中记：

　　有办事之人，有传教之人。前如诸葛武侯范希文，后如孔孟朱陆王阳明等是也。宋韩（琦）范（仲淹）并称，清曾（国藩）左（宗棠）并称。然韩左办事之人也，范曾办事而兼传教之人也。（《毛泽东早期文稿》，湖南出版社 1995 年版，第 591 页）

　　五代纲维横决，风俗之坏极矣，冯道其代表也。宋兴稍一振，然犹未也。逮范文正出，砥砺廉节，民黎始守纲常而戒于不轨。其至也，朱程礼义之士兴，天下风俗，骎骎比隆东汉焉。（同上书，第 592 页）

　　范文正，世家子，父丧，幼随母适朱，故名朱说。初不知其为范氏子也，人告以故，乃感极而泣。励志苦学，三年衣不解带。尝见金不取，管宁之亚也。公盖苏州人。子尧夫，仁侠似之，尝遇故旧于途，见窘于资，指赠以麦云。（同上书，第593页）

青年毛泽东在1917年《致黎锦熙信》中说：

拟学颜子之箪瓢与范公之画粥，冀可勉强支持也。（同上书，第90页）

"范公之画粥"的典故出自《范文正公集·年谱》引魏泰《东轩笔录》："公与刘某同在长白山醴泉寺僧舍读书，日作粥一器，分为四块，早暮取二块，断齑数茎，入少盐以啖之，如此者三年。"这是说，范仲淹早年在山东长山县（今邹平县）学习期间，生活非常艰苦，每天把粥化成四块，就是一天的口粮。

宋学精神有两端，其中一端就是革新政令，宋代主要有两次革新政令。一次是范仲淹主持的庆历新政，另一次就是王安石主持的熙宁变法。我们以前因为高度评价了王安石的熙宁变法，所以就把熙宁变法的反对派都打成了豪族地主阶级的代言人，这里边存在一个很大的误解。我认为，宋代理学是在范仲淹的庆历新政和王安石的熙宁变法的正反两方面作用下兴起的。

（一）庆历新政

庆历新政发生在宋仁宗庆历三年（1043）。范仲淹的改革思想在宋仁宗天圣三年（1025）就已经逐渐形成了，他在《奏上时务书》中就提出了"救文弊""复武举"等改革主张。他希望君主"赏直谏之臣"，"舍一心之私，从万人之望"，"不以谤议为嫌，当以治乱为意"，"用人之议，不以远大为迂说，不以浅末为急务"。

"救文弊"就是要改革学风和文风，他批评当时的士人：

修辞者不求大才，明经者不问大旨。师道既废，文风益浇；诏令虽繁，何以戒劝？士无廉让，职此之由。其源未澄，欲波之清，臣未之信也。倘国家不思改作，因循其弊，官乱于上，风坏于下，恐非国家之福也。（《范文正公集》卷七《奏上时务书》）

因为士人的学风和文风不正，所以通过科举而做官的人也就有"士无廉让""官乱于上，风坏于下"的吏治腐败问题。以后的庆历新政就是以整饬吏治为首要，以改革科举、兴办学校、砥砺士风、培养人才为本源，兼及经济和军事等方面的问题。

"复武举"是针对宋朝在"澶渊之盟"（1005）以后的崇文偃武、怠于备战。宋太祖赵匡胤以军事政变取天下，所以坐拥天下以后就非常防备武人，以"杯酒释兵权"的方式解除了大将的军权，以后也处处防戒武人，这就造成了宋代武备的缺失。

天圣四年（1026），范仲淹丁母忧。他与滕宗谅（字子京）等人发动南通、泰州、淮安、连云港一带的民夫，修建了数百里的捍海堤，后人称为"范公堤"。

天圣五年（1027），范仲淹寓南都应天府（今河南商丘），当时晏殊为留守，请范仲淹掌府学。范仲淹《年谱》中记载："公常宿学中，训督学者，皆有法度，勤劳恭谨，以身先之。"《宋史·晏殊传》："（晏殊）改应天府，延范仲淹以教生徒。自五代以来，天下学校废，兴学自殊始。"实际上，宋代兴学应该说就是从范仲淹执掌南都府学开始。

范仲淹在天圣五年写的《上执政书》中已形成了系统的改革思想。他提出：

> 固邦本者，在乎举县令，择郡守，以救民之弊也；厚民力者，在乎复游散，去冗僭，以阜时之财也；重名器者，在乎慎选举，敦教育，使代不乏材也；备戎狄者，在乎育将材，实边郡，使夷不乱华也；杜奸雄者，在乎朝廷无过，生灵无怨，以绝乱之阶也；明国听者，在乎保直臣，斥佞人，以致君于有道也。

（《范文正公集》卷八）

"固邦本"就是强调"民惟邦本，本固邦宁"（《尚书·五子之歌》）。范仲淹的民本思想表现在其《岳阳楼记》中的"居庙堂之高则忧其民""先天下之忧而忧，后天下之乐而乐"。也表现在他写的《江上渔者》："江上往来人，但爱鲈鱼美。君看一叶舟，出没风波里。"更突出表现在他写的《四民诗》，他对当时农、工、商所受的压迫和所处的困境给予了深深的同情。如关于农，他说："制度非唐虞，赋敛由呼吸。伤哉田桑人，常悲大弦急。"关于工，他说："可甚佛老徒，不取慈俭书。竭我百家产，崇尔一室居。"关于商，他说："桑柘不成林，荆棘有余春。吾商则何罪，君子耻为邻。"他希望改革以"救民之弊"，即"琴瑟愿更张，使我歌良辰"。中国古代社会结构一直以士农工商为主，所以士乃四民之首。关于士，范仲淹指出了当时士风与吏治的败坏："学者忽其本，仕者浮于职。节义为空言，功名思苟得。"就是指当时的学风、士风不好，读书人都去追求自己的功名利禄，做官的人不负责任，对于自己的职责敷衍了事。这种境况给儒学造成的危害是："神灶方激扬，孔子甘寂默。六经无光辉，反如日月蚀。"这里的"神灶"是喻指佛老，当时佛教和道教的影响非常大，而儒家思想在士人当中影响并不大。所谓"神灶方激扬，孔子甘寂默"，就是指当时的"儒门淡薄，收拾不住，皆归释氏焉"（王安石语，见宗杲《宗门武库》）。宋朝初年，实际上是一个"儒门淡薄"的时期，范仲淹要想整顿吏治、砥砺士风，就要复兴儒学，重新确立儒家思想在士人当中的主导地位。

范仲淹说："固邦本者，在乎举县令，择郡守，以救民之弊也。"为什么要首先整顿吏治呢？这是因为，范仲淹曾经长期在地方为官，他深知：

今之县令循例而授，多非清识之士。衰老者为子孙之计，则志在苞苴，动皆徇己；少壮者耻州县之职，则政多苟且，举必近名。故一邑之间，簿书不精，吏胥不畏，徭役不均，刑罚不中，民利不作，民害不去，鳏寡不恤，游惰不禁，播艺不增，孝悌不劝。以一邑观之，则四方县政如此者十有七八焉，而望王道之兴，不亦难乎！（《上执政书》）

这是说一些年老的地方官员，为自己的子孙着想，以权谋私；中青年的地方官员，嫌官职卑微，苟且敷衍，做一些事情就沽名钓誉。吏治腐败到了"如此者十有七八"的程度，所以改革应从整饬吏治开始。

《上执政书》的"厚民力者，在乎复游散，去冗僭，以阜时之财也"，就是要减少冗官、冗兵，限制佛老僧徒的发展，以减轻民力的负担。

《上执政书》中的"重名器者，在乎慎选举，敦教育，使代不乏材也"，就是要改革科举、兴办学校、砥砺士风、培养人才。所谓"慎选举"，就是要改革以前科举以诗赋为先的考试方法，而把联系实际的"策论"置于考试的首位。

"敦教育"，就是要在地方普遍建立学校，"深思治本……复其学校之制……敦之以诗书礼乐，辨之以文行忠信"，这样行之数年，可望"士风丕变"。这是"择才之本、致理之基"，以后的庆历新政就是以此为本源。

《上执政书》中的"备戎狄者，在乎育将材，实边郡，使夷不乱华也"，就是重申了其"复武举"，培养军事人才，以为"居安虑危之备"的主张。

在写《上执政书》的同年，范仲淹结识了"宋初三先生"之一的孙复。

公在睢阳掌学，有孙秀才者索游上谒公，赠钱一千。明年孙生复谒公，又赠一千，因问："何为汲汲于道路？"孙生戚然动色曰："母老无以养，若日得百钱，则甘旨足矣。"公曰："吾观子辞气非乞客，二年仆仆所得几何，而废学多矣。吾今补子为学职，月可得三千以供养，子能安于学乎？"孙生大喜。（《年谱》引《东轩笔录》）

于是，范仲淹就收留孙复于睢阳书院：

授以《春秋》，而孙生笃学不舍昼夜，行复修谨，公甚爱之。明年公去睢阳，孙亦辞归。后十年间，泰山下有孙明复先生，以《春秋》教授学者，道德高迈，朝廷召至，乃昔日索游孙秀才也。（《年谱》引《东轩笔录》）

孙复后来著有《春秋尊王发微》，他的《春秋》学是范仲淹所"授"，故其确实是范仲淹门下的"贤士"。范仲淹在"睢阳掌学"一年后被提拔到中央。孙复辞别范仲淹，到泰山苦学十年。在此期间，石介拜孙复为师。胡瑗在经历二十多年科举不第的坎坷后，也往泰山与孙复、石介同学。范仲淹与孙复有书信往还，其改革思想通过孙复传达给了胡瑗和石介。

天圣六年（1028），范仲淹任秘阁校理。天圣七年（1029），范仲淹因反对刘太后垂帘听政，被贬为河中府（今山西蒲州）通判。

天圣八年（1030），范仲淹写了专言"慎选举，敦教育"的《上时相议制举书》，其中说：

夫善国者，莫先育才；育才之方，莫先劝学；劝学之要，莫尚宗经。宗经则道大，道大则才大，才大则功大……如能命试之际，先之以六经，次之以正史，该之以方略，济之以时务，使天下贤俊翕然修经济之业，以教化为心，趋圣人之

门，成王佐之器。十数年间，异人杰士必穆穆于王庭矣。（《范文正公集》卷九）

范仲淹主张"宗经""劝学""育才"，其目的是要培养"道大""才大""功大"，能够经世济民（"经济"），"以教化为心，趋圣人之门，成王佐之器"的人才。他所主张的教育内容，除了"先之以六经"之外，还要"次之以正史，该之以方略，济之以时务"。这一教育思想就是后来胡瑗所推行的"苏湖之法"暨"明体达用之学"。

中国传统儒家思想到范仲淹时期发生了重要的转变，孔子讲"君子不器"，就是说不要成为一个专门的人才，要有普遍的人文素质，这是因为当时的教育还没有涉及科学技术和生产方面的知识。所以孔子立四科，即"德行""文学""政事""言语"，"言语"实际上就是外交。到范仲淹那个时期，主张"成王佐之器"，即官员要掌握一些专业技术知识，这是范仲淹的教育思想。胡瑗的"苏湖之法"或者说"明体达用之学"，应该说是贯彻执行了范仲淹的教育思想。

明道二年（1033），垂帘听政的刘太后死，范仲淹被召还任右司谏。不到一年，范仲淹又因反对另立杨太妃为太后，并谏阻废郭皇后，而被贬知睦州（今浙江桐庐），后又迁苏州。在睦州期间，范仲淹写了《严先生祠堂记》，表彰严子陵不图富贵功名的高尚品格足以"使贪夫廉，懦夫立，是大有功于名教也"，所谓"云山苍苍，江水泱泱。先生之风，山高水长"。此文与《岳阳楼记》一起被收入《古文观止》。

景祐二年（1035），范仲淹在苏州建郡学，聘胡瑗"为苏州教授，诸子从学焉"。胡瑗作为中国历史上的一位大教育家，其教育生涯是"始于苏湖，终于太学"。也就是说，胡瑗的教育生涯开始于范仲淹聘其为"苏州教授"。《苏州府志》卷二十五："吴郡有学，起范文正公；而学有教法，起胡安定先生。"

同年冬十月，范仲淹除礼部员外郎、天章阁待制，召还判国子监。当时朝廷更定雅乐，范仲淹推荐胡瑗，"以白衣对崇政殿。授试秘书省校书郎"（《安定学案》），这是胡瑗有官职之始。以后，孙复、石介任国子监直讲都是经范仲淹的推荐。

　　范仲淹改任吏部员外郎，权知开封府。开封就是当时宋朝的首都，"京邑肃然称治，都下谣曰：'朝廷无忧有范君，京师无事有希文。'"（《年谱》）这是说，范仲淹把京师开封府治理得井井有条。

　　但第二年，范仲淹又因批评宰相吕夷简用人不公，被斥为"越职言事，荐引朋党，离间君臣"，贬为知饶州（今江西鄱阳）。以后又迁知润州（今江苏镇江）、越州（今浙江绍兴）。在此期间结识李觏，李觏和"宋初三先生"一样，都是范仲淹门下的贤士。

　　宝元元年（1038），西夏李元昊称帝，起兵侵宋。范仲淹所预料的"边患"成为现实。康定元年（1040），范仲淹与韩琦并为陕西经略安抚副使，抗击西夏军。"边上谣曰：军中有一韩，西贼闻之心胆寒；军中有一范，西贼闻之惊破胆。"（《年谱》）战争一开始宋朝比较被动，范仲淹去了以后，成功地抵御了西夏的入侵。

　　此期间，胡瑗任丹州（今陕西宜川）军事推官。他不仅是一位伟大的教育家，而且还懂军事，因为他在陕西一带曾和武人有过交往，写过关于武学的著作。在庆历新政时期，胡瑗还上书要"立武学"，胡瑗的这一特点，应该说是受到了范仲淹的影响。滕宗谅是范仲淹的好友，被贬到湖州，邀请胡瑗往湖州任教授，执掌府学，由此而有"苏湖之法"暨"明体达用之学"。

　　庆历三年，经欧阳修等人推荐，范仲淹回到中央，任枢密副使，复除参知政事（副宰相）。宋仁宗"再赐手诏，趣使条天下事"，范仲淹上《答手诏条陈十事》。当时宋仁宗信任范仲淹，"悉采用之，宜著令者，皆以诏书画一颁下，独府兵法，众以为不可而止。"（《宋史·范仲淹传》）

　　范仲淹所上的"十事"，包括"明黜陟，抑侥幸，精贡举，择官长，均公田，厚农桑，修武备，减徭役，覃恩信，重命令"。"十事"中只有"修武备"里关于恢复唐朝的"府兵法"没有被接受，其他的都以朝廷的政令颁布，史称"庆历新政"。其中的前一、二、四、五条都是要整饬吏治；"精贡举"就是要"慎选举，敦教育"；其余"厚农桑，修武备"等则涉及农田水利和军事等方面的改革。

因为庆历新政以整饬吏治为首要，触犯了一部分权贵阶层的利益，乃至推行了一年就告夭折，而其"慎选举，敦教育"则对以后宋学的兴起和发展具有长远的、重要的影响。

庆历新政时期的"精贡举"，就是改变以前科举考试的"专以辞赋取进士，以墨义取诸科"，改为"进士：先策论而后诗赋"，"诸科：经旨通者为优等，墨义通者为次等"，"使人不专辞藻，必明理道"。"敦教育"就是诏令各州县普遍设立学校，在京师设立太学，取胡瑗在湖州的教学之法为"太学法"，并向全国推广。

胡瑗的"苏湖之法"即倡导"明体达用之学"。熙宁变法时期，胡瑗已经去世了，宋神宗问胡瑗的高弟刘彝，胡瑗和王安石相比哪一个贡献更大？刘彝总结胡瑗的教育思想说：

先生倡明正学，以身先之……其教人之法，科条纤悉具备，立"经义""治事"二斋。经义则选择其心性疏通、有器局可任大事者，使之讲明"六经"。治事则一人各治一事，又兼摄一事，如治民以安其生，讲武以御其寇，堰水以利田，算历以明数是也。（《宋元学案·安定学案》）

"经义斋"相当于普遍的素质教育，"治事斋"则包括行政、军事、农田水利、天文历法等专科教育。胡瑗以"明体达用之学"授诸生，即所谓：

圣人之道，有体，有用，有文。君臣父子，仁义礼乐，历世不可变者，其体也；诗书史传子集，垂法后世者，其文也；举而措之天下，能润泽斯民，归于皇极者，其用也。

"体"就是"历世不可变"的常道；"文"就是能够"垂法后世"的经典；"用"就是运用于社会实际，能够经世济民而"归于皇极"（胡瑗《洪范口义》："皇，大；极，中也"）。这实际上贯彻了范仲淹的教育思想。

钱穆先生在《中国近三百年学术史》中说：

明体达用之学"正宋儒所以自立其学，以异于进士场屋之声律，与夫山林释老之独善其身而已者也……盖自唐以来之所谓学者，非进士场屋之业，则释、道山林之趣，至是而始有意于为生民建政教之大本，而先树其体于我躬，必学术明而后人才出，题意深长，非偶然也"。

"庆历之际，学统四起"（《宋元学案·序录》）。《宋元学案》把韩琦、欧阳修列为范仲淹的"同调"，把富弼、张方平、李觏等列为范仲淹的"门人"，这是正确的。不仅如此，刘牧的易学、刘敞的经学、三苏的蜀学、王安石的新学、周敦颐的濂学、张载的关学和二程的洛学等，都与范仲淹以及庆历新政有着密切的关系。在儒家经学史上，庆历以前被称为经学的"统一时代"，庆历以后被称为经学"变古时代"（参见皮锡瑞《经学历史》），可以说庆历新政开辟了经学史上一个新的时代。

庆历新政对当时士人的广泛影响，可以苏轼所作《范文正公文集叙》为证。苏轼在庆历三年（1043）时八岁"入乡校"，"士有自京师来者"，传石介所作《庆历圣德诗》，知道了"韩（琦）、范（仲淹）、富（弼）、欧阳（修），此四人者，人杰也"。当苏轼、苏辙在嘉祐二年（1057）中进士时，范仲淹已病逝。苏轼以不识范仲淹为"平生之恨（憾）"，而在范仲淹逝世37年之后仍愿"自托于门下士之末"（《东坡全集》卷三十四）。

（二）熙宁变法

庆历新政夭折后，范仲淹先后知邠州（今陕西彬县）、邓州（今属河南）、杭州和青州。他在邓州时写下了不朽名篇《岳阳楼记》。皇祐四年（1052），范仲淹在由青州徙知颍州的途中病逝于其出生地徐州。

临终前，范仲淹上《遗表》：

……事久弊则人惮于更张，功未验则俗称于迂阔，以进贤援能为树党，以敦本抑末为近名，洎忝二华之行，愈增百种之谤……伏望陛下调和六气，会聚百祥，上承天心，下徇人欲，明慎刑赏而使之必当，精审号令而期于必行，尊崇贤良，裁抑侥幸，制治于未乱，纳民于大中。

可见，一代名臣直到临死还对庆历新政一年就夭折而耿耿于怀。

王安石（1021—1086）于庆历二年（1042）中进士，在范仲淹死后作有《祭范颍州文》，首言："呜呼我公，一世之师。由初讫终，名节无疵。"这应是当时士人对范仲淹的普遍评价。在这篇祭文中，王安石对于范仲淹主持的庆历新政也给予了很高的评价。

嘉祐元年（1056），胡瑗被任命为太子中允、天章阁侍讲，执掌太学。"学者自远而至，太学不能容，取旁官署以为学舍。"这是说，胡瑗执掌太学期间，盛况空间，求学者把太学学堂都挤满了，只好把旁边的官署腾出来做学堂。胡瑗培养出来的学生，在中举进士中"十常居四五"，朝中官员"遇之不问，可知为先生弟子"。胡瑗退休的时候"弟子祖帐百里不绝，时以为荣"。因为学生众多，一路上都有弟子前来送行。可见，胡瑗在中国教育史上成就斐然。王安石也极力推崇胡瑗，早年亦作有《寄赠胡先生》："先生天下豪杰魁，胸臆广博天所开……吾愿圣帝营太平，补葺廊庙枝倾颓……先收先生作梁柱，以次构架椽与榱。"王安石把胡瑗称为"天下豪杰魁"，比作朝廷应该首任的"梁柱"（宰相）。

然而后来在熙宁变法期间，王安石面对党争的压力，竟然在宋神宗面前批评范仲淹"好广名誉，结游士，以为党助，甚坏风俗"（《续资治通鉴长编》卷二百七十五）。这是王安石对范仲淹、胡瑗等人评价的一个转向。

王安石中进士后做地方官，经友人曾巩的引荐，得到欧阳修的赏识和推举，在嘉祐元年给欧阳修写信说"某以不肖，愿趋走于先生长者之门久矣"。欧阳修在此年向宋仁宗推荐王安石，说他"论议通明，兼有时才之用"。《宋元学案》把曾巩和王安石都列为"庐陵（欧阳修）门人"。

嘉祐二年，王安石被召入朝，写了《上仁宗皇帝言事书》。清人蔡上翔在《王荆公年谱考略》中对王安石多有辩护，但也指出，王安石当时主张"变更法度，慎选人才"，这在范仲淹的《答手诏条陈十事》中"已先言之"。在《上仁宗皇帝言事书》中，王安石主张"改易更革"，但认为在吏治腐败的情况下，"方今之急，在于人才而已"，所以提出对于人才要"教之、养之、取之、任之"，这一改革思路是与庆历新政的精神相一致的。

宋仁宗于嘉祐八年（1063）去世，尔后英宗在位不满四年而死，其子神宗继位。熙宁元年（1068）三月，宋神宗对文彦博等大臣提出："当今理财最为急务，养兵备边，府库不可不丰，大臣共宜留意节用。"以后的熙宁变法主要就是秉承了宋神宗"当今理财最为急务"的旨意，也就是说，要首先解决国家的财政问题。这是从庆历新政到熙宁变法的一个转向。

同年四月，"诏新除翰林学士王安石越次入对"。同年八月，在理财问题上，王安石与司马光发生争论。在这场争论中，宋神宗就已瞩目于王安石。

熙宁二年（1069）二月，宋神宗提拔王安石为右谏议大夫、参知政事，设置三司条例司，专门负责推行新法。

同年四月，"遣使八人察诸路农田、水利、赋役"。在此八人中，不仅有胡瑗门下高弟刘彝，而且有程颢（世称"明道先生"）。在视察农田水利这方面应该说是没有分歧的，所以后来朱熹说："新法之行，诸公实共谋之，虽明道先生不以为不是，盖那时也是合变时节。"

同年七月颁布均输法，九月颁布青苗法，这两部"理财"的新法一出，便遭到司马光、范纯仁、文彦博、富弼、韩琦、欧阳修、吕公著、苏辙、程颢、张戬等大臣的反对。而王安石则"排众议行之甚力"，并且"急引与己同者以为援"，新法的反对派则或罢贬或辞职，"诸公始退散"。

熙宁四年（1071）二月，王安石对神宗说："今所以未举事者，凡以财不足故。故臣以理财为方今先急，未暇理财而先举事，则事难济。"在这个时期，王安石无论在口头上还是行动上，都和宋神宗取得了一致。

青苗法颁布后，朝廷向全国各路派出提举官，以督促青苗法的执行。其具体做法是：每五户以上结成一保，每保须第三等以上的富户充当甲头，即所谓"贫富相兼，共为保甲"；放贷的数额，第五等户不得超过一贯五百文，第四等户不得超过三贯，第三、二、一等户分别不得超过六贯、十贯、十五贯；在春夏两季发放，当夏秋两季收成后，所借青苗钱附加十分之二或三的利息，随夏秋两税还纳；如果县民不愿请领，县官须具结罪文状申报。

青苗法的实行，在一定程度上造成了硬性摊派，韩琦在《乞罢青苗及诸路提举官奏》中指出，颁布青苗法的诏书本来说是"散惠兴利，抑民兼并"，"务在优民，而公家无所利其入"，但实际上三等以上户也要借领青苗钱，而且借的比穷户要多，"一千令纳一千三百"，这是"官放息钱，与初诏抑兼并、济困乏之意绝相违戾"。青苗钱本来不得"抑勒"（强逼），但富户不愿请领并充当甲头，官吏为防穷户不能偿还，就不免强派富户充当甲头，以备代陪。如果县民不愿请领，县官须以结罪文状申报，而县官畏于提举官的权势，这样就势必造成"抑勒"。

另一方面，青苗法的实施实际上加重了赋税。司马光说："无问民之贫富，愿与不愿，强抑与之，岁收其什四之息，谓之不征利，光不信也。"因为一年发放两次青苗钱，每次收取十分之二的利息，等于一年收取十分之四的利息。穷户借的少，第四等户逐渐地要增加，中等户增加，富户也增加。于是，穷户借的钱还纳甚难，官府催逼还纳，要由同保的中等以上富户代陪，这样就会使"贫者既尽，富者亦贫"。

熙宁三年（1070）五月，时任京东路安抚使、知青州的欧阳修在《言青苗钱第一札子》中指出：青苗法颁布后，"议者言青苗钱取利于民为非"，"乞除去二分之息，但令只纳元数本钱"。又说"议者多以抑配人户为患"。但是"提举等官以不能催促尽数散俵为失职，州县之吏亦以俵钱不尽为弛慢不才"，这样上下督责，其势必然造成抑配（强行摊派）。因此，"乞先罢提举、管勾等官，不令催督，然后可责州县不得抑配……取民情愿"。

欧阳修又上《言青苗第二札子》：因为春季发放的夏料钱还没有还，"窃虑积压拖欠，枉有失陷官钱"，本官已令所属各州县不要再"俵散秋料钱"。他指出："若夏料钱于春中俵散，犹是青黄不相接之时……若秋料钱于五月俵散，正是蚕麦成熟、人户不乏之时，何名济阙？直是放债取利尔……以此而言，秋料钱可以罢而不散。"

欧阳修在上第二札子后，就获罪被徙知蔡州。

熙宁四年三月，朝廷遣使察奉行新法不职者；四月，司马光权判西京留台；六月，富弼坐格青苗法，徙知汝州；同月，欧阳修致仕。翌年，欧阳修去世。《续资治通鉴纲目》卷六记载：

> 修以风节自持……上疏请止散青苗钱……王安石力诋之。乃徙蔡州……冯

京请留之，安石曰："修附丽韩琦，以琦为社稷臣，如此人在一郡则坏一郡，在朝廷则坏朝廷，留之安用？"乃以太子少师致仕。

至熙宁四年，王安石"排众议行之甚力"，由此发生新旧党争，反对熙宁变法的"诸公始退散"。王安石不得不"急引与己同者以为援"，就是说急切地引荐了一批与自己意见相同的新人。这些新党后来又排挤王安石，使其在熙宁九年（1076）罢相。以后的新党包括章惇（字子厚）、蔡京等人。熙宁时期，"引用小人自安石始……盖安石之法犹出于所学，章子厚之法将托安石以报私怨耳，至蔡京则又托绍述以奉人主（徽宗）之侈心耳，愈变愈下，所以致中原之祸也"（《宋大事记讲义》卷二十一）。

在反对新法的"旧党"中，包括曾支持并积极参与庆历新政的韩琦、富弼、欧阳修等人；而欧阳修、文彦博曾是王安石的荐引者，吕公著、韩维曾是王安石借以立声誉者，司马光、范镇曾是王安石的交友之善者。

对于熙宁变法的评价，在学术界有分歧。可以肯定的是，所谓"旧党"并不是站在"豪族大地主"的立场上说话的。

在《列宁全集》第 12 卷《修改工人政党的土地纲领》（1906）的注释里有一句话："王安石是中国 11 世纪的改革家，实行土地国有未成。"以前评价王安石常引这句话的前半句。其实，这句话是普列汉诺夫"从法国无政府主义者埃·雷克吕的地理学著作中摘引"出来的，并以此为论据，来反对列宁的土地国有主张。而列宁则否认"20 世纪的俄国可以同 11 世纪的中国相比较"（《列宁全集》第 12 卷第 226 页）。因此，所谓列宁说"王安石是中国 11 世纪的改革家"，绝对是个误引。

二、宋代理学即"濂洛关闽"谱系的形成

钱穆在《朱子学提纲》里说："理学兴起以前，已先有一大批宋儒，此一大批宋儒，早可称为是新儒。"这里的新儒指的是范仲淹、"宋初三先生"、欧阳修等人，这批人不属于道学或理学范畴。"而北宋之理学家，则尤当目为新儒中

之新儒。"宋代理学的兴起，即以周敦颐、张载、二程等为代表，至朱熹而形成"濂洛关闽"的理学谱系。他们之所以成为"新儒中之新儒"，是因为他们构建了一个以"理""气""心""性"为主要范畴的思想体系。宋代儒学的复兴，通过庆历新政的改革科举，兴办学校，砥砺士风，培养人才，第一步是儒家的价值观念的确立，第二步是哲学思想体系的创新。

（一）周敦颐

周敦颐（1017—1073），字茂叔，著有《太极图说》和《通书》，世称"濂溪先生"，在"濂洛关闽"的谱系中处于理学之开山的地位。《宋元学案》把周敦颐列为"高平讲友"，未说何据。周敦颐出生于 1017 年，范仲淹出生于 989 年，他们之间差了 28 岁，列为"高平讲友"实在有些勉强。周敦颐在景祐四年（1037）21 岁时母亲病逝，葬于润州（今镇江）丹徒县其舅父之墓侧，在此守墓三年。而范仲淹在景祐四年徙知润州，在此兴建郡学，于宝元元年（1038）冬十一月徙知越州（今绍兴）。周敦颐约有一年多的时间与范仲淹同在润州，就范仲淹在当时的声望而言，周敦颐应受到范仲淹的影响。在周敦颐《年谱》中也确实有这样一段记载："范文正公、胡文恭（宿）诸名士与之游。"

庆历四年（1044），周敦颐改任南安军司理参军，两年后二程受学于周敦颐。程颢说："昔受学于周茂叔，每令寻颜子、仲尼乐处，所乐何事。"（《程氏遗书》卷二上）二程受学于周敦颐时年仅十五六岁，以后往往称其为"周茂叔"，而不称"先生"。这一"孔颜乐处"的话题在宋明理学中具有重要意义，而发其端者实为范仲淹。早在宋真宗大中祥符七年（1014），即范仲淹中进士的前一年，他就在《睢阳学舍书怀》中有云："瓢思颜子心还乐，琴遇钟君恨即销。"（《范文正公集》卷三）

康定元年（1040），范仲淹在西北抗击西夏军，张载见之，范仲淹教导张载"儒者自有名教可乐"（《宋史·张载传》）。范仲淹晚年徙知杭州时，身体已经不太好了，"子弟以公有退志，乘间请治第洛阳，树园圃，以为逸老之地"。但范仲淹说："人苟有道义之乐，形骸可外，况居室乎！"（《范文正公集·年谱》）

《论语·里仁》："士志于道，而耻恶衣恶食者，未足与议也。"《论语·述而》："饭疏食，饮水，曲肱而枕之，乐亦在其中矣。不义而富且贵，于我如浮云。"《论语·雍也》："贤哉回也！一箪食，一瓢饮，在陋巷，人不堪其忧，回（颜渊）也不改其乐。"这些都是先秦儒家的一种道义上的"自足之乐"。

嘉祐二年（1057），胡瑗在太学以《颜子所好何学论》试诸生。胡瑗、周敦颐关于"孔颜乐处"的话题当都源自范仲淹，而"孔颜乐处"正是宋代新儒学为士人提供的一个有别于佛、道二教的儒者自身的安身立命之地。

宋代的新儒家不仅是"忧其民"，"忧其君"，"先天下之忧而忧，后天下之乐而乐"，而且他们当下也有一种道义上的"自足之乐"。"孔颜乐处"不是乐其贫，而是把道德确立为人生的最高价值，从而达到一种"仰不愧于天，俯不怍于人"，"反身而诚，乐莫大焉"（《孟子·尽心上》）的精神境界。

周敦颐在《通书·颜子》中说："颜子一箪食，一瓢饮，在陋巷，人不堪其忧，而不改其乐。夫富贵，人所爱也……天地间有至贵至爱可求而异乎彼者，见其大而忘其小焉尔。见其大则心泰，心泰则无不足，无不足则富贵贫贱处之一也，处之一，则能化而齐，故颜子亚圣。"这是说，比富贵更加可爱可求是对人生之道的领悟。所以，孔子说"朝闻道，夕死可矣"。有了这种领悟，就能忘记在贫富穷达等功利方面的得与失，即所谓"见其大而忘其小"。

"孔颜乐处"是一种超脱了功利的境界，这与释、老的"山林之趣"有相通之处，但因为儒家的这种"乐"是道义上的"自足之乐"，所以它内在地包含着对社会的忧患意识和责任感。范仲淹诗云"瓢思颜子心还乐，琴遇钟君恨即销"，这表达的就是他有一种志向，希望能够遇到知音，得到机会，为社会作出更大的贡献。周敦颐说要"志伊尹之所志，学颜子之新学"（《通书·志学》），伊尹是辅佐商汤的一位大臣，这句话表达的也是要为社会作出大的贡献的志向。这就是儒家的所谓"内圣外王"的境界。"内圣"就是要有一种内在的道德的价值取向，"外王"就是要为社会作出贡献。这就是道义上的"自足之乐"和对社会的忧患意识、责任感的统一。有了这种道义上的"自足之乐"才可以"先天下之忧而忧，后天下之乐而乐"。

朱熹编《近思录》卷十四记载："周茂叔胸中洒落，如光风霁月（见黄庭坚所作诗序，李延平每诵此言，以为善形容有道者气象）。其为政精密严恕，务尽道理（见潘延之所撰墓志）。"所谓"胸中洒落，如光风霁月"，就是形容周敦颐的人品甚高，超脱了个人功利的道德境界；而其"为政精密严恕，务尽道理"，就是说周敦颐做官能够"润泽斯民"，克职尽责。范仲淹曾批评当时的士人"功名思苟得"，"仕者浮于职"，而周敦颐的人品甚高，"为政精密严恕"，正是范仲淹所希望培养出来的一批新儒。

周敦颐能成为理学之开山，不仅因为他向二程提出了"孔颜乐处"的问题，还因为他作了《太极图说》。

> 无极而太极。太极动而生阳……静而生阴……分阴分阳，两仪立焉。阳变阴合，而生水火木金土……无极之真，二五之精，妙合而凝。乾道成男，坤道成女，二气交感，化生万物。万物生生，而变化无穷焉。惟人也，得其秀而最灵。形既生矣，神发知矣，五性感动，而善恶分，万事出矣。圣人定之以中正仁义而主静，立人极焉。（《太极图说》）

《太极图说》第一句"无极而太极"，后来有争议。其实儒家和道家，都有一个大致相同的理论架构，这个理论架构就是"推天道以明人事"，从天道开始讲起，最后讲到人应该如何。道家可以从中推出道家的主张，儒家也可以从中推出儒家的主张。所以，"无极而太极"的确可以有不同的解释，但其架构可以说是普遍的，周敦颐从中推出的就是儒家的价值取向。所以先说"无极而太极"，然后说"太极动而生阳，静而生阴"，其中讲到人，说"惟人也，得其秀而最灵。形既生矣，神发知矣，五性感动，而善恶分"。这里面讲到人的形神问题，也讲到性和情的问题，最后推出来"圣人定之以中正仁义而主静，立人极焉"。

"人极"就是最高的价值标准，所以儒家的价值学说，或者它的哲学思想，最终是要从"推天道"以讲明"人事"应该如何。《太极图说》虽然表述比较简单，但是它的主要架构所包含的思想内容是非常丰富的。

（二）张载

张载（1020—1077），字孟阳，生于凤翔郿县（今陕西眉县）横渠镇。《宋史·张载传》说：张载"少喜谈兵……年二十一，以书谒范仲淹，一见知其远器，乃警之曰：'儒者自有名教可乐，何事于兵？'因劝读《中庸》。"张载谒见范仲淹是在康定元年，当时范仲淹正在西北前线，他对张载说"儒者自有名教可乐，何事于兵"，又劝读《中庸》。《宋元学案·序录》因此说：范仲淹"导横渠以入圣人之室，尤为有功"。《宋元学案》把张载列为"高平门人"。

张载读《中庸》以后，"虽爱之，犹未以为足也，于是又访诸释、老之书，累年尽究其说，知无所得，反而求之《六经》"。张载为什么对《中庸》"虽爱之，犹未以为足"，这是因为《中庸》还没有满足张载建构理论体系的需要，他后来的思想是以《周易》为宗。

嘉祐二年，张载与二程以及苏轼、苏辙等同登进士第。期间，他曾经"坐虎皮讲《易》京师，听从者甚众"，然后又与二程"共语道学之要"。

熙宁二年，宋神宗召见张载，问治道，张载答："为政不法三代，终苟道也。"张载主张"渐复三代"，主要是针对当时的土地集中、贫富悬殊，而主张推行带有均田性质的"井田制"。这与当时宋神宗和王安石的"以理财为急务"相抵触。张载被派遣到浙东治理案狱，等到他回来以后，朝廷已发生新旧党争，其弟张戬因与王安石争执而被贬黜，张载"益不安，乃谒告西归"，辞官回到其家乡横渠镇。

张载在横渠镇，"终日危坐一室，左右简编，俯而读，仰而思，有得则识之，或中夜起坐，取烛以书，其志道精思，未始须臾息，亦未尝须臾忘也"（吕大临《横渠先生行状》）。张载的主要著作就是《正蒙》一书，该书用了约七年的时间，至熙宁九年秋而完成，一年后张载逝世。

张载主张"先识造化"，他说："圣人之意莫先乎要识造化，既识造化然后其理可穷。彼惟不识造化，以为幻妄也。"（《横渠易说·系辞上》）佛教主张"心生则种种法生，心灭则种种法灭"，就是说我们所面对的这个世界是幻而不

实的，而张载主张"先识造化"，就是要先肯定这个世界是实在的，而不是幻妄
或空无的，以与释、老在本体—宇宙论上划清界限，进而再讲儒家道德的"穷
理尽性"等问题。

（三）二程

程颢（1032—1085），字伯淳，世称明道先生；程颐（1033—1107），字正
叔，世称伊川先生。二程在十五六岁的时候，受学于周敦颐。程颐在《明道先
生行状》中说，程颢在受学于周敦颐之后，"遂厌科举之业，慨然有求道之志"，
但是"未知其要"，以后又"泛滥于诸家、出入于老释者几（近）十年，返求诸
六经而后得之"。二程不是把自己的思想追溯到周敦颐，而是说自己得道于儒家
的经书。

嘉祐二年，程颐"上书阙下"，写了《上仁宗皇帝书》，"不报"，于是"闲

湖南岳麓书院内宋代著名理学家程颢、程颐画像   黄豁 / 供图

游太学"。当时，胡瑗"主教导，尝以《颜子所好何学论》试诸生，得先生所试，大惊，即延见，处以学职"（朱熹《伊川先生年谱》）。此后程颐一直特别尊重胡瑗，所以《宋元学案》说胡瑗对程颐"知契独深"，程颐"敬礼先生亦至……非'安定先生'不称也"。可见，两人师生关系非常深厚。

程颐当时所写《颜子所好何学论》，受到了周敦颐思想的影响。里面讲道："天地储精，得五行之秀者为人。""形既生矣，外物触其形而动于中矣。"可以看到，他受到了《太极图说》的影响，但是有一个特点，他不从"无极而太极"讲起，而是从"二五之精，妙合而凝"开始讲起。二程终生不讲"无极"和"太极"，这是二程思想一个特点。此文后面讲的"情"和"性"的问题，实际上是受到了胡瑗的《周易口义》的影响。

熙宁元年，程颢任太子中允，权监察御史里行。程颐在《明道先生行状》中记述：

> 神宗素知先生名，召对之日，从容咨访……［先生］前后进说甚多，大要以正心窒欲、求贤育才为先……时王荆公安石日益信用，先生每进见，必为神宗陈君道以至诚仁爱为本，未尝及功利……荆公浸行其说，先生意多不合，事出必论列。数月之间，章数十上。尤极论者：辅臣不同心，小臣与大计，公论不行，青苗取息……兴利之臣日进，尚德之风浸衰等十余事。

这里的"求贤育才为先"，是继承了庆历新政的改革路线，而其提出"正心窒欲"，"未尝及功利"，则是针对熙宁变法的"以理财为急务"。显然，二程当时是反对熙宁变法的。

熙宁三年，程颢改任京西提点刑狱，以后二程退处洛阳，几近十年"玩心于道德性命之际，有以自养其浑浩冲融……身益退，位益卑，而名益高于天下"。在此期间，一方面，洛学的思想体系臻于完成；另一方面，二程把王安石新学视为超过释氏之害的"大患"，提出"要先整顿介甫之学"，并且把"格君心之非"作为治道的根本。

程颢说："学者须先识仁。仁者，浑然与物同体。义、礼、知、信皆仁也。识得此理，以诚敬存之而已，不须防检，不须穷索……《订顽》意思，乃备言此体。以此意存之，更有何事？"（《程氏遗书》卷二上）与张载的"先识造化"不同，二程建构其思想体系的逻辑起点是"先识仁"，从而提出了理本论的思想。二程对张载的《正蒙》有批评，而对其中的《西铭》（即《订顽》）则评价甚高。

程颢说："吾学虽有所受，'天理'二字却是自家体贴出来。"（《程氏外书》卷十二）此"天理"既是世界的普遍规律，也是人类社会的道德伦理。

程颐说："一阴一阳之谓道，道非阴阳也，所以一阴一阳，道也。"（《遗书》卷三）"离了阴阳更无道，所以阴阳者是道也。阴阳，气也。气是形而下者，道是形而上者。"（《遗书》卷十五）

二程的理本论是把"道"或"理"作为"所以阴阳"即气之运动变化的根据。如果说张载的"先识造化"是先肯定这个世界是实在的，然后讲这个世界是道德的，那么二程的"先识仁"则是先肯定这个世界是道德的，然后讲这个世界是实在的。二程的理本论和张载的气本论都是要为儒家的道德伦理建立"本体—宇宙论"的根据，这一点是相同的。

（四）朱熹

北宋灭亡以后，王安石的新学基本上退出了历史舞台。在南宋的学术思想中，影响最大的就是二程的洛学。朱熹（1130—1200），字元晦，在十四五岁时就曾读二程和张载"两家之书"，自 24 岁后受教于李侗。李侗是二程大弟子杨时的弟子，杨时所传被称为"道南学派"。当时影响较大的还有学宗二程的胡安国，其所传胡宏、再传张栻等被称为"湖湘学派"。朱熹思想的形成过程先后受到道南学派和湖湘学派的影响，而其思想体系的成熟是以他在乾道五年（1169）的"己丑之悟"，确立了"心统性情"的"中和新说"为标志。

乾道四年（1168），朱熹校订二程的著作。乾道五年，朱熹重编周敦颐的《太极图说》和《通书》。此后至乾道九年（1173）朱熹写成《太极图说解》和《西铭解》，编成《伊洛渊源录》，又于淳熙二年（1175）与吕祖谦合编成《近思录》。

　　二程不讲"无极"和"太极"，也不传周敦颐的《太极图说》。道南学派对张载的《正蒙》也持排斥态度。而湖湘学派的胡安国和其季子胡宏则比较重视周敦颐和张载的著作。胡安国和胡宏在两宋之际与二程弟子侯仲良有过两年多的接触。侯仲良早年曾拜访过周敦颐，南宋时所传周敦颐的《太极图说》和《通书》即出自侯仲良（参见《周子全书》卷十一祁宽《通书后跋》），而最先为《通书》作序的就是胡宏，他高度评价周敦颐"启程氏兄弟以不传之学，一回万古之光明，如日丽天，将为百世之利泽，如水行地，其功盖在孔孟之间矣"。（《五峰集》卷三《周子通书序》）胡宏也为张载的《正蒙》作序，说此书"极天地阴阳之本，穷神化，一天人，所以息邪说而正人心"，并且将"北宋五子"并列："我宋受命，贤哲仍生，舂陵有周子敦颐，洛阳有邵子雍、大程子颢、小程子颐，而秦中有横渠张先生。"（《五峰集》卷三）此后，朱熹编《伊洛渊源录》就是沿用了这个谱系。

　　在胡宏所传的周敦颐著作中，《太极图说》是附于《通书》之后，作为《通书》的最后一章。朱熹的创见是依据潘清逸所作《濂溪先生墓志铭》叙周敦颐著有"《太极图》《易说》《易通》，数十篇"，把《太极图说》置于《通书》之前，认为周敦颐的思想"皆发此图之蕴"，二程的思想也"未尝不因其说"。

　　程颐早年所作《颜子所好何学论》只截取了《太极图说》"二五之精，妙合而凝"以后的一段，程颢在熙宁年间所作《程邵公墓志》和《李寺丞（仲通）墓志铭》也只讲了"二气""五行"，而不讲"无极"和"太极"。朱熹通过对二程思想与《太极图说》之关系的创造性诠释，就确立了《太极图说》在道学谱系中的开山地位。他把《太极图说》的"无极而太极"解释成"无形而有理"，就是用二程的理本论来诠释《太极图说》；通过对《太极图说》的诠释，朱熹也就更多地吸收了张载的气本论思想。在完成《太极图说解》的同时，朱熹也完成了《西铭解》，这就正式确立了张载思想在道学谱系中的地位。

　　在淳熙二年编成的《近思录》中，收入周敦颐、二程和张载的624条语录，其首条就是《太极图说》。以此为道学思想谱系的开端，实际上就是以二程的洛学为主，而把周、张、二程的思想统合为一个思想体系，这个思想体系实际上就是朱熹的思想体系，亦可称为"濂洛关闽"的思想体系。

在编成《近思录》的同时，朱熹也完成了他最精心撰著的《四书章句集注》。朱熹说："四子，《六经》之阶梯；《近思录》，四子之阶梯。"（《朱子语类》卷一百五）朱熹通过把周敦颐、二程、张载的思想综合在一起，形成了自己的思想体系。《宋元学案》对其评价是，"致广大，尽精微，综罗百代"。通过《四书章句集注》，朱熹也就完成了用理学思想来诠释先秦儒家经典的"创通经义"。所以我们把朱熹称为宋代理学集大成者，应该是符合历史发展的实际的。

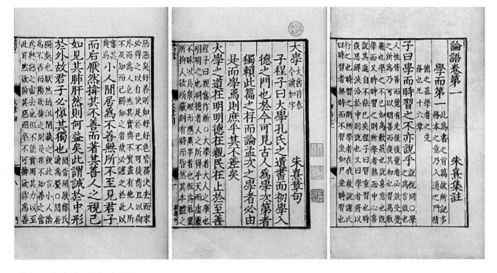

《四书章句集注》书影

三、对宋代理学的评价

在宋初"儒门淡薄"的时期，士人或沉浸于功利之中，或沉湎于释老的"山林之趣"，吏治腐败，士人的学风不正。宋代理学家继庆历新政之后，重新确立了儒学在士人思想中的主导地位，实现了儒学的复兴。陈寅恪曾经说"华夏民族之文化，历数千载之演进，造极于赵宋之世"，而未来中国文化的发展必归于"宋代学术之复兴，或新宋学之建立"（《金明馆丛稿二编》，三联书店

2001 年版，第 277 页）。宋代文化的确是中国文化发展的一个高峰，但也是中西国力消长的一个转折点。这里有一些历史的教训值得反思和吸取。

2011 年 9 月 20 日《参考消息》转载《日本经济新闻》9 月 19 日文章《西方没落，东方复兴？》，其中说：

"西方"在罗马帝国全盛时期的公元 100 年左右达到了高潮，处于领先地位。

以中国为首的"东方"首次超过西方是在公元 6 世纪中期，到了宋代的 12 世纪达到了高峰，其指数高出西方 40%。

宋代以后，中国逐渐落后于西方，这里有西方的文艺复兴、启蒙运动和工业革命等方面的原因，但中国文化内在的一些原因也值得反思。

胡瑗的"明体达用之学"除重视"经义"之外，还主张要学习"治民以安其生，讲武以御其寇，堰水以利田，算历以明数"，等等。这些专业知识的教育如果得以延续，那么中国在元明以后，中西再交手的时候，绝不是后来那种状况。

朱熹在晚年即庆元元年（1195）作有《学校贡举私议》（《晦庵集》卷六十九），此文主张"立德行之科以厚其本"，又分立诸经、诸子、诸史和时务之科"以齐其业"。时务包括"礼乐制度、天文地理、兵谋刑法之属"。朱熹等理学家也主张要在学校里面讲"明体达用之学"，但是后来没有得到延续。元仁宗皇庆元年（1312），理学家吴澄曾主张采用胡瑗的教学之法、朱熹的《学校贡举私议》，立四科即经学、行实、文艺、治事。但第二年元朝实行科举，"专立德行明经科"，以后相延至明清。明代科举专取"四子书"和"五经命题"来考试，而且考试文体专用"八股文"，清代又沿袭明代。明清之际的顾炎武曾经说："八股之害等于焚书，而败坏人才有甚于咸阳之郊所坑者。"（《日知录》卷十六）

实际上，朱熹在《学校贡举私议》中已经对"八股"的雏形进行了批评。元、明、清三朝的科举和教育，实际上违背了胡瑗的"明体达用之学"，也违背了朱熹的《学校贡举私议》。我想，只立"德行明经科"，没有把"明体达用之学"延续下来，这应该是中国逐渐落后于西方的一个重要原因，当然其中还有多方面的因素。讲明这一原因，我们就不要把此简单地归罪于宋明理学。

（讲座时间　2011 年）

颜炳罡

中国儒学的现代转化

颜炳罡

颜炳罡，1960年生，山东临沂人。1983年毕业于山东大学哲学系。现为山东大学儒学高等研究院副院长、教授、博士生导师。主要社会兼职有：国际儒学联合会理事，国际儒学联合会学术委员会委员，中国孔子基金会学术委员会委员，中国哲学史学会理事，山东孔子学会常务理事、副秘书长等。

长期致力于中国哲学，尤其是儒家哲学

的教学与研究工作。著有《当代新儒学引论》《整合与重铸——牟宗三哲学思想研究》《墨学与新文化建设》《牟宗三学术思想评传》《慧命相续——熊十力》《心归何处——儒家与基督教在近代中国》《生命的底色》等著作十余部。合著《儒家文化与当代社会》《孔墨哲学之比较研究》。在《哲学研究》《孔子研究》《文史哲》等期刊发表论文百余篇。

中国近代以来，有两种思潮对中国社会的影响非常大，一是马克思主义的中国化思潮，一是中国儒学的现代转化思潮。前者在革命时期，形成了毛泽东思想；到建设时期，经过30多年的改革开放，形成了中国特色社会主义理论。我以为，在未来21世纪的中国，马克思主义还会进一步地中国化，不断地向前发展，中国儒学也会继续向现代转化，这一转化过程可能永远不会结束。

我们期待着这两股思潮能够合流，即中国儒学的现代转化能够与马克思主义的中国化有机融合，同时我们也期待着这种有机融合是中国文化大舞台上的有机融合，是在各自保持自己独立性的基础上的有机统合。今天，我要重点向大家介绍的是中国儒学的现代转化。

一、何谓中国儒学

中国儒学是什么？我认为，可从五个方面加以理解：

（一）儒学是人文化成之道

人文化成指的是从"化成"角度讲的人文主义，这就是说儒学不是自然主义，也不是科学主义，而是人文主义。化成指教养，人文化成就是指将人变得有教养的人的主义，这主义就是儒学。

现今，我们常用"儒商""儒将""儒官"，甚至"儒工""儒农"等来形容一个人，那么，"儒"代表什么呢？"儒"代表的是一种教养，使一个不懂礼仪规范的人变成一个知书达礼、有修养的文化人，这就是"儒"。

（二）儒学是躬身修己之学

这句话是梁漱溟说的。梁漱溟，国外称为所谓"中国最后一位大儒"。1985年1月，他在北京大学举办的中国书院和中国文化讲习班上说：儒学是躬身修己之学也。"躬身"的意思就是亲自去做，所以，儒学不是讲出来的知识系统，而是身体力行的学问。

《大学》有句话，"有诸己而后求诸人，无诸己而后非诸人"，指的就是自己有这种优点，才能要求别人有；自己没有这种缺点，才有资格批评别人。孔子说的"政者，正也"亦是这个道理。作为为政者，首先端正了自己才能要求别人；自身不正，难以要求别人正，躬身修己正是从这个意义上说的。

（三）儒学是生活的智慧学

从人与人之间关系的角度讲，儒学是生活的智慧学。要理解"生活的智慧"，首先就要弄懂什么是生活。生活，简单地讲就是既然生了就需要活着。既然活着，人就应该过人所应过的生活，而不能像神一样，更不能与禽兽一般。那么，什么是人的生活呢？要想回答这个问题，就要知道什么是人。

人之所以为人者，是与动物相比较而言的。人与动物不同之处在儒家看来就在于"人伦"二字。动物虽有雄雌但没有男女之分，有父子却没有父子之亲，人却有父子之亲、兄弟之爱、朋友之情。"人伦"就是人与人之间相处的最根本的原则。儒家认为，人伦最基本的有五种即五伦，所谓"父子有亲，君臣有义，夫妇有别，长幼有序，朋友有信"。

在西方文化中，没有将人伦关系划分得如此细致。在英文世界里，所有的兄弟，无论哥哥还是弟弟，只用"brother"表示；姐姐或妹妹也只是"sister"。他们在伦常关系的处理上，无论父子、兄妹，还是夫妻、朋友等，所有人与人之间的关系，只用一个词"love"即可表达。而中国却不同，儿女对父母，用"孝"；父母对儿女，叫"慈"；哥哥对弟弟，用"友"；弟弟对哥哥，用"悌"，如此等等，从而将伦常关系分得清晰而各不相同。所以说，儒家的学问就是教我们如何处理好现实生活中的人际关系的一种智慧之学。

（四）儒学是内圣外王之道

修身的目的是为了生活，为了处理好"人伦"关系。但是，仅仅处理一般的人际关系还不够，还要处理生命个体与社会之间的关系。因为人不仅生活在家庭人际关系中，还生活在国家、社会中。人和国家、社会的关系，用儒家的话讲就是内圣外王之道。

内圣是修己，即在生活中、在各种人伦关系中提升自己的修养。然而，仅仅修己是不够的，还要外王。孔子曾说："鸟兽不可与同群，吾非斯人之徒与而谁与！天下有道，丘不与易也。"儒家是积极入世，所以一定要以实现仁道于天

陕西眉县张载祠内于右任手书的"横渠四句"

下为自己的使命。如果只作为一个和尚，野居古寺，青灯黄卷，了此残生，作
为佛教徒是可以的；但作为儒家人物，那样是不够的。张横渠的"四句教"很
好地表达了儒家的使命意识："为天地立心，为生民立命，为往圣继绝学，为万
世开太平。"可以说，儒家知识分子的使命不为一世开太平，也不是为一时而方
略，而是为万世开太平。这就是其内圣外王之道。

（五）儒学是天人性命之学

说到儒家的哲学处或者最高明处，无疑就是其天人性命之学。

一般地说，西方文化处理人与自然的关系，叫作"天人相分"，而中国文化
则称之为"天人合一"。中国人认为生命来自于天地，天为父，地为母，整个宇
宙就是一个大家庭。在家庭中，孝敬父母是必需的，所以人必须孝敬天地，孝
敬天地就是敬畏天地、顺应天地，最终效法天地。人不仅要做祖宗的孝子贤孙，
要做民族的孝子贤孙，更要做天地的孝子贤孙。

何谓天地的孝子贤孙呢？悖逆天道，违背天理，驳舛人伦，这样的人只能
是天地的忤逆之子；只有秉持天德、地德、效法天道的人，才可称为天地的孝
子贤孙。如何效法天道呢？取自《易传》的清华大学的校训"自强不息，厚德
载物"即是效法天地之道。"自强不息"讲的就是效法天道，天道即天德。"夫

大人者，与天地合其德"，所以君子要像天那样自强不息，像大地那样厚德载物，这样的人才是天地的孝子贤孙。

以上五点，就是从本质上所理解的儒学。那么，从内容上讲，儒学又可从四个方面来概括，即道、学、政、行。"道"是儒家超越层面的知识系统，"政"是社会的管理系统，"行"是社会的规范系统，即礼仪规范。可以说，儒学是一套学问系统。用一句话来概括：儒学就是人学，"人"亦即"仁"，人学亦即仁学。

儒学是人学，是为所有称之为人的人而设计的学问。从人禽之辨的角度说，儒学是人何以为人、人怎样才能成为人、人怎样做人的学问。从与一神教相比较的角度说，儒学不是出世的或者超世的神学，而是入世的学问；从其解决问题的角度看，儒学所要解决的问题不是天国的问题，不是来世的问题，而是现世的入世问题。

儒家与基督教、伊斯兰教不同。基督教，教内人是教友，教外人是不是没有说；伊斯兰教，天下穆斯林是兄弟，穆斯林以外如何，也没有说。而儒家则是普天之下、四海之内皆兄弟也。但这句话也有前提，即"敬而无失，与人恭而有礼。四海之内，皆兄弟也"。"敬而无失"指对人乃至做事认真、严肃、庄重而没有差错，"恭而有礼"是指无论何时、无论何地都要谦恭而有礼貌。只要一个人能够如此，那么普天之下皆视你为兄弟了。在儒家，天下一家，天下为公，无论非洲人、美国人，还是日本人、韩国人，只要是有教养、懂人伦，懂得了人与人之间、国与国之间、民族与民族之间的相处之道，即"四海之内皆兄弟"。因此，现在就有了日本儒学、韩国儒学、新加坡儒学、越南儒学，甚至美国的波士顿儒学等。可以说，从这个意义上讲，儒学是常道，是普遍的学问；虽产生于2500年前，却不被2500年的历史所限；虽产生于中国，却不为中国所限。这就是儒学的普遍意义，也是儒学为何能够实现现代转化的一个最重要的根据。

二、儒学是开放的、不断转化而走向完善的理论系统

儒学一方面是常道，有其普遍性的一面；一方面又是变道，因时代的变化不断地展现出不同的理论形态。它从来不是僵化、封闭的，而是一个不断与时俱进、开放的理论系统。

孔子顺尧、舜、禹、汤、文、武、周公的文化大流而来，他"以文自任"，以"斯文在兹"而自期，述往圣，开来学，主要表现在：

他打破学在官府即贵族垄断文化的局面，使文化向全社会开放，造就了士阶层的崛起

孔子之前，只有贵族子弟才能够接受文化教育。但孔子开创了私人办学机构，实行"有教无类"的教育方针，社会上的穷苦之人、乡野之人，皆有机会接受文化教育。接受文化教育就有可能参与到国家行政决策与管理中去。孔子的这一做法使得政权管理向全社会开放。

实现道统与政统的分离

尧、舜、禹、汤、文、武、周公是古之圣王，既是君，又是师。君是政统的象征，师是道统的标志，君师合一即政统与道统的合一。这是在孔子之前。

孔子以后，道统与政统开始分离。政统的代表是帝王，道统的象征是孔子。自公元前 195 年，汉高祖刘邦以太牢之礼对孔子祭祀，直到晚清，所有帝王对孔子都有礼敬。皇帝就是天子，可拜天地、父母、老师，但唯独不能够拜王。这正是孔子墓碑下边的"大成至圣先师文宣王"中的"王"字缺少一横的原因。历代帝王拜孔子不是因为他是"文宣王"，而是因为他是至圣先师。

政统与道统分离了，这就使得统治者与被统治者有了一个评判是非的共同标准，即"道"。那么，若统治者不按"道"治国，就是不顺天应人，百姓们就有权力推翻这个政权；若按"道"治国，就会得到百姓们的拥护。唐太宗李世民曾在《贞观政要》中说："惟在尧舜之道、周孔之教，以为如鸟有翼，如鱼依水，失之必死，不可暂无耳。"意思就是，尧舜之道、周孔之教，对统治者而言，就像鸟离不开双翼，鱼儿离不开水一样，得之则生，失之则死。

（一）儒学的第一次转化

孔子之后，诸子蜂起，儒、墨、道、法、名、阴阳等百家齐鸣，儒家学者孟子、荀子沿孔子的路向继续拓展，使儒学成为"世之显学"。西汉汉武帝采董仲舒之策，"抑黜百家，推明孔氏"，以儒为本，撮墨、法、阴阳之要，整合先秦诸子，实现了儒学的一次根本性转化，为"大一统"的汉帝国确立了国家意识形态。

由此，儒家学说完成了由民间文化向庙堂文化的转变，成为统治中国社会长达两千多年的官方意识形态。就理论言，儒学经历了由先秦时期之"子学"回归"经学"的第一次转变。

（二）儒学的第二次转化

东汉末年至三国两晋，印度佛学进入中原大地，土生土长的道教借助佛教形式与道家思想的内涵，异军突起，使得中国文化开始了儒、释、道三家相摩相荡的时代。儒家依然是官方哲学，但在理论创造上逊色于不断中国化的佛教和代表本土宗教的道教。

经过魏晋南北朝隋唐数百年之发展，佛教终于为中国文化所吸收。北宋儒学大师们以儒学为主，融儒、释、道为一炉，在不背离儒家本质的前提下，开出了儒学的新形态，即宋明理学。牟宗三先生认为，宋明理学就是儒学第二期之发展，即其第二次的转化。

（三）儒学的现代转化旨在应对西方文化的挑战，实现中国文化的新发展

明末清初，以欧美为代表的西方文化传入中国。那么，如何回应西方文化的挑战？儒家文化能否像消化印度佛学一样，再度融合西方文化，开出儒学的新形态？这一问题对近代以来的儒家学者而言，是一个严峻考验。百余年来，不少儒家学者艰难探索着以儒家文化为主体，通过消化、融合西学，开出儒学

新形态的各种方式和路径，由此开始了中国儒学的现代转化路程，而中国儒学现代转化的意义也在于此。

众所周知，如果一个国家或民族在科学、政治、经济等方面受到了冲击、影响或者是伤害，那么这些冲击、影响经过一个民族不懈的努力，化解起来相对比较容易。但是，如果一个国家或民族的价值观、是非观、善恶观，即精神信仰受到了挑战，这才是对一个民族真正的伤害和挑战。因为精神信仰是一个国家或民族的文化根本之所在。

三、中国儒学现代转化的求索历程

自明中晚期，西学通过耶稣会士传入中国起，我们的先民就已经开始为如何消化西学而努力了。然而，西学真正大规模进入中国，且对儒学构成直接威胁却是在 1840 年之后。

（一）中国儒学现代转化溯源

1. 龚自珍和魏源

中国现代儒学转化的萌蘖可远溯于龚自珍（1792—1841）和魏源（1794—1857）。他们均是以《春秋公羊》"三世说"为根据，以传统的变易哲学为其哲学基础，开始不自觉地探索中国儒学现代转化的方式。

《春秋公羊》"三世说"，出自东汉末年的何休。《春秋》乃孔子所著，记载了从鲁隐公到鲁哀公鲁国 12 位国君，计 240 多年的历史。后人将这段历史以孔子为坐标分为三个层面：孔子亲身经历的、孔子没有亲身经历但孔子所见到的人亲身经历的、孔子所见到的人也没有经历到而是传闻下来的，即"所见世""所闻世""所传闻世"。"所见"即孔子的亲身经历；"所闻"即给孔子讲的那个人的亲身经历；"所传闻"即前人传说，更早的前人所亲身经历过的。

本来"所见世、所闻世、所传闻世"只是对《春秋》所载 240 多年历史的一种描述，但后人给这"三世"作了价值评判："所传闻世"是"据乱世"；"所闻世"是"升平世";"所见世"则是"太平世"。由是今文经学家认为社会就由乱世、衰世、治世的三世循环构成,并认为这是一个历史发展的规律。

龚自珍曾说:天下万物之数括于三,"一而立,再而反,三而如初"。即:天下所有的事物可概括为三个最基本的规律,从一开始的形成,进一步发展就走向了反面,再到第三阶段时,事物又回到了原始的状态,即回到"一"。这与马克思唯物辩证法的"否定之否定"规律有点相似。

龚自珍就是以这种"三世说"为根据,指出:清王朝已进入可叹、可怜、可悲的"衰世"。他认为这与康熙乾隆以来屡兴"文字狱",用编纂《四库全书》的方式限制人们的思想有着莫大的关联。龚自珍有句诗"避席畏闻文字狱",说的就是,大家吃饭时,一谈及"文字狱",便噤若寒蝉,赶紧离席。由于思想的禁锢,导致了整个国家和社会万马齐喑的局面,其结果就是人才的匮乏,左无才相,右无才史,甚至陇无才民,巷无才偷,薮泽无才盗。

一个国家连一个有才能的小偷都没了,这个国家还有何创造力、生气可言?龚自珍说,清王朝已进入可叹、可怜、可悲的"衰世"。他认为这种衰世表面浮华的背后,隐藏着深刻的社会危机,"将萎之花,惨于槁木"。因此,龚自珍提出:国家必须要改革,只有更法、改革,才能挽救这种危机。

虽然龚自珍强烈要求"更法",以挽回清王朝继续滑向乱世的局面。然而不足的是,他只是要求改革,至于如何改革,却没有提出建设性的意见。

与龚自珍一样,魏源亦强烈要求改革,甚至认为"变古愈尽,便民愈甚",并断言:"小更革则小效,大更革则大效。"相较于龚自珍,魏源的视野更加开阔。

魏源是放眼看世界的第一代中国人。他提出了一个非常著名的口号:"师夷之长技以制夷。"他指出:过去介绍西方世界的图书皆是中土人谈西洋,所以他要写一部西洋人谈西洋的书,叫《海国图志》。"师夷之长技",所师者不仅仅是西洋的坚船、利炮,还有火轮车、龙尾车、自转磨、千里眼、量天尺,等等。他认为我们应当大规模地向西方学习,甚至"凡有益民用者,皆可于此造之"。意思是,但凡对老百姓有利的,我们皆可学来,自己制造。可以说,"中国制造"这一观念可溯源至此。

　　龚自珍、魏源两位儒家人物，可谓新思想萌芽的始祖，他们起而呼吁变法，提出向西方学习，也是儒家经世致用思想的逻辑引申。

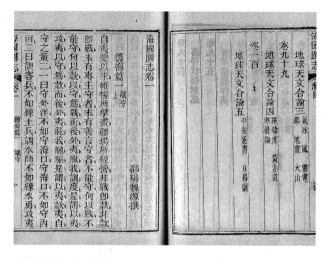

2.曾、洪之争

　　龚自珍去世10年后，　　　　《海国图志》书影

他所预言的"赠来者以劲改革"的"山中之民"出现了，这就是席卷大半个中国、持续长达14年的"太平天国运动"。太平天国运动试图在政治上以武力推翻清朝政府，在文化上力图用西方的基督教取代儒家文化。

　　洪秀全，太平天国的创建者及思想导师，他们将大家熟知的《三字经》"人之初，性本善。性相近，习相远"，改成了"皇上帝，造天地，造山海，万物备，六日间，尽造成，人宰物，得光荣"。因此，曾国藩才会有这样的惊呼：太平天国"举中国数千年来礼义人伦、诗书典则，一旦扫地荡尽。此岂独我大清之变，乃开辟以来名教之奇变"。

　　曾国藩认为，"粤匪窃外夷之绪，崇天主之教……士不能诵孔子之经，而别有所谓耶稣之说、《新约》之书"。"粤匪"，指的就是洪秀全。他认为太平天国运动从根本上说，不是政治冲击，而是一次文化的冲击，他与洪秀全既是政治战争，也是精神战争。洪秀全大军所到之处，书院、寺院、道观扫荡无余，古书、字画等被统统烧掉。冯友兰先生曾就洪秀全和曾国藩之争说过：这不仅仅是一场革命与反革命、起义与镇压者之争，更是一场文化之争。

　　在这场儒家文化与西方基督教文化的斗争中，儒家暂时占了上风，取得了胜利，宣告了洪氏基督化中国设计方案的破产。儒家现代转化的进程未被斩断。

3. 洋务运动

太平天国农民运动虽然失败了，但民族危机日益深重，各国列强乘中国衰弱之际，对中国虎视眈眈。中国正遭遇着"三千年未有之强敌"，中国社会正经历着"三千年未有之变局"。李鸿章在《筹议海防折》中说：

今则东南海疆万余里，各国通商传教，来往自如，麇集京师及各省腹地，阳托和好之名，阴怀吞噬之计，一国生事，诸国构煽，实为数千年未有之变局！

意思是：西方列强不仅要求通商，还要求中国开放基督教传播，得以使其从沿海到内地，大举进入中国。表面上是为了跟你和好，而骨子里却包藏着吞并你的野心。用冯友兰先生的话，通商旨在经济上剥削中国，让中国永远贫穷；传教在文化上侵略中国，让中国人永远愚昧。一个列强制造祸端，其他列强乘机煽风点火，这在中国是几千年都没有经历过的变化！

轮船电报之速，瞬息千里；军器机事之精，工力百倍。炮弹所到，无坚不摧；水陆关隘，不足限制，又为数千年来未有之强敌！

今天所面对的敌人，不是匈奴、突厥，但要比匈奴、突厥强悍百万倍。由此，以儒家为信仰的封疆大吏、朝廷重臣，为了应对这样的变局，由南到北兴起了一场以"富国强兵"为目的的洋务运动，其思想基础就是"中学为体，西学为用"。

要把中学和西学有机地融合起来，就要新旧兼学。四书五经、中国史事、政书为旧学，西政、西艺、西史为新学。两江总督张之洞说：以旧学为体，新学为用，不可偏废。"旧学"即"中学""内学"，治身心；"新学"即"西学""外学"，应世事。二者为"体用"关系。这一主张，

李鸿章像   纸棱/供图

直至今日仍有参考价值。

1894 年 7 月，中日甲午战争爆发，北洋水师全军覆没，宣告了洋务运动"变末不变本、学器不学道、引用以固体的改革方式的失败"。但是，"中体西用"作为第一个处理中西文化关系的范式保留了下来。尽管受到严复、康有为等维新派的严厉批判，但它影响深远，时至今日，虽然人们对"体""用"的解释会有所不同，却依然没有完全摆脱"中体西用"的影响。

（二）中国儒学现代转化的初步尝试

中国社会结构的整体转型要求中国社会的统治意识即儒家学说也要随之转换。康有为、谭嗣同等人的孔教改革运动从而走上了历史舞台。

康有为、谭嗣同等人的孔教改革运动，可以说是中国儒学现代转化的初步尝试，谭嗣同更是称康有为是"孔教之马丁·路德"。

康有为、谭嗣同等人之所以要改革孔教，一是因为中国社会的转型（由君主专制之国转化为君主立宪制的民主国家）相应需要国家理论的转型。二是因为儒学的发展日益式微，需要将儒学由"士教"转化为大众之教。过去祭孔，不是所有人都能够参加的，占人口 50% 的女性不能参与，没有文化的人不能参与；只有考取了举人、进士等有功名的人，才可祭孔。所以说，过去的孔教即儒学，是一种士教，而非大众之教。三是为了回应基督教的文化入侵，捍卫儒家的精神领土。

康有为等人何以要兴孔教呢？"六经为有用之书，孔子为经世之学，鲜有负荷宣扬，于是外夷邪教，得起而煽惑吾民。直省之间，拜堂棋布，而吾每县仅有孔子一庙，岂不痛哉！""六经"（《诗》《书》《礼》《乐》《易》《春秋》）为有用之书，孔子为经世之学，但很少有人去宣扬，而基督教则到处煽惑吾民，基督教堂星罗棋布，到处都是，我们一个县却只有一个孔子庙，这不令人感到哀痛吗？这是康有为的感叹。

西方基督教到处都是，谭嗣同感叹："孔教何尝不可遍治地球哉！"中国之教即孔教为何没有传到世界各地呢？"然教则是，而所以行其教者则非也。无论何等教，无不严事其教主，俾定于一尊，而牢笼万有……道德所以一，风俗所以同也。中国则不然。府厅州县，虽立孔子庙，惟官中学中人，乃得祀之……农夫野老，徘徊观望于门墙之外，既不睹礼乐之声容，复不识何所为而祭之，而已独不得一与其盛，其心岂不曰：孔子庙，一势利场而已矣。如此，又安望其教之行哉！"谭嗣同认为孔子的教理是好的，但传教的方法出了问题，孔教的定位出了问题，孔子庙成为与大众生活隔绝的"一势利场"。

如何将儒家文化发扬光大，如何使孔教通行于天下？康有为等人做了大胆的探索。1895 年《马关条约》签订，举国震动，康有为在北京成立了强学会，强学会在一定意义上就相当于孔教会，但强学会遭到后党御史杨崇伊的弹劾而遭到封杀。对此，谭嗣同愤慨指出："传耶稣之教则保护之，传孔子之教则封禁之，自虐其人以供外人鱼肉，中国人士何其驯也！"此语掷地有声，至今读来荡气回肠，发人深思！

1898 年 6 月 11 日，光绪帝下诏书"明定国是"，主张变法维新。6 月 19 日，康有为奏光绪帝《请尊孔圣为国教立教部教会以孔子纪年而废淫祀折》，系统地表达了他的孔教主张，可称得上近代中国孔教运动中的第一个系统的纲领性文件。其内容主要如下：

（1）尊孔教为国教，立孔子为教主。

（2）在中央设立教部，中央以下设立教会。

（3）罢弃淫祀，主张民间立孔庙祀孔。

（4）以孔子纪年。

显然，康有为力图通过对西方基督教形式上的模仿，完成孔教的宗教化改革，完成儒学向新形态的过渡，但是这场孔教改良运动失败了。由于孔教改良是维新运动的一个环节，随着维新运动的失败，孔教运动当然也就失去成功的政治基础。辛亥革命之后，康有为的孔教运动与旧派人物，尤其是与袁世凯、张勋复辟活动相呼应，引起了激进知识分子的强烈不满。人们由痛恨袁世凯、张勋等复辟而憎恶康有为的孔教会，由厌恶孔教会而累及整个儒家文化系统。

康有为孔教改革的失败，固然有着非常复杂的社会原因，但就孔教运动自身而言，有两点值得注意：

第一，对西方基督教做了形式主义的外在模仿，这种形式主义的模仿导致孔教运动腹背受敌，一方面它引起理性的、没有宗教情感的儒家知识分子的激烈反抗；另一方面，由于定孔教为国教，又引起宗教人士尤其是基督教、佛教、道教人士的深深忧虑。

第二，借助外在的政治力量推行孔教，而忽略了儒学自身内在力量的挖掘，是导致其失败的另一原因。政治势力对儒学的现代化转化是一把"双刃剑"，有利有弊，一不小心就可能砍伤了自身。

（三）中国现代儒学的奠基时期

康有为孔教运动的失败意味着制度化儒学努力的破产，怎样才能使儒家复活？什么才是儒家永恒的精神？是许多儒家学者思考的问题。在反孔的滔天声浪中，梁漱溟先生挺身而出："孔子之真若非我出头倡导，可有哪个出头？"

1917年，24岁的梁漱溟应北京大学校长蔡元培之约前来任教。1917年正是新文化运动的高潮，北大是新文化运动的中心。梁漱溟一到北大，就明确告诉校长蔡元培和文科长陈独秀："我此来，除替释迦、孔子去发挥外，更不做旁的事。"这就明确告诉蔡元培、陈独秀，我和你们不一样，我来不是反孔的，我来就是要弘扬孔学的。

梁漱溟有感于西学有人提倡，佛学有人提倡，只要谈及孔子就羞涩不能出口，他怀抱着为儒家打抱不平的心态来为孔子出头，这一出头，却不同凡响，揭开了中国儒学现代转化的新篇章。

梁漱溟像　　　　　　　任晨鸣/摄

1. 梁氏扭转康氏儒学转化之路：直面孔子的内在精神

梁漱溟认定，康有为的孔教改革之路必然失败。他指出康有为（号长素）是冒孔子之名，将孔子精神丧失殆尽的罪人。他说：晚世所谓今文经学家者如康长素之流，其思想乃全在于此《大同书》。康有为根本不曾得到孔学要领，满腹贪羡私情，见解与墨子、西洋同其浅薄。数十年来冒孔子之名，将孔子精神丧失干净！

梁漱溟抛开儒家文化的一切外在牵累，包括制度的、礼俗的、官方化等牵累，直透孔学的内在精神——仁，通过对孔子仁的创造性诠释，进而转活儒家哲学，复兴儒学。

2. 以意欲为坐标，重新校正中西文化的意义方位

长期以来，人们形成了一种观念：中学为旧学，西学为新学，"新"代表有前途，"旧"则无前途，故以新学为是、旧学为非。人们将中西之争转化为新旧之争，再把新旧之争转化为是非之争，这一理论的根据就是线性进化论。线性进化论认为社会的发展像线条一样，今胜于古，明胜于今。那么，中国的今天是西方的昨天，西方的昨天是我们的今天，所以西方的今天是我们的未来，因此我们要全力向西方奔去，这就是线性进化论。

然而，梁漱溟以意欲为中心，彻底颠覆了这一思维模式。他引进一种观念——意欲（英文"will"，就是意志、意欲、欲望的意思）。他说：西方化是以意欲向前要求为其根本精神的，中国文化是以意欲自为、调和、持中为其根本精神的，印度文化则是以意欲反身向后要求为其根本精神的。

意欲的不同态度决定了人类文化的不同路向。西方人意欲向前要求，所以对自然持征服、奋斗的态度，产生西方灿烂的物质文明和锐利迈往的科学方法。中国人由于意欲调和、持中，所以对自然抱融洽为乐态度，它是"安分知足，寡欲摄生，绝没能提倡物质享受的"，所以轮船、火车、飞机、大炮在中国是不会出现的，科学精神与民主精神是不会出现的，因为中国文化与西方文化不是同一方向的快慢问题，而是根本方向的不同。印度文化既不像西方要求幸福，也不像中国安遇知足，而是努力解脱这生活，所以它代表了人类文化的第三方

向。中国文化与印度文化都是第一条路向没有走完就转向第二、第三路向，所以它们是人类文化的早熟。这就是梁漱溟非常有名的文化早熟说。

3. 世界文化的未来即中国文化的复兴

梁先生在比较了中西印三大文化系统之后，对世界文化的现状和未来作了预测。他认为，现在西方文化的路向已经走到了尽头，其征服自然的态度所产生的物质文明和科学方法已经走向了反面，不仅不能给人类带来幸福，而且还会给人类带来灾难。

西洋人已经由过去物质上的不满足转为精神上的不安宁。这就迫使西洋人由第一条路向转向第二条路向，即儒家文化的路向。由此他大胆预言：现在是西洋文化的时代，下去便是中国文化复兴成为世界文化的时代。

4. 梁氏儒学复兴说的意义

梁漱溟文化哲学的意义在于，重新校正了中国近代以来线性进化论的意义方位，对五四反传统思潮给予釜底抽薪式的回击！五四诸公认为，中国文化是旧的，西方文化是新的，中国文化代表了人类文化的过去，西方文化代表了人类文化的未来。

梁漱溟明确告诉世人：西方文化是低层次的，中国文化是高层次的，西方文化得势于人类的过去与现在，而融合了西方文化的中国文化则代表人类不久的将来。梁漱溟扭转中国儒学由外在的政治入手转活儒学的方式，从中国儒学的内在精神入手，去撬动儒家义理向现代转化的大门。无论后人如何评价梁先生的理论，但对于当时日益走向颓萎的文化保守主义者而言，这一理论的出现无疑是一针强心剂！

继梁而起，先是张君劢的倡导新宋学，主张取资本主义与社会主义之长，建立混合经济模态，强调德与法相辅而行。众所周知，无论是严正地立法，还是严格地执法，都需要有德行的人去做。中国有句话：法能杀不孝者，不能使人孝；能刑盗者，不能使人廉。要想使官廉，使人孝，仅仅有法是不够的，还需要德。所以，孔子说："道之以政，齐之以刑，民免而无耻；道之以德，齐之以礼，有耻且格。"以道德教化来引导社会风尚，用礼仪规范来要求百姓，这样，老百姓才能有高尚的道德觉悟，才能有道德意识，才能有耻且格。熊十力以大易为宗，重建儒家道德的形上学，转活陆王心学。冯友兰则顺程朱理学的义理方向，融合西方实证主义哲学的逻辑分析方法，再度复活程朱理学。另外，马一浮、钱穆、贺麟等学者在中国儒学现代转化中亦各有建树。通过众多儒家学者们的努力，20世纪30到40年代中期中国儒学展现出了新的生机与活力。

（四）港台新儒学

1958年元旦，唐君毅、牟宗三、徐复观、张君劢四人联名发表《为中国文化敬告世界人士宣言》，标志着海外新儒学的真正形成，同时意味着中国儒学的现代转化进入新的时期。

之所以发表此宣言，是因为有一部分人认为中华文化已是花果飘零；在西方汉学家的眼中，中国文化已成为古董，是一死物，这一观点是当代新儒家所不愿承认的。他们认为中国文化并没有死亡，而只是病了。病人和死人是不一样的，病人必须积极救治，而死人则无救治之价值。于是他们发表宣言，以敬告世界人士，中国文化不仅没有死，而且中国文化的智慧也是西方应该学习的，应对中国文化抱着同情和敬意的态度来了解和研究。

在海外新儒家群体中，唐君毅、牟宗三、徐复观、方东美等的理论各具特色，但理论形态最为完整、系统、深刻且影响最大者首推牟宗三。这里以牟宗三为例，对港台新儒家作一简单的说明。

牟宗三的理论有两点很值得人们留意：

1. 本内圣之学如何解决新外王

本内圣之学以解决新外王就是本着中国人的价值观念，解决中国社会的现代化问题。如何将中国社会的现代化与儒家的道德精神价值有机地沟通起来，在现代化中不丧失自我文化主体性或保有自身的核心价值这就是新儒家思考的问题。牟宗三认为，当代新儒家最基本的一个任务是：如何由内圣之学解决新外王的问题。内圣就是道德理性之实践，即道德实践；外王是指治国、平天下之德业；新外王，就是民主与科学。本内圣之学以解决新外王，就是由中国文化之道德理性解决民主与科学的问题。

为什么要由内圣以解决新外王呢？怎样才能由内圣开出新外王呢？由第一个问题，牟宗三全面探讨了中国文化之所以未出现民主与科学之故。由第二个问题，他探讨了中国文化实现民主与科学的方式、方法与道路。

他认为，中国的学问是生命的学问，与西方文化源头之一的古希腊文化首先把握自然不同，中国文化首先把握生命。由如何调护生命、安顿生命，开出心灵世界和价值世界，开出"内圣外王"之学。"内圣外王"之学就是仁学，中国的文化系统就是仁的文化系统。

就根本精神处说，中国文化是"综和的尽理之精神"下的文化系统，西方文化是"分解的尽理之精神"下的文化系统。中国文化重综和，西方文化重分析。就这两种文化的根本精神所展现的方式而言，中国文化是"理性之运用表现"，西方文化是"理性之架构表现"。中国文化强调理性的运用和作用，西方文化则强调逻辑架构。

就中西方文化的政治理路所展现的方式而言，中国文化的政治理路为"理性之内容表现"，西方文化的政治理路是"理性之外延表现"。此处西方依然是强调形式，中国强调内容。

就中西文化的长短所依据的原则而言，中国文化是"以理生气"，所以中国文化悠久、长远，西方文化"以气尽理"，因此周期性断灭。

简单地说，在中国传统社会中，中国文化是有道统而无学统，有治道而无政道。中国有自己的一套尧、舜、禹、汤、文、武、周公相传的道之传统、价值观念、道德理性，但始终没有开出独立的科学之统，没有把知识作为一门独立的学问进行研究和看待，这就是"有道统而无学统"。

中国政治上有治道，在管理国家的方法上是民主的，因而在中国有"内容的民主"，没有"外延的民主"和"形式的民主"。中国过去的治道是宰相握治权，皇帝握政权。由于宰相握治权，故而皇帝长期不上朝，国家机器照常运转，所以说中国的治道是民主的。"朝为田舍郎，暮登天子堂，将相本无种，男儿当自强。"早晨起来还在田间干活，到了晚间就可以登上天子之堂，做天子的老师了，甚至于成为宰相，所以中国社会的治权在于士人、知识分子。而中国的政权则在皇帝手中，所以中国治道民主，而政道则不然。政权的交替始终找不出一个合理的办法。古时，政权转移只有两种方式：一是宫廷内乱，父子、兄弟间的残杀；一是马上得天下，用武力推翻别人，别人再用武力推翻你。因此，一个政权夺得来，也可夺得去，这样政权就没有定准，于是乎，中国是"有治道而无政道"。

2. 儒学第三期发展

中国儒学已经经历了两期之发展。第一期是由孔子经孟子、荀子到董仲舒；第二期是宋明理学；现在儒学则转为第三期之发展。

儒学第三期之发展关键在于儒学能否融摄西方的民主与科学，重建中国文化，开出儒学新形态。他把这一新形态概括为儒家式人文主义的彻底透出。这就是儒学第三期之发展，儒家式人文主义的彻底透出，即"三统并建"说。

道统之肯定，此即肯定道德宗教之价值，护住孔孟所开辟之人生宇宙之本源。韩愈有篇名曰《原道》的文章，明确提出了道统之说。什么叫道统之肯定呢？就是肯定中国人的价值观、是非观，肯定中国人规定的"人之所以为人之处"。"人之所以为人之处"指的就是"人伦"，而"人伦"最后的根据就是"仁义礼智"，"仁义礼智"的浓缩就是"仁义"，"仁"代表仁爱心、恻隐心、同情心，"义"代表社会的公平与正义。故儒家强调：门外之治和门内之治不同，处理门内之治是"恩掩义"，在家庭问题的处理上，感情重于正义、公平；而门外之治是"义断恩"，处理社会问题则公平、正义高于感情的存在，甚至要断情感，因此，义指向社会问题的处理，仁指向家庭问题的处理。肯定仁义就是"道统之肯定"。

学统之开出，中国文化有道统而无学统，此即转出"知性主体"以容纳希腊传统，开出学术之独立性。一句话，就是让中国走向科学，建立起中国的学术独立性。

政统之继续，此即由认识政体之发展而肯定民主政治为必然。一句话，就是完成民主建国。

这就是牟宗三先生全部的理论浓缩。简单讲，就是道统＋科学＋民主。当然三统不是并列的，道统是道德宗教，学统的核心是科学，政统就是民主政治。道统肯定，学统开出，政统继续，是儒家人文主义的完成，也是中西文化的自然融和，亦是儒学第三期发展的骨架与纲维。

四、中国儒学现代转化的几点启示

儒学是顺应中国文化的大流、主流而来，儒学的创始人孔子在历史上不是诸子之一子，而是尧、舜、禹、汤、文、武、周公序列中的人物。孔子"以文自任"，"斯文在兹"，并没有想着开一个学派、创立一家学说，而是要继承华夏文明，使其能够继往开来，所以儒家文化历史上是、现在是、将来还会是不断走向开放、不断走向完善的思想学说。只要有中华民族在，甚至只要有华人在，儒家学说就会有人延续，就不会消亡。百余年来，中国儒学不断转化的事实就说明了这一点。

（一）儒学在中国有着顽强、坚韧的生命力

儒学植根于中国数千年的历史文化传统，广被数万万民众，有着超强的生命力。经过"五四"打倒孔家店，"文革"时期的全民性批孔运动，儒学并没有被风吹雨打去，验证着儒学的坚韧和刚强。经过梁漱溟、熊十力、张君劢、冯友兰、牟宗三、唐君毅、徐复观等大儒的努力，儒家学说不仅没有死亡，反而大师辈出，创造了一个又一个新的儒学思想系统，成为近代影响不是最大、创造力却是最强的文化学派或者思想学派。

（二）中国儒学的现代转化总是与中国社会的变革、当代世界的发展紧密地联系在一起

中国儒学的影响力虽不可与马克思主义在中国大陆的影响力相提并论，但其思想义理的逻辑创造力绝不逊色于马克思主义的理论创造。中国现代儒学之

所以有如此创造力，在于它的每一步发展总是与中国社会的变革、当代世界的发展紧密地联系在一起。

中国社会的变革对儒学而言，既是挑战又是机遇。一方面，传统社会的断裂造成传统思想丧失了制度的凭借；另一方面，任何社会的变革都迫使儒家学者必须作出回应，而对社会变革的回应又促进了儒学新生。两千年封建政体的解体，儒学作为官方意识形态的地位丧失了，却促进了与政治体制脱钩的学院派儒学的形成，清理了钻营之徒对儒学的玷污。

（三）西方文化是中国儒学现代转化的有力助因

西方文化的到来对中国儒学而言，利大于弊。没有西学的到来就没有儒学的新生，也没有新形态儒学的形成。中国儒学的转化就是以儒学为主体，融合西方文化，不断完善自己的结果。

儒学的现代转化如何走向深入呢？下一步儒学的现代转化会是怎样？

我们认识到，中国儒学的现代转化并没有完成，到牟宗三也没有完成，可能永远也不会完成。它永远处在不断新生、不断完善的过程之中。面对新的世界格局和中国作为世界大国的崛起，中国儒学的未来转化，我认为有这么几个方面应该考虑。

第一，在全球化中，定位儒学的未来发展。百余年儒学的发展与转化一直与民族命运、国家富强联系在一起，关心的是民族生死存亡问题，是中国如何现代化的问题。而未来的儒学发展应转向与全球发展、与人类共同体的命运相联系。儒家的理论自孔子起就不是只为中国人设计的，而是为全人类设计的，为一切可以称为"人"的人而设计的。所以，儒家"天下为公""四海之内皆兄弟""万物并遇而不相害，道并行而不相悖"等这些观念，可以为全球化时代的人类共存与发展提供新的理论支撑。我认为，在全球伦理的实践和理论设计当中，儒家是不会缺场，也不能缺场的。

第二，关切当代社会的新发展，回应当代社会的新问题，实现儒学与当代社会的双向互动，不断为儒学的发展寻找新的动力，促进儒家理论与现代化的双向受益。

第三，积极参与世界多元文化对话、互动，在与世界各种文化、文明的对话中成就自身的文化价值，发出中国的声音，同时汲取异质文化的因素，促进儒学现代形态的完善。

（讲座时间　2012 年）

杜维明

儒家人文精神的现实意义：
"仁"的解析

杜维明

杜维明，1940 年生，祖籍广东南海。
1966 年美国哈佛大学博士毕业后，执教于
美国普林斯顿大学和美国加州大学伯克利分
校。1981 年回哈佛大学任教，后担任东亚系
主任。1988 年获选美国人文社会科学院院士。
1996—2008 年担任哈佛燕京学社社长。2008
年受北京大学邀请，创立北京大学高等人文
研究院。2010 年起任北京大学高等人文研究院院长、人文讲席教授，并担任哈佛大学亚洲中心资深研究员。曾应联合国前秘书长科菲·安南的邀请参加为推动文明对话而组建的"世界杰出人士小组"。

长期致力于阐释儒家经典，同时以世界文化多元发展的眼光审视儒家传统，力图通过对传统的创造性转化复兴中国文化。主要的学术著作有：《青年王阳明——行动中的新儒家思想》《〈中庸〉洞见》《仁与修身：儒家思想论集》《儒家思想：以创造转化为自我认同》《道、学、政——论儒家知识分子》等。

我们先从文明、人文精神说起。从 2001 年开始，我参加了由联合国前秘书长安南所组织的世界文明对话项目。最近，土耳其和西班牙成立了一个叫作"The Alliance of Civilizations"的文明联盟。该联盟由联合国支持，旨在在平等和相互尊重的基础上，加强世界各国的文明交流，儒家的基本精神及其与世界文明的关系也是该联盟的重要研究内容之一。

2010 年，我离开哈佛大学，到北京大学建立了高等人文研究院，该院下设三个研究项目。

其一是文化中国，即从文化的角度来看中国，而不是从政治或经济的角度，主要是想突出有关于认同的问题，也就是身份的问题。

其二是文明对话，该文明对话的方向，不仅仅是东西方文化，而且是全球文化，即所谓轴心文明的文化。轴心文明的概念是德国哲学家雅斯贝斯于1948年提出的，他认为，公元前8至前6世纪，人类社会出现了希腊文明（以苏格拉底为主）、犹太文明（后来发展为基督教文明和伊斯兰文明）、印度文明、中国文明（主要是儒家文化和道家文化），这四个轴心文明涌现了四个典范性的人物，分别是苏格拉底、耶稣、释迦牟尼、孔子。他们对人类文明，特别是人类精神文明，起到了塑造性的作用。所以，该研究项目旨在研究四大轴心文明的对话。

其三是世界伦理，该项目和德国的图宾根大学合作。希望这项研究不仅具有深刻的学术价值，而且能对知识界、文化界、政界等都有一定的参考意义。

儒家是特别重视文化、重视人文精神的，其中"仁"尤其重要，仁所倡导的自我修炼、同情他人、人伦日用的常道、与万物一体，是人类面向21世纪的重要价值。下面我简单讨论下仁的含义。

一、仁的含义

1968年，《东西方哲学》（*Philosophy East and West*）发表了我的第一篇英文学术论文。论文的题目是"The Creative Tension between Jen and Li"（《仁与礼之间的创造性张力》），当时我提的一个观念是，仁体现了儒家哲学中的主体性问题。仁是内在的德行，每个人都有仁，如果用今天的话讲就是同情。内在的仁体现在外就是礼。仁代表的是一种内在的同情恻隐之心，礼代表的是一个和谐、文明的社会。这个思路看似简单，但在当时，我却面临着巨大的挑战。首先，从字源上来看，《说文解字》指出："仁，从人二。"很多中国学者，包括古代的和现代的，都认为仁字从字形上就具有一定的社会性。

1972年，美国哲学家赫伯特·芬格莱特（Herbert Fingarette）出版了一本

名为 *Confucius : the Secular as the Sacred*（《孔子：即凡而圣》）的书。他原来接受黑格尔的观点，认为《论语》里面没有思辨哲学，没有真正深刻的哲学智慧，只是一味地说教，以普通常识教人如何做一个好人。后来他重新思考《论语》中关于礼的论述，如"己欲立而立人，己欲达而达人""己所不欲，勿施于人"等等，他发现了一个真理——没有礼，人就不可能成仁。赫伯特·芬格莱特是美国杰出的哲学家，对美国的心理哲学有非常高的贡献，他有一本名为《自我转化》（*The Self in Transformation*）的书，书中突出了美国文化中的主体性，即个人的观念。他认为，《论语》中的一些观念可以作为美国社会的参照，礼是儒家哲学对人类哲学思想最伟大的创造。所以该书出版时，封面设计采用了中文繁体的"禮"字。受他的影响，英语世界的绝大多数哲学家都认为儒家最重要的思想就是礼。这与我们自"五四"以来，一直批判的"吃人的礼教"正好相反。

（一）仁的主体性

《论语》里面"仁"字，出现了 109 次，孔子的弟子几乎都提出了"何为仁"的疑问，孔子也从不同的方面予以回答。很多学者都认同孔子对颜渊问仁的回应，这段话虽然很短，但是意味深刻：

颜渊问仁。子曰："克己复礼为仁。一日克己复礼，天下归仁焉。为仁由己，而由人乎哉。"颜渊曰："请问其目。"子曰："非礼勿视，非礼勿听，非礼勿言，非礼勿动。"颜渊曰："回虽不敏，请事斯语矣。"

在儒家看来，仁是人性光辉的体现，孟子说"仁者人也"，真正的人就是有仁德的人。

过去很长一段时间，"克己复礼"成为批判的对象，至少有上千篇论文，对"克己复礼"进行批评。实际上，这是对《论语》文本的一种断章取义。颜渊问的是仁，孔子回答"克己复礼为仁"，回答的是仁的问题。但国内很多学者认为"克己复礼"就是要克服、超越自己的私欲，恢复礼，所以当时批评儒家是禁欲主义，存天理、去人欲，是一种保守的、没有主体性的思维。

孔子对颜渊问仁的回答里,"己"出现了三次,前两个"己"与后两个"己"不是同一个意思。"克己复礼"的"己"是指克制的对象,即私欲。"为仁由己"的"己"是指发展仁,要靠自己。清代以前,绝大多数的中国学者,如朱熹、王阳明等都认为"克己复礼"的"克"是超越、战胜的意思。而清代学者如刘宝楠、戴震等,认为"克"有两个含义:一做"能",如"克明峻德";二做"胜",如"郑伯克段于鄢"。赫伯特·芬格莱特就接受了把"克"当作"能"的一种解释。也就是说,"能够使我们恢复到礼的是仁",照此解读,很明显礼就比仁更重要,这是赫伯特的一种解读,也不能说完全没有道理。后来当颜渊问起"目"的时候,孔子回答得非常清楚,"非礼勿视,非礼勿听,非礼勿言,非礼勿动"。显然,能让行为符合礼的就是仁。

我提倡用湖北郭店1993年出土的儒家文献中的"㤅"解仁,这受到了复旦大学一位文字学家的质疑。他认为根据文字声韵学的通例,"解字"训读的方法不可取,因为形声字的声符是没有意义的。这个忠告我衷心接受,其实我从来不采取这种"解字"方式,而且庞朴先生在多年前已提醒我上面的符号是声符。不过,我认为郭店的文献把"仁"写作"㤅",对在义理上强调仁的主体性是一大佐证。更重要的是,受许慎《说文解字》的影响,学者多半以"相人偶"强调仁的社会关系,对此必须重新诠释。郭店出土的这批文物基本上代表孔子第一代大弟子,像颜渊、曾子、子夏、子游、子贡、子路等人的声音。李学勤先生认为,郭店出土的这批文物基本上代表了思孟学派的思想。

我强调仁的主体性,有几个重要的理由:其一,"为仁由己"。其二,"我欲仁,斯仁至矣",意思是说我要仁,仁就来了。其三,"古之学者为己,今之学者为人"。儒家的学问就叫作"为己之学",宋明儒学家就说儒家的学问是身心之学、性命之学、君子之学、圣贤之学。

1985年,我在北京大学开设了一门关于儒家哲学的课,时任哲学系主任的黄楠森教授说早在1923年,梁漱溟先生曾经开过这门课。但是从1923年到1985年,北京大学哲学系再没有开过这门课程。当时梁漱溟先生还健在,我去拜访他,他说记忆犹新,但是很不高兴,因为他开那门课的时候,中国正处于西化的大潮之下，虽然来了很多学生，但基本上抱着一种批判的态度。到我上课之初，我问大家："你们认为儒家思想是为己之学，还是为人之学？" 80% 以上的人认为是为人之学，为人民服务，为了社会。我说，这种理解完全错了，因为孔子讲得非常清楚，"古之学者为己"。这个"己"不是一个孤立绝缘的个体，而是一个关系网络的中心点。"为己"不只是要吸收知识，也不仅仅是培养技能，而是要培养每一个人的独立人格，这是儒家思想里面最基本的观念，做一个独立的个体，要有独立性、自主性和做人的尊严，这才是学的目的。孔子的大弟子颜回（字子渊）既没有经济资源，也没有政治影响力，且短命而亡，如果用今天的标准来

明代佚名绘《孔子·颜回·曾参三圣图》
杨兴斌／供图

衡量，颜回显然是一个失败的人，但为什么孔子对他那样尊重？为什么孔子所有的学生都接受了孔子对他的评价，认为颜回是了不起的"复圣"？为什么他会有那么高的地位？在我看来，他有他的主体性，有他内在的资源，他的价值是内在的，不是外在的。颜回为人谦逊好学，"不迁怒，不贰过"，个人的修炼，达到了相当的程度。《雍也》说："回也，其心三月不违仁。"

（二）仁的重要性

在中文世界里，无论是在海内还是海外，大多数人都认为仁是儒家的核心价值，比礼更重要。《论语》里面讲："人而不仁，如礼何？人而不仁，如乐何？"比如你去参加丧礼，即使你的行为是完全正确的，但如果内心没有悲戚之情，就是不合礼，真正的礼是要有悲戚之感。所以说，没有仁的礼就是一种形式主

义，仁的价值要比礼的价值更深刻。

（三）仁的发展

《论语》里面不仅常常把仁和礼放在一起考虑，有时候也会把仁和智放在一起考虑。"仁者乐山，智者乐水"，"仁者静，智者动"。仁者有他的特性，智者也有他的特性。《孟子》里面讲"亦曰仁义而已矣"，把仁和义摆在一起。《中庸》里面讲三达德，即"智、仁、勇"，后来发展到了四端，即孟子在《孟子·告子上》里面讲"仁、义、礼、智"。《孟子》讲五行，相当长的一段时间，一些很杰出的思想家都不能理解所谓的五行是什么意思。比如侯外庐先生，花了很多的精力来研究《孟子》和阴阳五行的关系。其实《孟子》所讲的五行，就是五种德行。马王堆出土的帛书显示五行即指仁、义、礼、智、圣。汉代建立了五常，即仁、义、礼、智、信。可以说是从孔子开始，经过相当长的一段时间，儒家的核心价值（仁、义、礼、智、信）才正式建立起来。

（四）仁是通德

仁是一种通德，所有儒家所认可的德行，都与仁有密切的关系。如果缺乏仁的因素，那些价值，可能会变成非价值，或者说价值的内容，就会有很大的损伤。没有仁，义可能变成苛律，无人情可言；没有仁，礼是形式主义；没有仁，勇是匹夫之勇；没有仁，智是小聪明，而非大智慧；没有仁，信是虚伪的。所以只有和仁联系在一起，儒家的核心价值才能够彰显出它的光辉。

仁与基督教的博爱、佛教的慈悲是不太一样的。基督教的博爱提倡不仅要爱对你不好的人，甚至要爱你的敌人。儒家所讲的仁，则是一种差等的爱。《论语·里仁》讲"唯仁者能好人，能恶人"。意思是说那些有德行的人，能爱人也能恨人。

仁是通德，不是一种简单的价值，而是具有丰富的思想内容。《论语》中记载："或曰：'以德报怨，何如？'子曰：'何以报德？以直报怨，以德报德。'"意思是说别人对你好，你也要对别人好；别人对你不好，你要先反省自己出了什么问题，假如你反省以后，自己没出任何问题，是别人的问题，那就应该诉诸法律，诉诸正义，不接受别人对你的残暴，这是儒家仁所体现的另外一种价值。

二、方法论与人的定义

受笛卡尔以来西方思想的影响，我们思考问题时，多半用一种排斥性的二分法。心物的分别、身心的分别、灵肉的分别、主客的分别、人类和自然的分别、自我和社会的分别、凡俗和神圣的分别、古今的分别、中西的分别、希腊哲学里的理智与希伯来传统里的信仰的分别，这些分别在儒家传统里基本上都站不住脚。儒家不仅不接受笛卡尔的身心二分思想，而且拒绝把身心、灵肉、心物、圣凡决然分割为对立两面的方法论。身心合一说明中国传统里面没有唯心、唯物严格的二分。《大学》里讲先后、上下、左右、深浅，都是对应关系。一般来说，其中最重要的就是阴阳，董仲舒倡导天人感应，阴阳互动，阴中必有阳，阳中必有阴，他不是曲解了儒家而是丰富了儒家的形而上哲学。

儒家的思路与西方文化是很不相同的，西方文化走的是"规约主义"的路线，定义是找出本质特色是什么，这样才能提升到哲学的高度。简单的现象学的描述，或者人的日常生活的感受都不是哲学，而要说人是理性的动物、政治的动物，后来马克思提出人是可以制造工具的动物，现在更重视人是能够用象征符号或者说能运用语言的动物。儒家不是这样的，不是定义型，不走"规约主义"，而是全面地了解各种不同的面向，考虑人之所以成为人的所有条件，每一个条件都是重要的，都不能消减。

三、文化传承

中国文明有古有今，而且从古到今，它的思想脉络和文化传承没有中断，这在人类文明史中是不多见的。世界上有很多有古无今的文明，像巴比伦、古希腊、苏美尔；还有一些是有今无古的文明，像美国；又有今又有古的不多，而且不断发展的只有印度和中国。但印度不注重历史，中国特别注重历史，这是中国文化的特色。孔子出生于公元前551年，这基本上是历史事实，这与佛教不知道释迦牟尼是哪一年出生，基督教不知道耶稣是哪一年出生，有非常大的分别。我们现在判断武王伐纣大概是公元前1050年左右，这可以从天文学，可以从经文，可以从各种历史事实予以考证。但在印度，伟大的诗人迦梨陀娑（Kalidasa）属于哪一个世纪，很多印度人不知道，大家也不重视。在中国，如果我们不知道杜甫、李白、白居易、苏轼属于哪一个朝代，那就是我们的普通常识不够，所以中国文化的集体记忆是非常强的。

从鸦片战争到新中国成立的一百多年间，每十年在中国的历史长河中都会发生极大的变化。而从1949年到1979年，每五年都有非常大的变化。从1979年到今天，中国经济更加快速发展，社会基本稳定，但文化传统基本上断根。包括我在内的绝大部分中国学者，都深受西方文化的影响，就是科学主义的影响，要他们去理解儒学，特别是它的精神层面，有很大的困难。

我们的文化传统中间的积淀，有很多是外来的，这与当时强烈的救亡图存的爱国主义情绪有关。从鸦片战争以来一直有非常强烈的革命传统，而革命的传统和反传统的传统是完全结合在一起的。感情和理智之间是非常复杂的关系，我们对传统有强烈的认同感，同时又有强烈的排拒，我们对西方又仇外又媚外，不是说有的时候仇外，有的时候媚外，也不是说有一部分人仇外，有一部分人媚外。我们每一个人，在不同的时间，遇到不同的挑战，都会作出不同的回应。

西方的传统，近300年来是没有断的。我服务的两个大学，一个是哈佛大学，一个是北京大学。哈佛大学成立于1636年，300多年来，每一周发生了什么事情，都记录得清清楚楚。而北京大学作为百年老校，从建校伊始发展到今天，它的理念、它的制度、它的任何方面，都发生了非常大的变化，但它的历史记忆不如哈佛大学那样丰满。例如，汤用彤先生在哈佛大学念书期间的选课表、成绩单、做了哪些研究，都记录得清清楚楚。但是作为北京大学的副校长，作为一名资深的教授，北京大学关于汤老的记忆却很不齐全。这是因为我们的文化传统有很大的断裂。

马一浮先生认为国学就是经学，经学就是人文学、社会学和自然科学。对此，他有非常深刻的理解与感触。蔡元培先生任北大校长时，第一件事情就是废除经学。按照马一浮先生的观念，经学一旦废除，整个中国的国学传统就废除了。自然科学毫无疑问是西方的，但是如果我们的人文学科，包括文学、历史、哲学、社会学、经济学、政治学等，都是外来的，那我们文化传统的整合性，就会受到很大的干扰。

四、孟子的思想：士的自觉

一个中国传统的知识分子，一个受到深厚文化影响的知识分子，他需要掌握一些什么样的资源，才能够堂堂正正做人。举孟子为例，我们就可以清楚地了解到，为什么仁学对传统中国有那么大的影响力。

（一）主体性

孟子思想承继孔子而来，他最重要的资源就是他的主体性，就是独立的人格，也是孔子所说的"为己之学"——为了发展我自己的人格，为了成全自我。

（二）社会性

一个人一定是一个关系网络的中心点，所以孟子的第二个资源就是所有的人。用阶级的观念来看，孟子所代表的士是"无恒产而有恒心"的人。这些人没有"恒产"，但是有"恒心"，他们代表了知识分子的风骨，他们服务的对象，是所有的人。所以才出现了民本思想，"民为贵，社稷次之，君为轻"。这种有独立人格的士，我们叫作士君子。

（三）历史性

孟子非常注重历史性，即历史记忆。孟子的思想来自孔子，孔子以前有周公，周公以前有尧、舜、禹、汤、文、武，这些人物是我们深厚文化传统的代表。所以孔孟要恢复周礼，恢复礼的观念，就是要恢复在我们的民族文化上曾经光辉灿烂的礼乐制度。这套制度虽然已经崩溃，但是可以恢复，因为有历史的记忆，这就是孟子私淑孔子所代表的精神。

（四）超越性

孟子思想也有超越性的一面。中国传统的天人合一的观念认为，"天视自我民视，天听自我民听"。老百姓如果赞成你，就表示你有天命；老百姓如果不赞成你，就表示你没有天命。天命如果亡失，就表示老百姓对你有很强烈的异化感，所以才有"杀一独夫"，这是符合儒家的基本精神的。

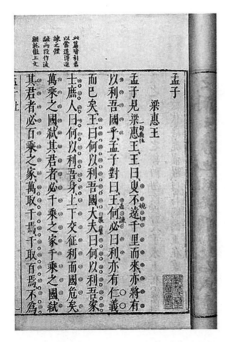

《孟子》书影　　　　　　樊甲山/供图

《孟子》里面讲农人务本、工人制造物品、商人通有无，这三种人都非常重要，任何社会都要有这三种人。唯一难以说明的就是又不种田又不生产又不通有无的人，即所谓的"士"，也就是今天意义上的知识分子。《孟子》里面提出了这样的观念，认为不要小看他们，用今天的话说他们是为世界创造意义。"士"一般不依附任何集团，他们和政治的关系，不是毛和皮的关系。他们为民请命，他们的忠诚是为了所有人的福祉，不是为了他自己，所以在这个基础上，他们可以对现实政治进行强烈地批判。

《孟子》里面讲到儒者批判国君的抗议精神：在我们这个地方，有三种尊贵的东西，一个是德，一个是齿，一个是爵（权力）。在政治方面，爵最高；在乡党，是齿，也就是年龄最高；在学术界和知识界，是德最高。"我年纪比你大，我的齿比你高，我的德也比你高，你只有爵。你有一，我有二，你不听我的，反而要我听你的，哪有这种道理。"这就是张岱年先生所讲的"以德抗位"，这种例子非常多。

（五）未来性

儒家思考问题不仅仅是为了一代人，而是为了千秋万代，儒家的人文精神与生态环境之间具有密切的联系。非洲有一句谚语非常能够体现儒家的这种精神，"地球不是祖先遗留给我们的财富，地球是无数子孙依托我们善为保存的资源"。非洲有很多不同的部落，但是所有的部落，都接受一个观念，就是我的存在是因为你的存在，我们的存在是因为无穷的未来人的存在。这是一个在生态学上非常具有价值的观点。

五、启蒙运动、心态和计划

迄今为止，在世界上影响最大的意识形态是 18 到 19 世纪在西方发展的启蒙运动。为什么说启蒙运动是世界上最有影响力的意识形态呢？因为资本主义、社会主义都是从启蒙运动发展出来的；我们今天的市场经济、民主政治、市民社会或者公民社会也是从启蒙运动发展出来的；我们今天的跨国公司、各种不同的金融组织及现代意义下的大学、官僚组织、政党、议会等都是由启蒙运动发展而来。

值得注意的是，18 到 19 世纪在西方大行其道的启蒙运动，深受儒家人文主义的影响。早在 17 世纪，意大利传教士利玛窦等就把儒家的经典翻译成拉丁文流传于西方。而启蒙运动中最重要的一批思想家，譬如说法国的伏尔泰、魁奈、狄德罗，德国的莱布尼茨、康德，英国的经济之父亚当·斯密和大卫·休谟，无一例外，都深受儒家文化的影响。

我们现在正在研究启蒙思想中的儒家因素，即启蒙运动究竟受到儒家哪些文化的影响？众所周知，18 世纪的欧洲宫廷喜欢收集中国的东西，我们也知道在鸦片战争前夕，中国经济占世界经济总量的五分之一，比美国现在的经济力

记录 18 世纪清代景德镇外销瓷器以及广州夷商活动的《瓷器制运图》
李晓容 / 供图

量还强大。中英双边贸易中，中国顺差，英国需要瓷器、丝绸、茶叶等大量的农产品和工业品，所以白银源源不断地流向中国。但是从 18 世纪后期开始，西方经济取得了突飞猛进的发展。清朝后期，中华文明与西方文明发生碰撞，天朝礼仪大国一下就沦为东亚病夫。李鸿章称之为"三千年未有之大变"，这个"大变"源自两个非常不健康的心理：一个是无知，完全不知道这一百年西方发生了多大的变化；还有一个就是傲慢。无知加上傲慢，那就是致命伤。

经过一百多年的发展，现在中国的经济势头极其强劲。美国著名经济学家戴尔·乔根森判断，如果用 PPP（购买力平价学说），而不是用 GDP（国内生产总值）来计算的话，中国在 2017 年，也就是再过三五年，将成为世界最大的经济体系。但是从人均所得来看，中国依然比较贫穷，且贫富差距较大。

六、文化中国

我认为，文化中国一共有三个意义世界，这个观点颇为引起人们的争议。

第一个意义世界，包括中国大陆、香港、澳门、台湾和新加坡，这主要是由华人组成的社会，没有什么可以争议的。这些社会包括很多少数民族。在中国，除了汉族以外，还有满族、蒙古族、回族、藏族，还有壮族以及其他五十多个少数民族。加起来的话，有好几千万人。

第二个意义世界，也很容易理解，就是散布在世界各地的华人社会，最突出的当然是马来西亚，差不多28%以上是华人，泰国大约在10%，至于印尼或菲律宾，可能近于3%。在美国、澳大利亚、非洲和欧洲，华人的比例就非常小，但是人数加起来，也很可观，且经济力量非常强大。所以，从经济的力量来看，第二个意义世界和第一个意义世界，乃至第一个意义世界内部已经发生了很多的互动，因此有所谓经济自然区的形成，比如说香港和华南地区、福建和台湾。

第三个意义世界是争议最大的，就是一批与中国、中华民族既无血缘关系、又无婚姻关系的国际人士，其中当然有学者和汉学家，但也包括长期和中国文化打交道的企业家、媒体从业人员和政府官员。对于中国文化，他们常常是通过英文、日文、法文、德文、韩文和其他语言来加以了解。

最早提出"文化中国"概念的是一批认同中国文化的马来西亚的年轻人，他们到台湾去念书，他们虽然都是马来西亚人，但又认同中国文化，所以他们提出"文化中国"的概念。他们认同的不是政治的中国，而是文化的中国。文化认同是一个非常重要的大问题，关涉族群之间的感情、文化的交流。

七、经济人的挑战

经济人是一个理性的动物，充分认识到自我利益的重要性，在相对自由的市场里和法律允许的范围内尽量扩大自己的利润。

　　最近，北京大学的钱理群教授说，现在的大学，包括一些有名的大学都在培养一种精致的利己主义者。每个人都具有很强的工具理性，他很精致，不粗暴，他知道自己想要的是什么，清楚地知道哪些事情对自己有利，他利用周围的环境，为自己的利益创造条件，让自己的利益越来越扩大化。他没有任何敬畏感，只相信自己，没有很强的团队精神，没有很深刻的心灵世界，他是凡俗的，他把利益看得非常清楚，他是这个社会的受惠者。钱教授对我们现在的教育，做了非常严厉的批评，我心知其意，但并不完全同意他的说法。

　　据说最近香港的一个社团做了一个调查，中国梦如果不能实现，最大的危机来自哪里？60% 以上的人说是贪污腐化，这些人认为，社会资源的分配是极不合理的。在这种情况下，权利的观念越来越强。经济人不仅有权利的观念、理性的观念，还有强烈的法律观念，他深知如果法治不健全，市场经济就不能顺利运转。

　　经济人缺失的价值是：同情、正义、责任、礼让（善心）、社会和谐。理性的算计心以外，一定要有同情，就是关爱；自由的价值之外必须有正义的价值；权利的观念逞强的时候，必须要有责任感。事实上，中国最珍贵的传统就是越有权势、越有影响力、越能够掌握社会资源的人，越有责任感，越应该为社会的其他人造福。

八、中华民族的认同

　　中国的文明是学习的文明，同时，也是对话的文明。我们希望通过对话、通过协调来解决问题，我们有"天下一家"的观念。美国至今没有办法跳出"国家利益至上"的基本原则，因为它是选举文化，即使是联合国作出的决定，只要和美国利益有冲突，就绝对不会接受。中国拥有"天下一家"的观念，我们要在原有价值观念的基础上，更多地吸纳法治价值、理性价值、自由价值。

　　仁的思想有很深刻的含义，它应当成为 21 世纪人的自我认识必须具有的核心价值。面对当今被严重破坏的地球环境，作为一个宗教徒，我可选择离开这个世界：选做佛教徒，等待彼岸；选做基督徒，等待天国。但是在儒家思想中，做人就不应离开人世间，而必须对自己、社会、环境理解并负责。这与在"生态意识"普遍高涨的今天，社会福音派的基督徒，信奉人生佛教、人间佛教和人间净土的佛教徒，都关爱地球是同样的道理。

（讲座时间　2013 年）

郭齐勇

《中庸》及其现代意义

郭齐勇

郭齐勇，1947年生，湖北武汉人。1978年考入武汉大学哲学系读本科。1981年考入武汉大学哲学系攻读硕士学位，1984年获硕士学位，留校任教至今。1992年获哲学博士学位。曾任国际中国哲学会（ISCP）会长、教育部高等学校哲学教学指导委员会副主任、武汉大学人文学院院长。现任武汉大学哲学学院暨国学院教授、博士生导师，国学院院长。

社会兼职有：国务院学位委员会哲学学科评议组成员、国家社科基金评委、国际中国哲学会副执行会长、中国哲学史学会副会长、中华孔子学会副会长、湖北省人民政府文史研究馆馆员。1993年开始享受国务院政府特殊津贴，2006年获国家级教学名师奖。

主要从事中国哲学史的教学与研究，专长为儒家哲学与20世纪中国哲学。著作有：《中国哲学史》《中国儒学之精神》《中国哲学智慧的探索》《中华人文精神的重建：以中国哲学为中心的思考》《熊十力哲学研究》《熊十力传论》《郭齐勇自选集》《文化学概论》等。

"中庸"的思想，起源于上古时代。《论语·尧曰》记载，尧禅位于舜，舜禅位于禹，唯一告诫的话是，一定要做到"允执其中"，"允"是信的意思。传位者说：如不真诚地实践"中"道，四海的百姓穷困，你的禄位就会永绝。使用、奉行中道，是圣王相授受的经国大道。《尚书》之《周书》中，有《洪范》与《吕刑》两篇，都提倡中道。《洪范》高扬"三德"，以正直为主，有刚有柔，求得刚柔相济的中正平和。《洪范》的"皇极"，即是"无偏无陂（颇），遵王之义……无偏无党，王道荡荡；无党无偏，王道平平；无反无侧，王道正直；会其有极，归其有极”的政治哲学智慧。所谓“极”，原指房屋的大梁，乃房屋中最高、最正、最中的重要部件，引申为公平正直、大中至正的标准。

一、中与庸，孔子的中庸思想

（一）中与庸

什么是“中”？什么是“庸”？什么是“中庸”？

“中”字的本义，有几种说法：像射箭中靶的形状；立木表测日影的正晷；像旗子，氏族首领立旗于中，以聚四方之人等。《说文》：“中，内也。从口、｜，上下通。”这个“中”字，相对于“外”来说是“内”，里面；在方位上，相对于四周来说是等距离的“中心”；在程度上，是相对于上等与下等的中等；在过程中，是相对于全程来说的“一半”；而相对于“偏”来说，那就是“正”，不偏不倚。段玉裁指出，“中”是相对于“外”，相对于“偏”来说的，同时又是指“合宜”的意思。我们今天讲的“中庸”之“中”，即是指适中，正当，恰如其分、不偏不倚、无过无不及的标准。

“庸”字的本义，也是众说纷纭。有人说是大钟，通“镛”；有人说是城，通“墉”；有人说是劳义，通“佣”；有人说是功义，以钟记功等。“中庸”之“庸”有三个意思：第一，何晏讲

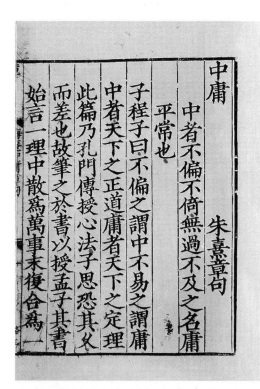

《中庸章句》书影

是"常"，程子讲"不易之谓庸"，即恒常而不易之理，变中不改变的道理；第二，朱子讲是"平常"，即平凡、平常之德，徐复观讲是每个人所应实践、所能实现的行为；第三，《说文》："庸，用也。"就是运用。郑玄讲，《中庸》这篇文章，是记中和之用的。

（二）孔子论中庸

在孔子那里，中庸既是道德修养的境界，又是一般的思维方法论。

首先，我们看修养的境界。孔子说："中庸之为德也，其至矣乎！民鲜久矣。"（《论语·雍也》）"中庸"是道德修养的最高境界，一般人很难达到。

"子贡问：'师与商也孰贤？'子曰：'师也过，商也不及。'曰：'然则师愈与？'子曰：'过犹不及。'"（《先进》）师是颛孙师，即子张。商是卜商，即子夏。从性格上来说，子张处事有点过头，子夏处事有些赶不上，孔子回答子贡说，过分和赶不上同样不好。孔子称赞"中行"之士。"子曰：'不得中行而与之，必也狂狷乎！狂者进取，狷者有所不为也。'"（《子路》）狂者一意向前，是豪迈慷慨之士，心地坦然。狷者毫不苟取，不要不义之财，个性独立又有修养。孔子说，实在是找不到言行合乎中道的人交朋友，那一定要交狂狷之士做朋友呀！进取的狂者与有操守的狷者都很不错，但还不是第一等人，第一等人是综合了两者之优长的中行之士。孔子的弟子说孔子"温而厉，威而不猛，恭而安"（《述而》），这是性情上的中道，也是修养的境界。

中庸之道不是不要原则，不是迎合所有的人，那是滑头主义的"乡愿"。孔子批评这种无原则的滑头主义，说："乡愿，德之贼也。"（《阳货》）有人说儒家、孔子及其道德论是"乡愿"，说中庸之道是折中主义、苟且偷生，当然是毫无根据的说法。

其次，我们再看一般方法论。孔子的"中庸"又是普遍的方法学。

《礼记·中庸》引孔子的话说："君子中庸，小人反中庸。君子之中庸也，君子而时中。"这里提出了"时中"的问题。孔子是"圣之时者"，最有时间意识，不舍昼夜，自强不息。"时中"的意思是随时制宜，随时符合标准。例如，一个士人为诸侯所用，绝不违背做人的原则，可以当官就当，不可以当官就不当，可以做久就做久，不可以就赶快离开。当行则行，当止则止，关键是要保持独立人格与节操。如果一定时空条件下的"礼"是标准与原则的话，"时中"的要求是指人的行为与时代的要求相符合。"立于礼"，符合礼，不是机械地拘执僵死的教条、规范。

孔子有"叩其两端而竭焉"（《子罕》）的方法，即不断地从两个不同的方面、端点（如阴阳、强弱、大小）去叩问，去启发，去思考并解决问题。他又提倡"执其两端，用其中于民"（《中庸》），即"执两用中"，在两个极端之间找到动态统一平衡的契机，具体分析，灵活处理，辩证综合。

在文、质关系上，就形式华美与内容质朴而实在的关系来说，孔子主张"质胜文则野，文胜质则史。文质彬彬，然后君子"（《雍也》）。这是形式与内容之间关系的中道。在诗歌的表达上，孔子评论《关雎》是"乐而不淫，哀而不伤"（《八佾》）。快乐而不过于流荡，悲哀而不过于痛苦，这是情感表达的中道。孔子赞美《韶》乐，提出了"尽善尽美"的美学原则，这是"中和""中庸"之道在美学和艺术上的反映。

二、子思与《中庸》

我们先讲子思其人，再讲《中庸》其书。

（一）子思其人

子思，姓孔名伋，孔子嫡孙，战国初年人，生卒年不详，一说生于周敬王三十七年（前483），卒于威烈王二十四年（前402），相传他受业于曾子。

《史记·孔子世家》曰："子思作《中庸》。"《汉书·艺文志》著录"《子思》二十三篇"。班固注："名伋，孔子孙，为鲁缪公师。"缪即穆。东汉郑玄肯定《中庸》为子思所作。南朝梁沈约指出，《小戴礼记》中的"《中庸》《表记》《坊记》《缁衣》，皆取《子思子》"。张岱年先生晚年认为：《中庸》大部分是子思所著，个别章节是后人附益的；《中庸》"诚"的思想应先于孟子。

1993 年 10 月荆门郭店一号楚墓出土的竹简中有《鲁穆公问子思》《五行》《缁衣》等篇。以上诸篇是与子思有密切关系的资料。据郭店楚简《鲁穆公问子思》载，穆公问子思："何如而可谓忠臣？"子思曰："恒称其君之恶者，可谓忠臣矣。"由此可见子思刚直不阿的人格！而这样一些品德、言行，我们又不难从孟子身上见到。孟子从学于子思的门人。

山东邹城孟庙内"子思子作中庸处"石碑

（二）《中庸》其书

《中庸》原是《小戴礼记》中的第 31 篇。今本《中庸》在传衍过程中被后世儒者附益，掺杂了一些当时人的言论（例如说"今天下车同轨，书同文，行同伦"，又称泰山为"华岳"等，当是秦汉时人的话），但其中主要思想观点源于子思。汉代至南朝，不断有人研究《中庸》。唐李翱以后至北宋，诸位大家都重视《中庸》。二程夫子推尊《中庸》，认为是"孔门传授心法"，朱子亦大力表彰，作《中庸章句》，使之成为《四书》之一，风行天下，远播东亚。

《中庸》只有 3500 余字。程颐认为，"其书始言一理，中散为万事，末复为一理……其味无穷，皆实学也。善读者玩索有得焉，则终身用之，有不能尽者矣"。朱子将内容分为 33 章，大体上可分为三部分。第一部分是第一至十一章，其中第一章"天命之谓性"是全书总纲，子思述所传孔子之意而立言，以下十章是子思引孔子的话来印证总纲。第二部分是第十二章"君子之道费而隐"至第二十章，其中第十二章是子思的话，阐发"道不可离"，以下八章又是引孔子的话加以发挥。第三部分是第二十一章至末尾。其中第二十一章"自诚明，谓之性"，是子思承第二十章孔子讲的天道、人道之意而立说，以下十二章乃作者反复推论天道、人道的思想。

三、《中庸》的思想要点

我们通过细读原文来把握《中庸》的几个要点。古书要诵读，不能只是看。读书出声，抑扬顿挫，朗朗上口，读出其韵味与真意。读书百遍，其意自现。

（一）性、道、教的关系与"致中和"

《中庸》开宗明义指出："天命之谓性，率性之谓道，修道之谓教。"这是全书的纲。意思是说，上天所赋予人的叫作"本性"，遵循着本性而行即是"正道"，使人能依其本性而行，让一切事合于正道，便叫作"教化"。《中庸》以天道为性，即万物以天道为其性。人与万物的性是天赋的，这天性之中有自然之理，即天理。本书实际上是说，天赋予人的是善良的德行。"率性之谓道"，"率"音"帅"，是循的意思，率性是循其性，而不是任性。一切人物都是自然地循当行之法则而活动，循其性而行，便是道。一切物的存在与活动，都是道的显现。如就人来说，人循天命之性而行，所表现出来的便是道。如面对父母，便表现孝。人因为气质的障蔽，不能循道而行，所以需要先明道，才能行道，而使人能明道的，便是教化的作用。一般人要通过修道明善的功夫，才能使本有之性表现出来。

"喜怒哀乐之未发，谓之中；发而皆中节，谓之和。中也者，天下之大本也；和也者，天下之达道也。致中和，天地位焉，万物育焉。""中节"的"中"念"众"，符合的意思，"节"即法度。情感未发之前，心寂然不动，没有过与不及的弊病，这种状态叫"中"。"中"是道之体，是性之德。如果情感抒发出来能合乎节度，恰到好处，无所乖戾，自然而然，这就叫作"和"。"和"是道之用，是情之德。"中"是天下事物的大本，"和"则是天下可以通行的大道，谓之"达道"。君子的省察功夫达到尽善尽美的"中和"之境界，那么，天地安于其所，运行不息，万物各遂其性，生生不已。

（二）修身的五达道与三达德

《中庸》指出："故君子不可以不修身；思修身，不可以不事亲；思事亲，不可以不知人；思知人，不可以不知天。"这是说，治国君子不可不讲修身；想修身，不可不侍奉双亲；要侍奉双亲，不可不懂尊贤爱人；要懂尊贤爱人，不可不懂天理。本书托孔子之言，指出五伦为五达道，即人人共由之路，普遍之道；智慧、仁爱、勇敢为三达德，即实践五条大路的三种方法。"天下之达道五，所以行之者三。曰：君臣也，父子也，夫妇也，昆弟也，朋友之交也，五者天下之达道也。知（智）、仁、勇三者，天下之达德也，所以行之者一也。"通过五伦关系的实践过程来修身，也即是通过日常生活来修养自己。

（三）"诚"与"明"

关于天与人、天道与人道的关系，《中庸》是以"诚"为枢纽来讨论的。"诚"是《中庸》的最高范畴。"诚"的本意是真实无妄，这是上天的本然的属性，是天之所以为天的根本道理。"诚者，天之道也；诚之者，人之道也。诚者不勉而中，不思而得，从容中道，圣人也。诚之者，择善而固执之者也。"天道公而无私，所以是诚。"诚之者"，是使之诚的意思。圣人不待思勉而自然地合于中道，是从天性来的。普通人则有气质上的蔽障，不能直接顺遂地尽天命之性，所以要通过后天修养的功夫，使本具的善性呈现出来。这是经由求诚而最后达到诚的境界的过程。

求诚的功夫是："博学之，审问之，慎思之，明辨之，笃行之。"这是五种方法。广博地学习，详细地求教，谨慎地思考，缜密地辨析，切实地践行，这"五之"里面就包含有科学精神。《中庸》还强调"人一能之己百之，人十能之己千之"的学习精神。

《中庸》认为，由至诚而后明善，是圣人的自然天性；而贤人则通过学习、修养的功夫，由明德而后至诚。由诚而明，由明而诚，目的是一样的，可以互补。"自诚明谓之性，自明诚谓之教。诚则明矣，明则诚矣。唯天下至诚，为能尽其性。能尽其性，则能尽人之性。能尽人之性，则能尽物之性。能尽物之性，则可以赞天地之化育。可以赞天地之化育，则可以与天地参矣。"只有天下至诚的圣人，能够极尽天赋的本性，于是能够兴养立教，尊重他人，极尽众人的本性，进而尊重他物，极尽万物的本性，使万物各安其位，各遂其性。既如此，就可以赞助天地生养万物。这使得人可以与天、地鼎足而三了。人的地位由此彰显。这也是首章"致中和，天地位焉，万物育焉"的意思。人体现了天道，即在道德实践中，见到天道性体的真实具体的意义。从上我们也不难看出《中庸》的天人合德的思想：天赋予人以善良本性，即天下贯而为人之性；人通过修养的功夫，可以上达天德之境界。由天而人，由人而天。

（四）成己与成物，极高明而道中庸

《中庸》曰："诚者自成也；而道自道也。诚者物之终始，不诚无物。是故君子诚之为贵。诚者非自成己而已也，所以成物也。成己，仁也。成物，知（智）也。性之德也，合外内之道也，故时措之宜也。"这里是讲人道。意思是说：诚是自己所以能实现、完成、成就自己，而道是人所当自行之路。诚是使物成其始终的生生之道，没有诚也就没有万物了。所以，君子把诚当作最宝贵的东西。诚一旦在自己心中呈现，就会要求成就自己以外的一切人、一切物。当人的本性呈现，即仁心呈现时，就从形躯、利欲、计较中超脱出来，要求向外通，推己及物，成就他人、他物。仁与智，是人性本有的，扩充出来，成己成物，即是兼物我，合外内。人之本性圆满实现，无所不通，举措无有不宜。

凡俗生活中有高明的境界。《中庸》提出了"尊德性"与"道问学"的统一、平凡与伟大的统一："故君子尊德性而道问学，致广大而尽精微，极高明而道中庸，温故而知新，敦厚以崇礼。"既保护、珍视、养育、扩充固有的善性仁德，而又重视后天的学习、修养；既有远大的目标，而又脚踏实地，不脱离凡俗的生活世界，在平凡的日常生活中，在尽伦尽职的过程中追求真善美的合一之境，实现崇高。冯友兰先生自题堂联："阐旧邦以辅新命，极高明而道中庸。"高明的境界离不开凡俗的生活，就在凡俗的生活中实现。

四、《中庸》论官德及其现代意义

管理总是人的管理。在一定意义上，管理主体自身的人格修养、智慧、方法与管理工作的实效密切相关。

（一）为政在人，取人以身

"哀公问政。子曰：'文、武之政，布在方策。其人存，则其政举；其人亡，则其政息。人道敏政，地道敏树。夫政也者，蒲卢也。故为政在人，取人以身，修身以道，修道以仁。仁者人也，亲亲为大。义者宜也，尊贤为大。亲亲之杀，尊贤之等，礼所生也。'"这就是说，周文王与武王推行的政治，都在简牍中记载下来了。良好的政教、政令，全在乎有没有得力的施政的人。在现代社会，我们讲"人存政举，人亡政息"不好。今天是法治社会，要讲法律、规范的普遍性，先把规矩定好，不管什么人，只有按制度办事，才有好的管理。这当然是对的。

但另一方面也重要，《中庸》讲"为政在人"，即政教兴废与人有关，政治、管理在于是否得人（贤臣）。有得力的、全心全意负责的人，某种理念与政治就推行得好，好像把树种到适合这种树木生长的土壤中一样。制度是靠人，靠团队来执行并落实的。以相宜的人施政，能见成效，就如同河滩上的蒲苇能快速生长一样。国君要想处理好政务，关键在人才。选取什么样的人才呢？"取人以身"，取人之道，在于其人之修身与否。"身"指已修之身。"修身"是要走人人都走的大道，"修道"是依据于天赋予人的本性仁德。"仁"就是爱人，博爱众生。其中亲爱自己的父母是仁中的大事，仁是把爱亲之心推广到爱民、爱百姓。"义"是能分别事理，各得其宜，其中尊重贤人，把贤人提拔起来为社会服务是最合宜、正当的事。"亲亲之杀"的"杀"读"晒",是降等的意思。爱亲有主次、程度之分,尊贤有厚薄、等级之分,这些就是从礼中产生的。官员要修身明礼,成为仁义之人。

(二)德位相称,素位而行

儒家关于德与位的关系,有很多讨论。历史与现实上,有德者不一定有其位,有位者不一定有其德。儒家主张德、位、禄、名、寿、用的相称,这当然是理想。《中庸》托孔子说:"故大德必得其位,必得其禄,必得其名,必得其寿。故天之生物,必因其材而笃焉。故栽者培之,倾者覆之。"有大德的人,理论上应当有尊位、厚禄、美名,甚至高寿。上天化育万物,顺其材质而予以厚施,可以栽种的就培植,要倾倒的也只好让它倒下。管理者要使各种人才、各级员工的德、位、禄、用相匹配,使之各遂其性,各显其能,这是儒家治平天下的一条重要原则。"在下位不获乎上,民不可得而治矣。"贤人得不到君上的信任,在下位的人得不到上级的支持,民众就得不到贤人的管理。这是指上面不识才,会给管理工作带来严重的损失。我们要创造条件举拔德才兼备的人才,并使之制度化。

另一方面,作为官员、管理者本人呢?"君子素其位而行,不愿乎其外。素富贵,行乎富贵;素贫贱,行乎贫贱;素夷狄,行乎夷狄;素患难,行乎患难:君子无入而不自得焉。在上位不陵下,在下位不援上,正己而不求于人,则无怨。上不怨天,下不尤人。故君子居易以俟命,小人行险以侥幸。""素位","素"指现在,"位"指所居的地位。"素位而行"是安于现在的官位。君子安于现在所处的职位去做他本分的事,不要有非分之想,不希望做本分以外的事。处在富贵、贫贱、夷狄、患难的地位,就做在这个位置上应当做的事。守道安分,无论顺境逆境,无论在何处,君子都是悠然自得的。君子在上位时不作威作福,欺凌在下位的人,身处下位时也不钻营攀附在上位的人。《中庸》又讲:"居上不骄,为下不倍。""倍"即背,"不倍"即不违礼背道。只求端正自己而不乞求于人,心中泰然,自然没有什么怨恨,不怨天尤人。所以君子"居易以俟命"，"易"指平地，"居易"指处于平易而无危险的境地，"俟命"即等待天命的到来。而小人却要冒险，想侥幸得到非分的利益与不应得的好处。可见君子、小人有不同的心态。做官要有基本的官德、操守，君子光风霁月，超然物外。孔子说，射箭好像君子的修道一样，箭没有射中靶心，不怨别人，只有反求诸己，反省自己的步法与手法的功夫不够。这就是君子求诸己而不责乎人。

关于"怨天尤人"，我们想到项羽。在乌江自刎前，项羽曾仰天长叹："此天亡我，非战之罪。"他的失败当然有主客观的多种原因，也有他性格中刚愎自用、优柔寡断的缺失等。关于"素位而行"及居上居下的心态，我们想到"诸葛一生唯谨慎，吕端大事不糊涂"。宋太宗想以吕端为相，人们说吕端糊涂，太宗却认为"端小事糊涂，大事不糊涂"。什么是"小事糊涂"？在不涉及原则、大是大非的问题，只涉及个人利害得失的事情上，不斤斤计较。寇准是老资格，后来吕端位列寇准之上，吕处处尊重寇，凡事谦让再三。在小事上糊涂，讲宽容、退让、不争；在刚柔、宽严、进退、得失上保持中道，才能有利于大局，以大胸襟、大气度，成就大事业！

（三）和而不流，去谗远色

孔子回答子路问"强"。孔子说：您所问的是什么强呢？是南方的强？还是北方的强？还是您自己以为的强呢？用宽容柔顺的道理教化人，不报复别人的蛮横无理的欺侮，这是南方人的强，君子安于此道。用武器甲胄当卧席，直至战死也毫无惧色，这是北方人的强，强者安于此道。"故君子和而不流，强哉矫！中立而不倚，强哉矫！国有道，不变塞焉，强哉矫！国无道，至死不变，强哉矫！"矫，音"狡"，强貌。君子之强是道义、义理的强。强者之强是血气之强。君子"和而不流"，与人和平相处，但有节操与原则，不曲顺流俗。守住中道而不偏倚，岂不是真正的强吗？国家政治清明时，不改变贫困时的操守，这是真强啊！国家政治黑暗的时候，至死不变平生之志，岂不是矫强吗？针对一般人"和而无节，则必至于流"，我们强调"和而不流"，不要跟风赶浪，随波逐流。既要善于与各色人等打交道，又要心中有一杆秤，不能上当，抵住诱惑，绝不与丑类同流合污。

"君子之道，譬如行远必自迩，譬如登高必自卑。"中庸之道很平实，"造端乎夫妇"，从夫妇之道开始。无论是修养还是做事业，我们都必须由浅入深，由近而远，从低到高，从自身与家庭做起，从小事做起，循序渐进，不要操之过急。孔子讲："欲速则不达。"老子讲："千里之行，始于足下。"荀子讲："不积跬步，无以至千里；不积小流，无以成江海。"

"凡为天下国家有九经"，即孔子为哀公讲治理国政的九条大纲：修身，尊贤，亲亲，敬重大臣，体恤群臣，慈爱庶民，招徕百工，怀柔远人，安抚诸侯。其中特别讲"修身则道立，尊贤则不惑"；"齐明盛服，非礼不动，所以修身也；去谗远色，贱货而贵德，所以劝贤也"。能修好己身，便能确立大道；能尊重贤人，对事理就不致疑惑。"齐"通"斋"。这是讲斋戒明洁，整齐衣冠，庄敬自尊，不合礼节的事不敢妄动，这样用来修身。不听诬陷好人的坏话，远离女色，轻贱财货，重视道德，这样用来劝勉贤人。我认为对今天的官员来说，"去谗远色，贱货而贵德"仍然十分重要。亲贤臣远小人，色字头上一把刀，这是大家熟知的民谚。《中庸》指出：治国虽有九条大纲，但实行的方法只有一个"诚"字，诚心诚意！有关古训还有："敖（傲）不可长，欲不可从（纵），志不可满，乐不可极。""临财毋苟得，临难毋苟免。"（《礼记·曲礼上》）"儒有不宝金玉，而忠信以为宝；不祈土地，立义以为土地；不祈多积，多文以为富。"（《礼记·儒行》）

"凡事豫则立，不豫则废。言前定则不跲，事前定则不困，行前定则不疚，道前定则不穷。"跲，音"颊"，绊倒，这里指说话不流畅。我们做任何事，一定要预做准备，有备无患。不做准备，就会失败。发言没有准备，舌头会打结。做事前有准备，就不会困顿。行为前先有筹措，就不会出问题。做人的道理，先有定则，就不会行不通。做什么事都要未雨绸缪，防患于未然。

五、"中庸"思维方法论及其当代价值

（一）"和"与"中"

这两个概念既有联系也有区别。"和"主要指"和谐"及"多样统一"。孔子讲"和而不同"。"和"不是"同"，也不是"不同"。《国语·郑语》中史伯讲"和实生物，同则不继，以他平他谓之和"，《中庸》讲"和也者，天下之达道也"。"和"是强调保留差异，容纳相异的人才、意见，保持一种生态关系。中国哲学关于天、地、人、物、我之间的"和谐"思想、"宽容"思想，不仅为人类自然环境的生态平衡和人文环境的生态平衡提供了睿智，而且是现代社会管理和企业管理的重要思想资源。现代管理强调人与自然、人与社会、人与人、人与物、人与内在自我的协调关系，强调一种宇宙一体、普遍和谐的整体观念。孟子说"亲亲而仁民，仁民而爱物"；张载说"民吾同胞，物吾与也"；王阳明说"仁者以天地万物为一体"。儒家观念中的宇宙家族思想及推己及人、仁民爱物的意识，在未来世界具有越来越重大的作用，对于事业与企业单位之间及内部人际关系的处理，乃至效益的显发有着重大的意义。

"中"是天下最重大的根本，"和"是天下通行的道路。将"中和"的原理发挥到极处，天地就清宁了，万物的生长就茂盛了。这里的"和"或"中和"，是人生实践中所能达到的最高境界，它具有通过实践追求以使现实与理想统一的意味。

"中"的意思是不偏不倚，"无过无不及"，即适度。在哲学上，这又是对立与统一、质变与量变、肯定与否定之间的"关节点"或"度"，越过这一界限，事物就会发生大的变化。

"和"的意思，如前所述，一方面是多样统一、和谐的意思，另一个意思则与"中"一样，指恰当、适度。如《论语》中有子说的"礼之用，和为贵"，《中庸》中的"发而皆中节，谓之和"。这里的"和"是调节、事之中节、恰到好处。

中国哲学家强调整体的和谐和物我的相通。他们不仅把自然看作一个和谐

的体系，不仅争取社会的和谐稳定，民族、文化与宗教间的共存互尊，人际关系的和谐化与秩序化，而且追求天、地、人、物、我之关系的和谐化。儒、道诸家都表达了对自然与人文和合、人与天地万物和合的追求。《中庸》说："万物并育而不相害，道并行而不相悖。小德川流，大德敦化。"《周易·系辞传》说："天下同归而殊途，一致而百虑。"其宽容、平和、兼收并蓄、博大恢宏的品格，正是和谐或中庸辩证法的品格。

（二）"执两用中"，其中有权

中国哲学讲偏反，讲对立，但只是把偏反、对立当作自然、社会与思维运动长链中的过渡环节。相比较而言，更喜欢"中和""中庸"及"两端归于一致"。"中和"和"中庸"不是否定矛盾、偏反、对立，而是在承认矛盾、偏反、对立的基础上不走极端，求得一种动态的平衡，保持弹性，追求一种整体的和谐，把原则性与灵活性统一起来。在今天的管理工作中，对于统一与多样、集中与分散、创新与守成、放与收、宽与猛、变与常等，都有"两端归于一致"的方法论问题。

孔子有"叩其两端"之说，意即如果有不明事理的人来问我问题，我就从首尾两端去盘问，从中发现矛盾，然后把问题综合起来予以回答。所谓"执两用中"的方法论，"执"就是把握，"两"就是统一体中矛盾着的两个方面、两种力量或方向。这种方法论主张把握事物中两方面的多重联系，运用无过无不及的中道原则行事。孟子强调"执中"，即坚持中和、中庸的原则。孟子认为，"执中"还必须与"权变"相结合："执中无权，犹执一也。所恶执一者，为其贼道也，举一而废百也。"（《孟子·尽心上》）这里，"中"指原则性，"权"指灵活性。孟子认为，主张中道如果没有灵活性，不懂得变通的办法，便是偏执一端。为什么大家厌恶偏执一端呢？因为它损害了天地间整体和谐和人世间仁义礼乐综合的大道，只看到一个片面，而废弃了其余多个方面。孟子既反对杨朱极端的利己主义，又反对墨翟的极端利他主义，保持中道。

（三）"两端一致"，保持弹性

"中庸"只是平常的道理，于平常中见"道"。"尚中""执中"的管理方略，对"过"与"不及"之两端持守动态统一，使各种力量与利益参和调剂、相互补充，在大小、刚柔、强弱、周疏、疾徐、高下、迟速、动静、进退、隐显之际保持弹性，具有一种节奏感，实在是一门高超的管理美学。这可以与现代管理学互动。

作为标准的"中"并不总是固定的，它不是僵死的原则。"中"不是处于与对立两端等距离的中点上，也不总是在某一点上，而是随具体情况、具体条件的变动而变动的。中国思维方法不承认对立、矛盾双方之间有一条僵硬不变、截然不可逾越的界限。"时中"指随时节制，合于中道。儒家讲"趣时"，即根据时势变化，在一定程度上打破常规，采取适宜的措施。这里的"时中"，其实也包含了"趣时更新"的一部分内容。中庸也是道德最高的标准，在道德领域中含有中正、公正、平正、中和的含义。因为中是正道，所以不偏。

"庸"又是"常"的意思。古人说，"用中为常行之道，中和为常行之德"。"中庸"具有普遍的方法论的意义。这种方法论亦取之于自然。大自然的阴阳是相辅相成、动态平衡的，不偏向一个极端。中庸的方法吸纳了天地自然对立调和、互动互补的原则，并以之调和人类自身与天地、与万物的关系，达到中和的境地，使天地万物与人正常地发展。中庸之道又是人间之道，可以调节伦常关系、社群关系。

中庸思维方法论强调矛盾对立的中和，使两端都可以同时存在，都可以保持各自的特性，促进两端彼此互动、兼济、反应、转化。世界上的矛盾不一定都发展到一方消灭另一方的地步。在多数情况下，矛盾的统一取中和的状况，既有矛盾、偏反、对立、斗争，同时彼此渗透，共存共荣。这种方法论重视对立面的同一性，强调依存和联结，以及两极或多极对立间的中介关系及其作用。

著名经济学家向松祚在《经济学里的"中庸"——全球金融反思系列（一）》中指出："经济学数百年的发展，一言以蔽之，只不过是《中庸》伟大哲理的小小脚注。经济增速太高不行，太低亦不行；收入分配太平均不行，太不平均亦不行；通货膨胀不行，通货收缩亦不行；完全市场化不行，完全政府化亦不行；税率太低不行，税率太高亦不行；利率太高不行，利率太低亦不行；完全封闭经济自然不行，完全开放经济亦不行；金融不发达不行，金融过度发达亦不行……举凡经济学所有命题，皆必须符合《中庸》首创的'致中和'原理。"（腾讯网"大家"栏目 2013 年 6 月 28 日）

中庸之道就在我们的生活中。例如，官员对身边的工作人员也要学会保持中道，即孔子所谓"近之则不逊，远之则怨"，太亲近或太疏远都不好。就我们的身体与心理的健康来说，我们也要在有为与无为、动与静、虚与实之间保持弹性。

在思想方法上，孔子尊重客观事实，反对主观偏执。"子绝四：毋意、毋必、毋固、毋我。"（《论语·子罕》）这是为了防止私意揣测、绝对肯定、拘泥错谬、自以为是。在管理工作与公司文化中，在处理人与人、事与事的关系中，在人与自然、人与社会、人与人、人自身内在的身心关系中，在家庭内部与外部，在处理国家之间、民族之间、宗教之间、文化之间等复杂事务中，我们如学会了中庸的方法论与境界论，就有了大智慧，就可以坦然对待。

希腊哲学、印度佛教中也有中庸或中道的观念。亚里士多德说："德性是两种恶即过度与不及的中间。"据余纪元先生研究，亚里士多德与孔子一样，肯定中庸是德性，是美德，是品质中的"内在中庸"，也包含感情与行动中的"外在中庸"，同时强调人要实践德性中庸，正确处理情感与行为。（余纪元《德性之镜》）在佛祖释迦牟尼的原始佛教中，就有"不着一边"之论，主张在两端中抉择，得到中道。大乘佛教龙树菩萨著《中论》，提出"中观"，形成"中观学派"。龙树从真、俗二谛出发，让人们不执着于实有、虚无两边，讲缘起性空，这与儒家的中庸有很大的区别。

（讲座时间　2013 年）

杨立华

尽心知性：孟子哲学的精神

杨立华

杨立华，1971年生，黑龙江七台河人。1998年毕业于北京大学哲学系，获哲学博士学位。现为北京大学哲学系教授、博士生导师。

主要研究领域为中国哲学史、儒学、道家与道教，近年来主要着力于宋明哲学及魏晋哲学的研究。主要著作有：《宋明理学十五讲》、《中国儒学史》（宋元卷）、《郭象〈庄子注〉研究》、《气本与神化：张载哲学述论》、《匿名的拼接：内丹观念下道教长生技术的开展》等。主要译著有：《王弼〈老子注〉研究》、《近代中国之种族观念》、《宋代思想史论》、《章学诚的生平及其思想》、《帝国的话语政治：从近代中西冲突看现代世界秩序的形成》等。曾发表学术论文 40 余篇。2011 年被评为"北京大学十佳教师"。

文化自信有一个非常清晰的题中之意，就是哲学自信。通过哲学的思考而非宗教的信仰，为文明的根本价值确立基础。这是中国文明的基本方向。

我们看那些伟大的文明奠基者，如老子、孔子、孟子、庄子等哲学家，他们的根底的思考是理性的、哲学的，而非信仰的、宗教的。这个特点非常重要，也是我们今天主题的关键之所在，即从孟子哲学的核心理念出发，看一看在其所处时代，孟子的思考对今天有着怎样的意义。

一、孟子的时代

孟子，生卒年不详，一般推测生于公元前 385 年，卒于公元前 304 年；但也有其他说法，如有元代学者说其生卒年为公元前 372 年至公元前 289 年。从这两个推测的年份来看，虽有差异，但不论怎样，主要活动年代还是重合的，大概在公元前 370 年至公元前 300 年前后。这就是孟子主要活动的时代，这个时代正是战国中期。

（一）战争规模大

战国中期，西周以来的封建制已陷于崩溃的局面，政治与权威秩序在瓦解和重组当中，暴政为这个时代打上了深刻的烙印，其战争规模之大和战争手段之残酷都达到了空前的程度。

当时的战争规模动辄就是万乘。万乘是什么概念呢？一辆兵车的标准配置是 75 人，万乘就意味着战争的规模已经达到了 75 万人。以当时总人口的数量，我们可以有一个概念，这一时期的战争规模之庞大，已经令各诸侯国成了战争的机器。当时的整体局面可以说是"天下方务于合从连横，以攻伐为贤"。因此，这样的环境就致使这一时期的哲学家都有着强烈的批判性格，即使像庄

湖北武汉湖北省博物馆"楚文化展"壁画——战国时期的战争场面

子这样超然的思想者，其字里行间也不时流露出对暴政的批判。

（二）"予岂好辩哉"

孔子所处的时代，虽然价值共识有所动摇，但价值基础还在，所以孔子说话很平和，有很多似是信手拈来，如"人无远虑，必有近忧""无欲速，无见小利；欲速则不达，见小利则大事不成"。但到了孟子所处的时代就不同了，"圣王不作，诸侯放恣，处士横议，杨朱、墨翟之言盈天下。天下之言，不归杨，则归墨"（《孟子·滕文公下》）。意思是：圣王没有兴起的时间已经很久了，此时的周只不过是极小的一个诸侯国，没有人听从周天子的权威。那些隐居不仕的人横发议论，杨朱、墨翟的言论充塞天下。天下的言论，不是归向杨朱一派，就是归向墨翟一派。

"杨朱"有一句名言"拔一毛而利天下，不为也"，其思想是极端利己主义，即"杨氏为我"。现在我们讲的"一毛不拔"就是从杨朱思想而来。而墨家则走向了另一个极端，即利他主义，有时也称为前现代的集体主义。它要求兼爱，强调同等程度地爱所有人，爱别人的父母跟爱自己的父母一样。对此，孟子的评价是"杨氏为我，是无君也；墨氏兼爱，是无父也。无父无君，是禽兽也"（《孟子·滕文公下》）。那么，从"杨氏为我"联系到现实，我以为，今天大部分人的问题在于自我中心主义的泛滥，几乎所有人在反思自己人生的时候、在很多的事情上面，都"太自我"。因为太自我，所以得失心就重，而一个人如果得失心重，那么这一辈子他就只剩下了四个字：患得患失。

"杨、墨之道不息，孔子之道不著，是邪说诬民，充塞

杨兴斌 / 供图

仁义也"(《孟子·滕文公下》)。意思是:杨朱的极端利己主义,墨子的利他主义或者极端集体主义,这两种错误思想,如果不让它们停下来,那么孔子思想就不能够得到发扬。而这两种思想等于是用错误思想来欺骗百姓,堵住了仁义之怀。故"仁义充塞,则率兽食人,人将相食"(《孟子·滕文公下》)。在这个意义上,孟子说我要辩论。因此,当有弟子问孟子为何如此好辩时,孟子说:"予岂好辩哉?予不得已也。"

(三)百家争鸣

除战争规模宏大外,孟子所处的时代还有一个思想特点,即百家争鸣。所谓的百家争鸣在一定程度上意味着思想繁荣,但在繁荣的反面则是思想的混乱。价值基础的缺失,致使不再有统一的价值共识,每个人都有自己认为的道义,每个人都有自己追求的所谓正义,最后的结果就是"人各一义"。所以,孟子才会说:"予岂好辩哉?予不得已也。"对于这一现象,同时代的哲学家庄子也看到了。"是故内圣外王之道,暗而不明,郁而不发,天下之人,各为其所欲焉,以自为方。"(《庄子·天下》)

面对这样的境况,孟子对错误思想言论的类型做了总结,我称之为"四辞",即错误言论的四种类型。第一类诐辞,第二类淫辞,第三类邪辞,第四类遁辞。值得注意的是,这不仅是四种类型的错误思想言论,也是错误思想言论发展的四个阶段,相当于一种疾病的演化过程的逐次深入。

第一阶段,"诐辞知其所蔽"。南宋大思想家朱熹谈到诐辞时讲道:汉字中,凡带皮字偏旁的,一定是一边低一边高的意思,一定是不平的。比如:陡坡的坡、波浪的波、跛足的跛。因此,诐辞最根本的问题就在于它的偏,入手即偏,没有真正公道平正地看待问题。就像很多人在思考问题的时候,只是孤立的、片面的、静止的,从某一角度看他的思考以及所言之物是有道理的,但实际上真正深入看一看的话,就会发现所言真是诐辞。因此,对于诐辞这种错误的思想言论,我们必须得知道它在什么地方被遮蔽了,而它又遮蔽了什么。

第二阶段,"淫辞知其所陷"。诐辞的进一步发展叫淫辞,淫有多、过度的意思。一个人偏久了，这个偏颇带来的问题就影响了一个人信息接受的方式。其实人的成长过程、变化过程，在很大程度上取决于接受了什么信息，又排斥了什么信息。如果一开始就偏了，有了这个诐辞，那么在进一步接受信息的时候，则凡对自己立场有利的信息都接受，凡不利的都排斥。此种境况，久而久之就会像掉到大海里一样，无论朝哪个方向，看到的都是同样的海水。到了这个阶段，很多人已是不能自拔，不管怎样都觉得自己是对的，陷入了第二种错误言论的类型。

第三阶段，"邪辞知其所离"。邪辞是对淫辞的进一步发展。变成邪辞后，就已偏离正道，而思想上的彻底偏离，必然导致实践上的彻底偏离。可以说，到了这一阶段，再进一步就不能回头，因此对这一阶段的情况，我们要知道它是在什么地方离开了正道。

第四阶段，"遁辞知其所穷"。关于遁辞，孟子讲：凡是不平正的理论、不公道的思想，它一定不具普遍性。而关于道理，对它的理解，我认为至少有两个标准来衡量。第一，是否诚实。如果一件事情无论怎样努力都无法做到，那就不要讲出来了，因为道理上说不通，实践上就更加行不通，这也是所谓的"己所不欲，勿施于人"。第二，是否普遍。凡道理一定具有普遍性，不能只适合你而不适合我，反之亦然。因此，遁辞由于它的道理偏颇，不具普遍性，那么它的理论一定不完善，有说不通的地方。故而，为了能够将不通之处说通，就一定会找一个理论为其开脱，这种办法就叫遁辞。

我认为，孟子的"四辞"理论有着特别的现实意义。在思想混乱已经达到一定程度的今天，如果头脑中有了诐辞、淫辞、邪辞、遁辞的概念，那么对于分辨各种各样错误思想言论就有了一定的裨益和帮助。

二、对人性的思考

人类社会的政治秩序和价值原则，总是以对人性的思考为基础的，而哲学的思考，虽然与人的经验有关，但如果仅以经验为依据，是并不能达到对人的普遍认识的。

关于经验这一问题，老子说："不出户，知天下；不窥牖，见天道。其出弥远，其知弥少。"（《道德经》第四十七章）我不出门，就知道天下；不用看窗户，就能看到天道。反而往外走得越远，知道得却越少。这是老子对感官经验这条道路的否定。庄子亦有同样的看法："吾生也有涯，而知也无涯，以有涯随无涯，殆已；已而为知者，殆而已矣。"（《庄子·养生主》）无论如何努力，你都不可能获得经验上完满的知识。而孟子则是"耳目之官不思，而蔽于物，物交物，则引之而已矣。心之官则思，思则得之，不思则不得也"（《孟子·告子上》）。他的这段话告诉了我们：耳目不构成沟通的渠道，反而是一种遮蔽；既然不能走感官经验的道路，那就向内寻求道路，从心出发进行思考，寻求世界人生的最根本的原理和原则。

因此，孟子对人性的思考，是以"心之所同然"为起点的。人之所以为人，必然有其统一的倾向。表面看来，这是一个哲学上的假设，但这一假设是有其天道观的基础的。既然所有的人都有"心之所同然"，则对人性，或者说人的本质倾向的理解和把握，就不需要在经验的层面上做穷举式的归纳，而只需要深刻反思自己的心性。

（一）尽心知性

既然了解了世界人生的整体不能走经验的道路，那么该走什么道路？孟子从哲学角度提供了一条向内寻求世界人生的那个最根本原理和原则的道路。中国哲学家有一个共识，即世界是有统一性的。这一点，无论是《论语》《孟子》还是《老子》《庄子》，我们都能从中看到。譬如《庄子》里有一段话：一位名叫东郭子的人问庄子：道在哪儿？庄子回答：哪儿都有道。东郭子说：请您一定说出一个具体的地方，这样我才能理解。庄子说：道在蝼蚁。怎么这么低？庄子接着说：道在稊草。更低了。庄子又说：道在砖瓦。此时的东郭子已经不知该怎么说了，庄子又补了一句：道在屎溺。由此说明了这个世界统一于道。既然世界有统一性，那么就一定有统一的根本原理；既然有统一的根本原理，那么这个根本原理，远处有，近处自然也有。对原理的追寻，我们去远的地方，还是去近的地方？当然是到最近的地方去寻找。而最近的地方在哪里？大家体会一下，是不是我们的心？正如刚才提到的"心之官则思"，你在思考，心灵就在思考。在反思自己心灵的时候，心灵跟思考之间是最近的。明白了这一点，就能知道普遍的统一原理在我们的心灵中就能找到。于是，孟子说出了这段话："尽其心者，知其性也。知其性，则知天矣。"（《孟子·尽心上》）

一个人把自己心灵的内在倾向充分实现出来，就是知性。尽心就是知性，而知性就是知晓人的内在本性；人的内在本性指的是人的不可剥夺的本质倾向，这个本质倾向就是人性。人性的本质是什么？就是人的不可剥夺的自主性、心灵的不可剥夺的自主性、人的恒常不变的主动性，即人的固有倾向。这里面就包含了"尽其心者，知其性也"的含义表达。其中，人的主动性这一点非常关键，这是人跟其他物类的区别。

"知其性，则知天"，人性与天道一定是贯通的。孟子对天道的理解，是对孔子对天的思考的继承。《论语》里讲："天何言哉？四时行焉，百物生焉。天何言哉？"（《论语·阳货》）即天没有说话，可是四季万物还是按照一定的规律运行，所以天为何还要说话呢？通过这一论述可知：天是普遍的、世界的统一基础，是万物的根源，是生生变化的根据。

与孔子一样，孟子并没有对天道作系统全面的论述。但他开创了尽心—知性—知天的思维认知模式，从心、性、天逐渐递进，通过反推之方式，逐步达到知天的境界。孟子认为，人之性来源于天，是天的大化流行，或者说是宇宙生命的大化流行。

（二）性善说

孟子的性善说，主要是通过与告子的辩论而展开。他们一共有四组精彩辩论，这是中国哲学史上记录最完整的一次关于人性的辩论。我选了其中一组。

告子曰："性犹湍水也，决诸东方则东流，决诸西方则西流。人性之无分于善不善也，犹水之无分于东西也。"（《孟子·告子上》）"湍水"是急流着的水。

在东边的堤坝开一个口子，水就向东边流；在西边的堤坝开一个口子，水就向西边流，所以人没有固定的善或恶的倾向，就似水不分东西。读到这里，很多人认为告子的话很有说服力，人性的问题已经得到解决，但孟子反驳了他。"水信无分于东西，无分于上下乎？人性之善也，犹水之就下也。人无有不善，水无有不下"（同上）。你这家伙的理解真肤浅，居然认为水是向东、向西流，怎会如此？水，只有一个方向，就是向下流，这是它的固有倾向。而人向善的本质倾向，跟水向下的倾向一样，"人无不善，水无不下"。在这里，对于水的向下倾向，以一瓶水为例。无论我把这瓶水举得多高，水虽处于高处，但它依然向下。将此描述转化为对于人性的描述，现实中的人可以变得很邪恶，但甭管多邪恶的人，他的本质倾向仍然向善。那么，人的本质倾向的内容是什么呢？

孟子并不仅仅说人的本质倾向是善的，就结束了，而是在人的固有倾向当中找到了善的基础。"今人乍见孺子将入于井，皆有怵惕恻隐之心。"（《孟子·公孙丑上》）这里"乍"字非常关键，"乍见"说明没有时间算计，由于没有时间算计，所以没有功利心在里面，在这没有功利心的一瞬间，他的心灵倾向就是人的本质倾向。冷不丁看到不懂事的小孩要掉到井里去，人的本质倾向是"怵惕恻隐之心"。所以，"非所以要誉于乡党朋友也，非恶其声

清代顾沅编、孔继尧绘《圣庙祀典图考》之《孟子圣迹图·扩充仁心》　　　　文化传播 / 供图

而然也"（同上）。"恻隐之心"这一项就已把人心灵的固有倾向说出来了。接下来，孟子直接就把真正意义上的人性的普遍价值说了出来，即仁义礼智。"恻隐之心，仁之端也；羞恶之心，义之端也；辞让之心，礼之端也；是非之心，智之端也"（同上）。

对于"仁义礼智"，我始终认为每个时代都应具备，虽然不同时代有其不同的内涵及其概念形态，但其根本是不变的。从这里，我们也能看出性善论的立言宗旨强调道德的人性基础。如果人性是恶的，就意味着道德违背人性。如果没有符合人的本质的善，就会导致历史主义和相对主义的道德观，其流必至于虚无主义。对此理解很简单，即你成了人，那么就是善的，这就是孟子所讲的"善"。

三、仁与必然

仁是孔子学说的核心概念，他对仁的界定中，最重要的有两条，一是仁者"爱人"，一是"克己复礼为仁"。前者是以仁待人，后者是以仁律己，合起来则涵盖了人类道德生活的全部范围。孔子的仁学奠定了儒家学说的理论基础，此后，对仁的理解和阐释就成为历代儒者必须进行的一项重要的、基础性的理论工作，并由此展开了不同时期儒家学说的丰富内容。

与《论语》一样，《孟子》中也有大量关于"仁"的讨论。孟子说："不仁者可与言哉？安其危而利其灾，乐其所以亡者。不仁而可与言，则何亡国败家之有？有孺子歌曰：'沧浪之水清兮，可以濯我缨；沧浪之水浊兮，可以濯我足。'"（《孟子·离娄上》）不仁的人，无论你跟他说什么都是听不进去的。如果听得进去，又怎会有亡国败家之事呢？这种不仁的人都是麻木的。从这里，我们就有了"麻木不仁"一词。接下来，是孔子周游列国时听到的一首歌谣："沧浪之水清兮，可以濯我缨；沧浪之水浊兮，可以濯我足。"沧浪之水，清澈的部分用来洗帽子上的缨穗；浑浊的部分，用来洗脚。哪个尊贵？当然是缨穗尊贵。换言之，一个人，若水清，别人就会拿最尊崇的态度面对你；若水浊，别人就到你这儿洗脚。所以，孔子说：孩子们听着，"清斯濯缨，浊斯濯足矣，自取之也"（同上）。得到何等对待，不是别人让你得到的，是你自取的。

对此，孟子跟孔子的思考是直接贯通的。"求则得之，舍则失之，是求有益于得也，求在我者也。"（《孟子·尽心上》）意思是：你只要努力追求它，就会得到它；但若是放弃追求，就一定会失去。这说明追求是有必然性的，你追求的一定是在我的东西。所谓的"在我"就是完全自主的、自己可以掌控的东西。接着，"求之有道，得之有命，是求无益于得也，求在外者也"（同上）。意思是：人生中总有不得已的地方，甭管多么强大，也总有掌控不了的那个部分。因此，追求它就要按照一定的方法，但能否得到，还有一定的偶然性。因此，你的追求和你的获得之间没有必然关系。

从以上可以得出，仁属于"在我"的领域，属于"求则得之，舍则失之"，是完全在自主的范围内，而不是靠别人，也不是别人所能决定的。

通过对"仁"这一概念的理解，充分地体现出了心灵的主动性。用"心灵的主动性"去理解《论语》《孟子》中所有的关于"仁"的概念的论述，都是能够贯通的。那么，什么叫作心灵的主动性？在前面已经提到的"尽心知性"，尽心就是心灵的主动性；"天行健，君子以自强不息"中，自强不息就是心灵的主动性。可以说，心灵的主动性其实就是天地生生不已在我们心灵当中的体现，永恒的、日新的创造，所以人才会始终保持在主动的状态当中。而主动状态，就是自由状态，与奴役状态相对。所以主动关联着自由的概念，关联着自主的概念，那么人的自主性就在这里体现了。它是"在我"的，完全由自己掌控，任何人都无法剥夺，即使是陷入最深奴役状态的人，也拥有心灵的主动性。

再进一步讲，孟子的"仁"和"天道"是关联在一起的，是心灵主动性的充分实现，而这种心灵主动性的充分实现，其实有时也是一种必然性，一种"我欲仁，斯仁至矣"的必然。我自主决断这样做、我认为这样做是对的，或是我拒绝某种做法、我认为这么做是不对的，这样一种决断的自然是永远不能剥夺的。

四、天爵与人爵

中国传统社会里，富跟贵一定是不可完全相互转换的，用最简单的话来表述，就是富对物、贵对人。一个社会总有不可以用钱来买的贵。孟子对"贵"进行了区分：天爵与人爵。天爵是仁义忠信，就是前面提及的必然性，高贵的必然性、仁的必然性，这些是我们不可剥夺的主动性和自主性，是我们最高贵的东西，这种高贵无人可以剥夺。而人爵是指外面的东西赋予你的，可以有，也可以被剥夺。

"欲贵者，人之同心也。人人有贵于己者，弗思耳。人之所贵者，非良贵也。"（《孟子·告子上》）每个人都想过高贵的生活，每个人的内在都有不可剥夺的高贵；别人给你的贵不是固有的贵。这里要注意的是"良贵"中的"良"字。孟子"良知"最早出自于《孟子》，这里的"良"不是善的意思，而是本有、固有的意思，因此"良贵"的意思就是本有、固有之高贵。接着，"赵孟之所贵，赵孟能贱之"（同上）。晋国的上卿（韩、魏、赵三家分晋）能够给你尊贵，同样也能去除给你的这个尊贵，因此有诗云："既醉以酒，既饱以德。"真正的贵就在这里，即"德"。人真正有了这种尊贵之后，"人知之，亦嚣嚣；人不知，亦嚣嚣"（《孟子·尽心上》）。"嚣嚣"不是嚣张的意思，在这里指的是自得之貌，而"自得"指的是人永远知道自己并且不失去自我的状态。一个人只有真正有了这种终身不变、不为外界得失所扰动的、内在的自我建立，才是一个真正意义上普遍性人格的建立。这样的人才能真正地获得幸福。

接下来，"得志，泽加于民；不得志，修身见于世"（同上）。有机会发挥自己的作用，就要泽加于民；没机会发挥，就堂堂正正地好好做人，做身边人的典范，比如孔子。那么"穷则独善其身"，这里的"穷"不是贫，而是指道路不通。总是不被重视，得不到提升，没有机会发挥自己更高的才华，那就立身行事，做淑世之功，"达则兼善天下"。拥有此心胸之人才是真正高贵的人。孔子也讲过"用之则行，舍之则藏"。意思是：用我，我就努力去做，且把事情做好、做成；不用我，我就做一个普通人，好好生活，依然可以活得饱满、幸福。

所以说，只有这样的人可以不为外在的东西所干扰，才能达到孟子所说的"富贵不能淫，贫贱不能移，威武不能屈"。这其实就是根源于仁和那个不可剥夺的必然性。

最后，对孟子的哲学，我有一些个人的思考。中国哲学是理性而非宗教的，由于我们没有人格神的信仰、没有一神教的传统，所以我们的文明才是真正具有包容性而非排他性的。比如，老子的"道法自然"、孔子的"和而不同"。因此，我们的文明根底里有一种精神，我将它与此世性格关联在一起，概括为"知止"二字。我们知道自己的限度，我们不把自己的一切强加给别人，这就是中国文化最可贵的地方，也是最高贵的地方。因此，中国文化是不掠夺的文化，是不产生帝国主义和殖民主义的文化，是真正通情达理的文化。只有这样的文化才是解决现在以及未来文明间不可缓解的冲突的那把钥匙。

（讲座时间　2017 年）

吴国盛

科学精神的起源

吴国盛

吴国盛，1964年生，湖北武穴人。1979年考入北京大学地球物理系空间物理专业，1983年进入北京大学哲学系攻读科学史与科学哲学专业。1997年破格晋升为中国社会科学院研究员。1999—2016年任北京大学哲学系教授、博士生导师，北京大学科学史与科学哲学研究中心主任。曾任中国科学技术史学会第七、八届副理事长。现任清华大学科学史系长聘教授、系主任，国务院学位委员会科技史学科评议组成员。

主要从事科技史、科技哲学和科学传播研究。主要学术著作有《什么是科学》《技术哲学讲演录》《时间的观念》《希腊空间概念》《追思自然》等。另有通俗著作《吴国盛科学人文系列》四种（《科学的历程》《现代化之忧思》《反思科学讲演录》《科学走向传播》）。曾获中国青年科技奖、教育部高校优秀青年教师奖、中宣部"五个一工程"奖、全国优秀博士论文奖、北京市哲学社会科学优秀成果奖、北京市科学技术奖等。

一、引子

科学在中国一直享有非常崇高的地位。纵观整个近代史，先贤们主张"师夷长技"，希望通过科学技术来改变中国贫穷落后的面貌。今天我国也有"科教兴国"战略，非常重视科学对于民族振兴的意义。不过，虽然我们把科学看得很重，但在社会中，仍然存在一些对科学的偏颇认识。具体而言，主要有以下几个方面：

第一，我们长期以来科、技不分。我们一说科学很容易说成科技，一说成科技就容易和技术混为一谈。在我们的认知里，科学和技术不分，是一个非常普遍的现象。

第二，我们往往倾向于从功利角度看待科学。我们知道科学技术是第一生产力，但是我们并没有区分究竟科学是生产力呢，还是技术是生产力。我们知道，有些科学是可以转化为技术的，那当然也就能够变成生产力。但是还有一类科学，它们很难转化为生产力，而对这一类科学的理解，是我们以往比较少涉及的思考领域。

第三，我们对于科学往往过分强调其"分科"的特点。科学科学，分科之学。在这种望文生义的理解之下，人们很容易把科学看成一个分工性很强的概念。那么，这种看法当然是有问题的，虽然当代科学有专业化和分工化的一面，但我们也始终应该记住，科学本身是一个整体。

这些对科学的偏颇认识是如何形成的呢？以下主要介绍三方面原因。

魏源画像

首先，科学不是中国文化中土生土长的东西，因此，我们对于科学的理解往往会打上自身文化的烙印。我们知道，中国文化对于知识的理解往往比较重视实用性，所谓"学以致用"，"书中自有黄金屋"。这样一个文化传统当然有非常强的积极意义，但是以实用的态度来理解和看待科学，就有可能出现问题。

其次，我们对科学的理解，还受制于我们学习西方科学的时机。中国人本来不太看得上西方文化，第一次西学东渐时期，传教士带来了西方的科学，但我们并没有对它表现出太特别的兴趣。1840 年之后，中国在西方的坚船利炮下落后挨打，为了改变这种局面，有识之士提出"师夷长技以制夷"，把科学看作拯救中国于水火之中的法宝。因此，科学在近代中国的出现，从一开始就带有特殊的救国救民的使命，这也使得它的实用色彩更加凸显。

最后，汉语中的"科学"一词是由日本引进，体现了日本人对西方学问的理解。在 19 世纪中期的日本人看来，西方的学问和中国的学问有很大的区别。中国的学问是通才之学、通人之学，是文史哲不分、天地人互通的；而西方的学问是一科一科的，每人专一长，所以日本人就把西方的"science"翻译成"科学"，取的就是分科之学的意思。这样一个译名使得我们在潜意识里过分强调了科学的分科之义。

总的来说，今天我们对于科学的误解或者偏颇，都有其相应的社会历史背景，所以，要理解科学，我们就要从这些历史背景中超脱出来，做一些正本清源的工作。科学有很多种讲法，它可以是一套知识体系、一套思维方式，也可以是一套方法论、一套社会体制，而在此，我想提供一个新的视角——从人文的角度来思考科学。

为什么讲科学要从人文的角度思考？我们知道，一切人类文明说白了都是人类的活动，所以归根结底都属于人文的范畴。从这个意义上，无论是科学技术、法律、宗教……都属于人文的范畴。所以，要理解一些特殊文明现象的出现，最好的办法也是从人文角度来理解。

那么，为什么人文的角度具有优先性呢？因为人就是由文来决定的，中文里的"人""文"二字有着结构性的关系，人因为文而成为人，而相应地，文只有对人才有意义，所以人和文是互相规定的。

为什么人要由文来规定呢？这是因为从哲学的眼光来看，人本来是没有规定的，人类从它的动物学起源过程中，就经历了一个所谓先天缺失的阶段。人类在进化的过程中有两个突出特征：直立行走和脑量变大，而这两种进化趋势实际上是相互矛盾的。因为直立行走要求骨盆不能太宽，但骨盆太窄会影响女性的生育，因此动物界里只有人类的女性会产生难产现象。有一个生物学公式根据人类的脑量，推算出人的孕育期应该是 21 个月。可是，我们知道人类如果孕育 21 个月，就会导致胎儿太大而生不出来，所以进化产生的基本方略就是让人类整体早产，以此来缓解直立行走和脑量变大之间的矛盾。因此，人类的婴儿生下来，基本上都是无助的。动物界的婴儿生下来之后，很快就该干什么干什么。只有人类的婴儿生下来什么都不是，并不具备人类所应该具有的绝大多数品质，既不会说话，也不能直立行走。这在生物学上叫作"先天缺失"。换句话说，我们先天上是个"无"，需要通过后天来补救。

因此，与其他生物不同，人类是一种通过后天教养来成其自身的物种。所以，我们人类有漫长的后天养育期，这使得人有无穷的可能性。人类的婴儿生下来，如果扔到狼群里，他可以变成狼孩；扔到猪群里，他可以变成猪孩。当然，扔到人群里也就会成为人。这用哲学家的话来讲就是无——我们是无中生有的。一个事物越是空无，也就越有无穷的可能性。可以说，人类的先天缺失并不是缺点，而是优点。

理解了人类的无本质，我们再看"文"字就大有讲究，所谓"文而化之"，指的就是训练理想人性的过程。中国和西方文化的根本差异，就在于它们各自有很不一样的"人文"。不同的人文标志着不同的文明类型。因此，我们要理解科学这样的大问题，也应该从人文角度进行一些思考和阐释。

二、中国文化的"仁—礼"结构

中华文明是农耕文明，以农业为基本特征。在这片相对封闭而又适宜农耕的土地上，中国的先民发展出了成熟、稳定的农耕文明，这在世界各民族中都是独特的。农业社会有两个基本特点，一是粮食生产，二是定居。在粮食生产以前，人类是采集生活，自然界有什么就吃什么；而到了农业社会之后，人们开始种植粮食、生产粮食。有了粮食生产之后，人类开始定居，所以农业社会的一个重要特征就是定居，这也成为我们的一个深刻的文化烙印。定居意味着我们有浓郁的故土情结，这种情结成为中华文化的一个内在基因。"父母在，不远游"，我们认为在家里待着是最幸福的，到处乱走是不幸福的。这种对于安居意识的强调，对故乡、故土的留恋，对迁徙的恐惧，造就了中国文化的一个重要特征，我们称之为熟人文化。也就是说，我们终其一生都生活在熟人之中，方圆十公里以内的这些人，不是直接的熟人，就是间接的熟人，而熟人是通过血缘关系构建出来的。所以，中国社会是一个血缘社会、亲情社会。

西方文明的状态则有所不同，中国人讲究籍贯，但美国人只讲出生地。为什么？因为美国人经常搬家，搬家的次数多了，我们没法再追溯他的来源，只能是在哪儿出生就是哪儿的。西方人的搬家和中国人的不搬家，形成了鲜明的对照，也折射出中西文化形态的差别。中国人往往以血缘关系来构建我们的文化结构，对于中国人来说，人的本质就是有情。因此，有情、有义、有爱，这就是人；无情、无义、无爱，是为禽兽。

儒家思想家们对"有情"的人性理想进行了提炼，将其总结为"仁"，我们称之为仁爱文化。什么是仁呢？"仁者，人也"，一个人必须有仁爱之心，才能成其为人。仁爱首先是一种基于血缘的爱，儒家思想特别强调亲子之情，父母对子女的爱、子女对父母的爱、兄弟姐妹之间的爱……都是围绕血缘而产生的。仁爱的"爱"不是男女之间的性别之爱，也不是基督教所弘扬的平等之爱，它是基于亲子之爱发展而来的。

儒家的仁爱还是一种差等之爱，它并不是对每个人都一样。孟子有一句话，叫"老吾老以及人之老，幼吾幼以及人之幼"。也就是说，人性的核心部分就是父母和子女之间的亲子之爱，这种爱并不是排他的，是可以推广出去的。由血缘之爱层层往外推出去，在外推过程中，爱会慢慢地减弱。因此，这种爱并不是平等的，一个人最爱的肯定是自己的亲生父母和亲生子女，然后才是其他人。《论语》里有个故事，有个人对孔子说："吾党有直躬者，其父攘羊，而子证之。"但孔子认为，"父为子隐，子为父隐，直在其中矣"。在孔子看来，偷羊当然是不对的，但这归根结底只是一个破坏社会秩序的治安行为。和儿子举报父亲这样的大事相比，偷羊只是小事，不能因为一只羊，就牺牲整个人伦秩序。

因此，儒家的仁爱思想强调爱有差等，每一个人都要在差等秩序中去处理自己和他人之间的关系，而习得中国文化，说白了也就是习得这样一种秩序。一个人要明确地知道，自己在整个仁爱谱系之中处于什么位置，谁跟你更亲，谁跟你更疏。这样，在实际的生活中，他才能够做到"恰如其分"，既不会不足，也不会过分。在中国人的语言系统中，对于血缘关系有许多种表述。例如父亲的哥哥称伯父，父亲的弟弟称叔父，母亲的兄弟叫舅父，父亲姐妹的丈夫叫姑父……这么多称呼，英文中只有一个词，就是"uncle"。在西方人看来，这些关系没有必要进行细分，但在中国就必须要分辨清楚，舅父、姑父和伯父、叔父分开，叫作内外有别，伯父和叔父分开，叫作长幼有序。

在一个有差等谱系和差等序列的社会秩序中，要恰如其分地对待每个人，是很有难度的。而这些谱系本身，还会随着环境的不同而发生微妙的变化，那就更困难了。比如说请客吃饭要排座次，这就很麻烦。如果是家里吃饭还相对容易一些，要是几家人一起，情况就复杂多了，要是好几拨人吃饭，座位安排就更加困难。因此，要成为一个合格的中国人就要学习，学什么呢？礼。我们总说中国文化是礼文化，就是这个道理。仁爱的核心是差等，我们要通过一种方式表达差等之爱，这种恰当的表达就是礼仪。因此，我将中国以儒家为代表的这个文化，称为"仁—礼"文化。礼是典章制度和道德规范，用以规范个人和群体的行为方式，也是通达"仁"这种理想人性的意识形态。

所以中国的人文结构是一个"仁—礼"结构，这种基于血缘和亲情产生的一种有等差秩序的文化结构，用费孝通先生的话叫作"差序结构"。这样一来我们就看到，中国文化的主流就是礼文化，天文地理，唐诗宋词，琴棋书画，治国安邦，生民日用……里面全都是礼。礼就是有条不紊、恰如其分地处理各种等差的事物。

"仁—礼"可以说就是中国主流的"人—文"。"仁—礼"表现了农耕文化、血缘文化和亲情文化的人文内涵。总的来说，在仁爱精神的影响下，中国文化更多地表现为礼学、伦理学，是实践智慧，而不是科学，不是纯粹理论的智慧。

三、为什么科学出现在希腊

以中国文化作为参照系，我们就能更好地理解西方文化。今天所谓的西方文明其实是两希文明，一个希叫希腊，一个希叫希伯来。它们之间虽然也存在异质，但仍有明显的共同点，可以进行总体概括。与中国典型和成熟的农耕文明不同，西方文明的生活方式以狩猎、游牧、航海、商业等为主，并没有形成成熟的农业文明。希伯来人是游牧民族，而希腊人则是航海民族。

无论游牧、航海还是经商的民族和人群，他们与农耕民族最大的区别就在于，迁徙成为常态，而安居不是他们的最高理想。我们读希腊的《荷马史诗》，它讲的就是漂泊和远征的故事；而希伯来人的《圣经》，更是一部犹太人颠沛流离的历史。漂泊的人群经常遇到生人，与生人打交道成为他们的日常生活。因此，与中华民族的熟人文化不同，西方文明总的来看是一种生人文化。那么，它也就自然地发展出了与中国的仁爱精神不同的人性理想。

人群在一起构成社会，必须要有秩序，这个秩序的起因是什么？中国文化靠的是血缘，而西方人是由陌生人组织的人群，很难以血缘关系来组织。相反地，血缘纽带必然被淡化、边缘化，这就形成了一种新的社会秩序的构成机制——契约。契约社会是对待生人的，人和人之间没有什么固有感情可言。我们只能通过一个单独的方案，把本来没有关系的人结成一体，这个方案就是契约。

只有独立自主的个体才有能力签约和守约，因此，契约精神要求每一个个体都是独立自主的。正如儒家思想家把有情、有义、有爱抽象为仁爱精神一样，西方思想家把独立自主的精神抽象成自由，自由也就成为西方人性理想的一个核心要素。

然而，什么是自由？如何塑造自由的人性理想呢？正如为了塑造一颗"仁心"，古代中国人都要学习"礼"，礼文化也就成为儒家文化的一个基本模式。那么，为了塑造自由的心灵，需要一种怎样的人文形式呢？希腊人给出的答案是：科学。

我们知道，科学在今天是推动社会进步、促进经济发展的一个巨大杠杆，但这不过是 19 世纪才发生的变化。在 19 世纪以前，科学和技术基本不相干，对社会历史也没有什么直接的影响。那么，科学是怎样诞生的呢？

科学精神的起源可以追溯到希腊时期。前面已经提到，科学精神源自对自由人性的基本认同。德尔菲神庙有一句神谕"认识你自己"，这句话后来被苏格拉底作为哲学箴言。相比起来，中国文化并不强调所谓的"自己"。在我们看来，天、地、人三才之间是相通相感的。天不是独立的天，地不是独立的地，人也不是独立的人。可是希腊思想不同，它强调事物都有一个自身，有一个自己。换句话说，事物有一个"不以人们意志为转移"的客观规律，有一个属于自己的"nature"。所以，希腊人对自由的人性理想，就落实到对于万事万物的"自己"的追求之上。

今天我们所说的科学翻译自英文的"science"，英文的"science"来自于拉丁文的"scientia"，拉丁文的"scientia"来自希腊文的"episteme"。"episteme"就是知识，但并不是一般的、知道点什么的知识，而是一种有系统的、能够自圆其说的东西。

希腊的科学有两个突出特点：其一，希腊科学纯粹为"自身"而存在，拒绝功利目的、实用目的；其二，希腊科学不借助外部经验，纯粹依靠内在演绎来发展"自身"。

希腊科学的第一个特点是它极端强调自己的无用特征，这一点中国人听了往往觉得奇怪。我们认为知识要服从于用，所谓"学以致用"，可是希腊人高调地强调，最高级的知识必须是无用的知识。在希腊人看来，任何事物如果仅仅以"用"的面目出现的话，那么它就不是为自身而存在，而是为他者而存在。因此，一种真正地指向自我的知识，必须是无用的知识。有一个关于《几何原本》的作者欧几里得的故事，一个年轻人跟着欧几里得学习几何学，上了几课之后就问欧氏说，老师，我们学这个东西究竟有什么用呢？欧几里得听了勃然大怒，说你骂谁呢？你怎么会跟我学有用的东西呢？我教给你的都是无用的。在欧几里得看来，真正的知识是无用的知识，它只为自身而存在，不在任何意义上服务于他者。

希腊人强调知识的自主性。亚里士多德曾经把所有的知识分成三大类，最高级的就是思辨的知识，或者叫理论的知识，包括形而上学、自然哲学、数学等等，它们是无用的知识。第二类包括伦理学、家政学、政治学等，这类学问有点用处，因此次一等。第三类就是特别有用的，是制作的知识，就是艺术、机械、工程、技术、医疗等。亚里士多德认为，最高级的人类知识就是第一类，因为它们是最没有用的。无用的知识何以成为知识呢？希腊人的回答是：一切真正的知识都必定是出自自身的内在性知识，来自外部经验的不算真知识，只能算意见。要理解什么是内在性知识，就要说到希腊科学的演绎特征。

希腊科学的第二个特点，就是它非常强调知识的自我演绎。我们知道，希腊人开创了演绎科学。他们从一开始就强调知识必须是无用的，这就意味着斩断了它的经验来源。斩断经验来源之后如何构建知识呢？希腊人就发明了一套自我推演的知识，这就是演绎。希腊人的演绎知识体系有三大类：演绎数学、形式逻辑、体系哲学。这三类知识都表现出希腊知识的特点，也就是由自己推出自己。这种内在性、逻辑性、演绎性，造就了西方学术着眼于推理论证的基本特点。希腊人强调，在表面上光怪陆离的现象界背后，有一些永恒不变的东西，它是事物的"自身"，这个东西才是真的。

四、希腊数学与中国数学之比较

我们可以从希腊数学入手，来理解希腊科学精神的非功利性和演绎性这两大特点。希腊人非常重视数学，通常希腊的青少年就是先学数学，后学哲学。数学是初阶学问，哲学是高阶学问。这一点和中国文化很不一样，数学在中国古代的教育中并没有这样的基础性地位。那么，希腊人为什么如此重视数学呢？这是因为这种数学，并不是我们今年所理解的计算，而是一种能学能教的基础的知识，是一种能够本真地属于你的知识。从这个角度出发，也许我们把"mathematics"翻译成"蒙学"更加合适。

　　什么叫能学能教呢？这里面有一个故事，古希腊的智者学派曾经提出一个学习悖论：我们究竟对我们正在学习的东西是懂还是不懂呢？如果是懂的话，那么学习是不必要的；如果不懂的话，那么学习就是不可能的。而柏拉图对学习悖论有一个杰出的解释。在《美诺篇》中，柏拉图提出，我们当然只能学习那些我们本来就懂的知识，但是为什么还要学呢？因为我们本来是懂的，但后来给忘记了，所以学习就是回忆。如果我们从经验心理学的角度来理解这句话，会觉得这种说法荒谬无聊；但是如果从哲学的角度看，我们能够发现这个思想的深刻之处。它提示我们，真正的知识必定已经内在于你的心灵之中。也就是说，我们的心灵必须有一个先天的结构，以保证我们能够学得会。比方说，我们会教小孩算算术，但不会去教小狗学算术，因为我们知道狗是学不会的，但是人就具有能学会的先天结构。

　　所以我们看到，希腊的科学思想始终扣住一个问题，就是自己、自我、本真、本来、本性。而希腊数学也不是单纯算一算的东西，而是一种能够本真地属于你的知识。希腊数学有四门功课，分别是算术、几何、音乐、天文。

　　希腊的"算术"一词翻译自"arithmetic"，这个词其实翻译成数理学或数论更合适。因为在希腊人看来，计算只是一门技术，技术当然就是有用的，所以计算不是最高级的学问，真正高级的是数的道理。希腊算术致力于对数进行分类，研究其中各种各样的道理，比如奇数、偶数、三角数、正方数、完全数等等。毕达哥拉斯学派提出了"万物皆数"的原则，他们强调宇宙间的一切秩序，人口比例、房屋结构、社会组织……全部采用数的和谐的方式进行，一切量都是可以公度的，都可以还原为整数或者整数的比例，如果不符合数的原理，那就一定有问题。

　　不幸的是，希腊人对世界的数学推理，在一个地方出了问题，这就是所谓无理数的发现。希腊人发现等腰直角三角形的斜边是不可公度的。假设等腰直角三角形的直角边长为1的话，按照毕达哥拉斯定理（勾股定理），其斜边长就应该是2。可是，2没办法写成两个数的比例，这就意味着它根本就不是一个"数"，这对毕达哥拉斯学派所信奉的"万物皆数"理论，可谓是一个巨大的打击。据说，2 的发现者在一次出海游玩时向同伴们报告了自己的发现，在场的人虽然不愿相信，但经过反复验证不得不承认这是真的。大家悲痛欲绝，那怎么办呢？最后，在场者一致同意把发现者扔到了海里。2 的发现甚至被认为是西方历史上的第一次数学危机。

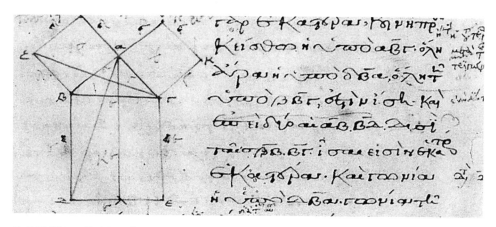

欧几里得证明的"勾股定理"示意图　　　　　　　　　　　　　文化传播 / 供图

　　这件事在中国人看来难以理解——中国人并不会因为一项数学发现而惊慌失措，甚至置人于死地。其实，任何一种文化都有它不可动摇的核心约束和规范。中国文化虽然不在数理逻辑、宇宙结构上较真，但我们在人伦关系、政治秩序上，可就非常较真了。这种"较真"的背后，实际上是不同文化体系的深刻差异。

　　第一次数学危机之后，算术（数论）的地位开始下降，因为不仅仅 2 不是数，3、5、7 都不是数。这就导致了一系列问题，使得希腊算术难以继续发展。同时，几何学的地位开始上升，最终成为希腊数学的主力学科。几何学是希腊精神的一个典型代表，希腊的科学典籍只有两本传世，一本是欧几里得的《几何原本》，一本是托勒密的《至大论》。《几何原本》在西方世界流传甚广，它既是古典时期几何学最高成就的集大成者，也是长期以来适合青少年阅读的教科书。据统计，在有了印刷术之后，欧洲印刷量最高的著作，第一是《圣经》，第二就是《几何原本》。这样一个排名，充分反映出现代西方文明受到了两希文明——希腊文明与希伯来文明的影响。

那么，西方人为什么要学几何学？不仅仅是为了让思维更加精确、推理更加严谨。事实上，几何学在西方历史上所扮演的角色，一直是自由价值的捍卫者。通过学习几何学，我们能更好地理解事物自身的推演，探究事物的内在逻辑。所以几何学的功能不在于功利性目的，而在于它是西方理性精神的代言人。希腊几何学有一种作图方式叫作"尺规作图"，只用圆规和直尺，直尺上还不能有刻度，以此杜绝几何学的实用目的。柏拉图《理想国》就讲到，有人问苏格拉底，学几何学是不是可以有军事、建筑、航海的用途，被苏格拉底断然喝止：你糊涂，学几何学的目的是提升你自由的灵魂，让你理解什么叫自己。据说柏拉图学院门口有一块牌子，上书"不懂几何学者不得入内"，这意味着一个人如果没有学过几何，他就缺乏基本的人性素养。

希腊人的几何学对后世影响非常大，一千多年来，几何学被认为是理性科学的典范。牛顿的《自然哲学的数学原理》、斯宾诺莎的《伦理学》都仿照了《几何原本》的写作方式，即从定义、公理、公设出发，不断推导得出新的定理。可以说，当时无论是伦理学这样的"文科"学问，还是物理学这样的"理科"学问，都深受希腊几何学的影响。几何学在西方思想中扮演的角色，其实代表了理性思维的最高形态。

接下来，我们介绍希腊的音乐学。在我们看来音乐是艺术，它怎么就成了数学呢？希腊人认为，音乐就是声音的和谐，而声音的和谐背后一定有数的和谐做保障。希腊的乐器如竖琴、长笛，它们的音响、音高都和某种几何距离、长度比例有关系。所以，音乐学实际上就是某种应用算术，而现代音乐发展出和声、多声部之后，更强调音乐的数学性。

最后讲讲天文学，天文学特别能够揭示出希腊的科学思维和中国的礼文化之间的区别。我们知道，中国古代和希腊都发展出了发达的天文学，但是它们的性质并不一样。

中国的天文学之所以非常发达，一个重要原因是国家的重视，这种重视来源于天人相感、天人相通、天人合一的思维方式。换句话说，我们要带着崇敬之心来关注天的变化，因为天、地、人三才是相通的，皇帝自称天子，更要关注天时。天文学在中国，从一开始就扮演了"礼学"的角色，一旦发生了自然灾害，或者出现异常的天象，人间的天子就会寝食不安，要检讨自己德行有失，受到了上天的警告。

天象具有如此强烈的政治含义，因此，观察、记录以及解析天象的天文学家在古代皇权政治中就扮演了重要角色。中国古代的天文学在某种意义上可以称为"天空博物学"，它观察得很仔细，记载得非常详细，天空中细微的颜色、声音变化都要记录。同时，古代天文学又可以称为"政治占星术"和"日常伦理学"，它既服务于军国大事，也服务于百姓日用。皇家编制的"老皇历"，是老百姓日常生活的重要参考，每天宜做什么，不宜做什么，在老皇历上都有。

与中国古代不同，希腊人之所以研究天文学，是因为他们认为天上非常完美。在希腊人看来，天上的世界没有变化，而地上的事物时刻处在运动变化之中。因此，朝向天空是一个高贵的姿态，是有理想的表现。从这种理念出发，希腊天文学致力于将天际解释得很单纯、很干净。天体的数目不增不减，永恒如此，而那些表面上的瑕疵都以这样那样的理由给解释过去了。例如月亮表面坑坑洼洼，希腊人认为是云彩挡住了；对于太阳黑子希腊人根本就不记载，不承认有这回事；而彗星、流星被希腊人解释为大气现象，认为它们不算天际现象。

虽然希腊人力求将天上的世界解释得纯粹、干净，但是在一件事情上他们遇到了困难，那就是七颗行星的运动。希腊的行星有七个：太阳、月亮、水星、金星、火星、木星、土星，这七个天体除了每天围绕地球转一圈之外，还有反向的运动，速度也不均匀。按照希腊人对天体的设想，它们应该在天球上作匀速圆周运动，这才是天际唯一应该具有的高贵运动形式。可是行星如此混乱的运动，无疑引发了堪比无理数发现的宇宙学危机。

所以，希腊天文学的基本目标之一，就是要把这七颗行星给说圆乎了，说成依然是在作匀速圆周运动。柏拉图的学生欧多克斯是希腊天文学的始祖，他创立了一整套同心球模型来模拟行星的不规则运动。这些方案到公元 2 世纪的托勒密那里修成正果，他的《数学汇编》建立了希腊数理天文学的一座丰碑。

　　经过比较，我们就能发现，中国天文学和希腊的天文学有着根本上的差别。它不是希腊意义上的科学，而是属于中国文化的礼学。而经过以上的比较，我们也更能理解中西文化的差异，理解礼学与科学的差异。

　　总的来说，希腊科学这样一种基于逻辑、理性、概念的内在推演的活动，看起来没有用，却蕴含了一种"无用之用是为大用"的智慧，它使得现代科学具有了无穷的可能性。我们知道希腊文明的存在时间并不长，但是希腊的科学精神源远流长，先传到阿拉伯世界，后传到欧洲，成为现代科学的滥觞。希腊人研究的圆锥曲线在当时没什么用，但后来全用上了。这提示我们，一个暂时无用的东西，往往却能发挥长远的影响。希腊科学中纯粹超功利的、演绎的精神，对于现代科学的发展有着非常深远的意义。这是值得我们今天去思考、去学习的。

（讲座时间　2018 年）

王 博

历史与未来：古代中国的思考——以《周易》为例

王 博

王博，1967年生，内蒙古赤峰人。北京大学教授，教育部"长江学者"特聘教授。现任北京大学党委常委、副校长。

长期从事中国古代哲学研究，侧重于儒家、道家、早期经学及出土文献等领域。主要著作有:《中国儒学史·先秦卷》《老子思想的史官特色》《简帛思想文献论集》《庄子哲学》《无奈与逍遥：庄子的心灵世界》《易传通论》《奠基与经典：先秦的精神文明》等。主持《儒藏》《中国解释学史》《中国经学史》等重大项目的编纂工作。参与撰写《中华文明史》。在《哲学研究》《中国哲学史》《中国社会科学》《中国高校社会科学》《人民日报》《人民论坛》《新华日报》等报刊发表《建构富有道理的当代中国哲学》《"道"的文化精神》《中国文化的一体和多元》等百余篇中英文学术论文。

夫易，彰往而察来。

极数知来之谓占。

神以知来，知以藏往。——《周易·系辞传》

前几年曾经讲过一次老子《道德经》，《道德经》不好读，《周易》则是难读。难读的原因之一是，这部经典不仅有文字，更有卦象。打开《周易》，我们可以看到一个卦象的世界，由奇偶两画、八卦和六十四卦构成。文字的意义相对来说比较确定，卦象的弹性就比较大。同样的一个形象，如绘画等艺术作品，

伏羲先天八卦方位图

不同的人往往有不同的认识和理解。卦象也是如此。另外，文字和卦象的对应关系，古人称之为"象辞相应之理"，有时候还比较容易了解，有时候则像是猜谜。虽然有一些解码的信息，譬如《说卦传》等关于卦象意义的解说，以及历代的注释等，但仍然有许多不可解、不可通之处。

《周易》所谓卦象的世界，其基础是被称为奇画（—）和偶画（--）的两个符号。奇画看起来像一横，偶画则在中间断开。这两个符号不同形式的组合，可以组成三画的八卦。八卦两两相重，则构成了六画的六十四卦。我们今天选取了朱熹《周易本义》所附的伏羲先天

坤（地）	艮（山）	坎（水）	巽（风）	震（雷）	离（火）	兑（泽）	乾（天）	←上卦 ↓下卦
11.地天泰	26.山天大畜	5.水天需	9.风天小畜	34.雷天大壮	14.火天大有	43.泽天夬	1.乾为天	乾（天）
19.地泽临	41.山泽损	60.水泽节	61.风泽中孚	54.雷泽归妹	38.火泽睽	58.兑为泽	10.天泽履	兑（泽）
36.地火明夷	22.山火贲	63.水火既济	37.风火家人	55.雷火丰	30.离为火	49.泽火革	13.天火同人	离（火）
24.地雷复	27.山雷颐	3.水雷屯	42.风雷益	51.震为雷	21.火雷噬嗑	17.泽雷随	25.天雷无妄	震（雷）
46.地风升	18.山风蛊	48.水风井	57.巽为风	32.雷风恒	50.火风鼎	28.泽风大过	44.天风姤	巽（风）
7.地水师	4.山水蒙	29.坎为水	59.风水涣	40.雷水解	64.火水未济	47.泽水困	6.天水讼	坎（水）
15.地山谦	52.艮为山	39.水山蹇	53.风山渐	62.雷山小过	56.火山旅	31.泽山咸	33.天山遁	艮（山）
2.坤为地	23.山地剥	8.水地比	20.风地观	16.雷地豫	35.火地晋	45.泽地萃	12.天地否	坤（地）

六十四卦图

八卦方位图和六十四卦图，让大家对于卦象可以有一个直观的印象。

　　每一个卦都有名字，为了便于记忆，古人编了一个《八卦取象歌》："乾三连，坤六断；震仰盂，艮覆碗；离中虚，坎中满；兑上缺，巽下断。"八卦分别象征着世界上的一些具体事物，如乾卦代表天；坤卦代表地；离卦代表火，也代表太阳；坎卦代表水，也代表月亮等。北京城的天坛、地坛、日坛和月坛，与先天八卦图乾坤离坎的方位相同，正是依据这个八卦图的方位来安放的。八卦中的任何两卦组合在一起，就成为一个六画卦象，这样共可以形成六十四个卦象。六画卦分下卦和上卦，我们看六十四卦图，按照乾一、兑二、离三、震四、巽五、坎六、艮七、坤八的次序两两组合，很有条理。同样为了方便记忆，古人也编了《六十四卦卦序歌》：

乾坤屯蒙需讼师，比小畜兮履泰否；

同人大有谦豫随，蛊临观兮噬嗑贲；

剥复无妄大畜颐，大过坎离三十备。

咸恒遁兮及大壮，晋与明夷家人睽；

蹇解损益夬姤萃，升困井革鼎震继；

艮渐归妹丰旅巽，兑涣节兮中孚至；

小过既济兼未济，是为下经三十四。

卦象之外，《周易》还有文字的部分，首先是卦辞和爻辞。卦辞解释六十四卦中每一卦的含义，如乾卦的卦辞是"元亨利贞"。每一卦由六画构成，称六爻，自下而上，分别称为初、二、三、四、五和上。卦中的奇画叫阳爻，偶画叫阴爻。阳爻用数字九来表示，阴爻用数字六来表示。爻辞就是来说明每一爻的含义，如乾卦初九爻辞是"潜龙勿用"。其次，是解释《周易》卦象和卦爻辞意义的《易传》。《易传》包括《彖传》《象传》《系辞传》《说卦传》《文言传》《序卦传》和《杂卦传》，共七种十篇，又称"十翼"。"翼"是翅膀的意思，帮助了解《周易》的意义。《易传》的每一种都有一个主题，如《序卦传》是解释六十四卦的顺序。顺序是十分重要的一件事情，比如我们在某一个正式场合的出场顺序非常重要。其实一本书的顺序也非常重要，譬如《论语》第一篇叫

《学而》，突出了学习的重要性。《论语》最后一篇叫作《尧曰》，尧舜禹的尧，因为尧是圣人，所以它从第一篇到最后一篇，体现出一个逻辑，就是学以成为圣人的逻辑。《荀子》也是如此，《荀子》第一篇叫作《劝学》，最后一篇叫《尧问》。《周易》本身也有一个最基本的逻辑，我一会儿通过讲乾、坤以及既济和未济会向大家简单呈现。

　　《周易》当然应该读。作为传统文化最重要的经典之一，《周易》深刻影响了中国人的世界观和价值观，是认识历史中国的重要途径。根据《中国古籍总目》的统计，历来关于《周易》的注释有数千种之多，可见其广泛而深刻的影响力。司马迁说孔子老而好《易》，读《易》韦编三绝。《周易》中《易传》的部分，便是在孔子开创的方向之中，战国时期儒家后学易学解释的集大成。汉代易学极其发达，《周易》逐渐成为"群经之首"，其解释也形成不同的传统。扬雄、郑玄等都是易学大家。三国时代魏国天才的哲学家王弼有《周易注》，成为唐代易学的主流。后来，程颐、朱熹、王夫之等均有解释《周易》的作品。其中，程颐的《程氏易传》和朱熹的《周易本义》影响深远。

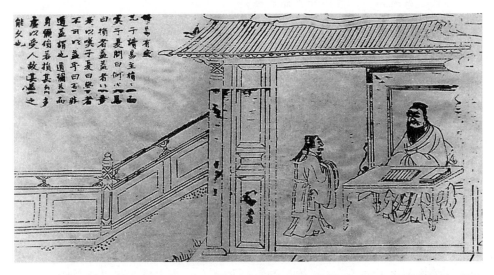

明代木版画《圣迹之图》描绘了孔子"读《易》韦编三绝"的情形　　　　文化传播 / 供图

　　怎么读《周易》也是一个问题。众所周知，《周易》本是卜筮之书，为史官所掌握，乃人君之宝典。作为早期中国"宪法"的《尚书·洪范》即记载卜筮之意义，《左传》《国语》等都记载《周易》之应用。"以卜筮者尚其占"，古人遇到疑惑之事，往往通过卜筮来决疑。这个传统，甚至一直延续到现在。但我们今天所说，主要是继承孔子开创的对于《周易》的新理解。这个新理解的核心是重"德义"而轻卜筮。马王堆汉墓发现的帛书《要》记载：

　　夫子老而好《易》，居则在席，行则在囊。子贡曰……夫子何以老而好之乎？……（夫子曰）有古之遗言焉，予非安其用也……故《易》，刚者使知惧，柔者使知刚……《易》，我后其祝卜矣，我观其德义耳也……吾与史巫同途而殊归者也。君子德行焉求福，故祭祀而寡也；仁义焉求吉，故卜筮而希也。

　　孔子老而好《易》，甚至引起了身边亲近弟子如子贡的怀疑。孔子借此澄清自己读《周易》的态度。与史巫尚卜筮不同，孔子看重的是古之遗言中体现的德义，即德行和仁义。由此，孔子开创了《周易》儒家化同时也是哲理化的历史。在这个历史展开的过程中，各种易学派别不断出现，《四库全书总目》经部易类小序指出"易道广大，无所不包"，并将历史中的易学概括为"两派六宗"，两派指"象数"和"义理"，每派又各包含三宗。

　　今天的讲座，不是系统讲述《周易》的内容。我想以《周易》为基础，思考关于历史和未来的主题。之所以选择这个主题，一方面是因为《周易》既是历史经验的总结，又充满探索未来的精神；另一方面也是因为，每当处在历史的重要关口，我们都会重新理解历史，并展望未来。苏东坡说："不识庐山真面目，只缘身在此山中。"理解和思考当下的问题，需要有开阔的视野和长远的眼光，需要历史感和未来的向度。要想深刻地理解现在，需要向历史回望千年，也需要向未来展望千年。王充《论衡》提到汉人的说法，"圣人前知千岁，后知万世"，圣人之所以为圣人，是可以超越现在来理解现在。局限于现在，就经常为了当下的东西而遗忘长远的利益和理想。结果就是我们以为赢得了当下，却失去了未来。

　　历史不仅仅是过去的东西，它仍然是我们思考当下和未来的重要基础。在中国文化中，历史具有特殊的意义，它是天道在时间之中的呈现。通过历史领悟天道，发现道理，是古人的一个重要信念。因此之故，中国文化极其看重历史，并以之为借鉴。《尚书·召诰》记载周公之语：

> 我不可不监于有夏，亦不可不监于有殷。我不敢知曰：有夏服天命，惟有历年；我不敢知曰，不其延，惟不敬厥德，乃早坠厥命。我不敢知曰，有殷受天命，惟有历年；我不敢知曰，不其延，惟不敬厥德，乃早坠厥命。

历代圣王都追求长治久安，国家永续，在周公看来，其根本是敬德。《论语》记载孔子的话说：

> 殷因于夏礼，所损益，可知也；周因于殷礼，所损益，可知也；其或继周者，虽百世，可知也。

孔子总结三代的历史，特别强调建立在德之上的礼的秩序。后代对于前代，既有因又有损益，既继承又发展。孔子认为，这是一个普遍的原则，既是历史的事实，也适用于未来的世界。司马迁著《史记》，有强烈的历史使命感，其用心是"究天人之际，通古今之变，成一家之言"，确立了中国传统史学的宗旨。《资治通鉴》也是如此，宋神宗序云：

> 朕惟君子多识前言往行以畜其德，故能刚健笃实，辉光日新。《书》亦曰："王，人求多闻，时惟建事。"《诗》《书》《春秋》，皆所以明乎得失之迹，存王道之正，垂鉴戒于后世者也……荀卿有言："欲观圣人之迹，则于其粲然者矣，后王是也。"若夫汉之文、宣，唐之太宗，孔子所谓"吾无间焉"者。自余治世盛王，有惨怛之爱，有忠利之教，或知人善任，恭俭勤畏，亦各得圣贤之一体，孟轲所谓"吾于《武成》，取二三策而已"。至于荒坠颠危，可见前车之失；乱贼奸宄，厥有履霜之渐。《诗》云："商鉴不远，在夏后之世。"故赐其书名曰《资治通鉴》，以著朕之志焉耳。

《通鉴》意在通道明理畜德，而不是拘泥于史事，所以司马光开篇即云：

> 臣光曰：臣闻天子之职莫大于礼，礼莫大于分，分莫大于名。何谓礼？纪纲是也；何谓分？君臣是也；何谓名？公、侯、卿、大夫是也。夫以四海之广，兆民之众，受制于一人，虽有绝伦之力，高世之智，莫敢不奔走而服役者，岂非以礼为之纲纪哉！是故天子统三公，三公率诸侯，诸侯制卿大夫，卿大夫治

士庶人。贵以临贱,贱以承贵。上之使下,犹心腹之运手足,根本之制支叶;下之事上,犹手足之卫心腹,支叶之庇本根。然后能上下相保而国家治安。故曰:天子之职莫大于礼也。

不难看出,其所关注的核心是礼所代表的价值观和社会政治秩序。礼即道理的体现,治国平天下的根本,是《通鉴》最留意者。

无论是中国,还是世界,历史呈现出一幅变和不变交织的画面。以中国历史为例,虽然数千年文明的连续性引人注目,但三次大的转折同样不容忽视。第一次大转折是殷周之变,其结果是以周公为代表的古典人文精神的出现。以天命和德为中心,以“皇天无亲,唯德是辅”为代表,奠定了人文中国最早的一批经典,如《尚书》《诗经》以及礼乐等,《周易》即其中之一。这次转折让我们知道仅仅靠上帝和鬼神不能让王朝延续,关键在于敬德。第二次大转折是周秦之变,借助于对秦二世而亡现象的思考,经过几十年的探索,汉武帝完成了更化的使命,孔子代表的儒家成为主流的世界观和价值观。贾谊《过秦论》提到的“仁义不施,而攻守之势异也”,“牧民之道,务在安之而已”,“前事之不忘,后事之师也”,成为历代统治者和学者铭刻在心的至理名言。这次转折让我们知道仅仅靠气力无法保证帝国的稳固,必须推行仁义。第三次大转折是清末开始的中西大碰撞,以戊戌变法、新文化运动及马克思主义的传播等为代表,中国开始进入世界历史进程,现代化成为一个最重要的课题。这次转折让我们知道仅仅依靠传统的资源不能解决问题,必须吸收世界文明的一切优秀成果。

现代化的过程中,变和不变的问题,尤其重要。在某种意义上,《周易》就是一部聚焦变和不变的经典。读书与知人论世一样,要紧处是“先立乎其大者”。对于《周易》而言,其“大者”便是“阴阳之道”。《庄子·天下篇》云:“易以道阴阳。”朱熹《周易本义》序说:“故易者,阴阳之道也。卦者,阴阳之物也。爻者,阴阳之动也。”《周易》对此也有概括,《系辞传》云:“一阴一阳之谓道。”《说卦传》云:“昔者圣人之作易也,将以顺性命之理。是以立天之道曰阴与阳,立地之道曰柔与刚,立人之道曰仁与义。”阴阳是《周易》所理解的最根本的世界结构,也是最根本的思维方式。读懂了阴阳,也就读懂了《周易》。

以最简单的方式说，一阴一阳之谓道，就是把世界分成两片。一片叫阴，一片叫阳。譬如天是阳，地是阴；君是阳，臣是阴；父是阳，子是阴；男是阳，女是阴等。天地之间的任何事物，都可以被纳入到阴阳之中。具体到某一个事物，其阴阳的属性，需要在相对的关系之中来确定。如一个人作为父亲，相对于子女而言，是阳。但作为臣子，相对于君主来说，就是阴。阴阳的角色相对于在彼此关系中所处的位置确定，这叫作"唯变所适"。儒家对于人的理解，倾向于把人角色化，注重在相对的关系之中把握人的存在。譬如"我是谁"这样一个问题，如果按照《周易》的理解，完全取决于我和谁在一起，取决于我和他者的关系。处在阳的角色，就要遵循阳的道理；处在阴的角色，则要遵循阴的道理。

这就涉及对《周易》之"易"的理解。一字多义是汉字的特点，"易"字把这个特点表现得非常突出。由历代的解释可知，"易"字至少包含四种意义：简易、变易、不易、交易。前三种意义，汉代人就已经提出。交易，是朱熹增加上去的。这些意义虽然出自后人的概括，但在《周易》特别是《易传》中，都有体现。这四种意义，都离不开阴阳。所谓简易，是指世界虽然由错综复杂的万物构成，而且千变万化，但究其根本，不过就是一阴一阳。从卦象上来说，《周易》包括六十四卦，卦象个个不同，也只是奇偶两画或阴阳两爻的不同组合。《系辞传》说："易简而天下之理得矣。"所谓变易，指阳变阴，阴变阳，这是所有变化的本质。就卦象来说，阳爻变阴爻，阴爻变阳爻，一卦就成为另一卦，俗称"变卦"。《周易》常被看作是讲变化之书，程颐说："易，变易也，随时变易以从道也。"所谓不易，是就阴阳变化之道而言。万物虽变，但变化之道理不变。"物无妄然，必由其理。"所谓交易，是指阳交于阴、阴交于阳，阴阳无时无刻不在交易之中，有交易，万物才会通畅，世界才有活力，所谓"天地交而万物通"。"易"字的四个含义概括起来就是：世界很简单，一直在变化，总有不变的东西，交易无处不在。

理解《周易》，三才的观念非常重要。《三字经》说："天地人，曰三才（材）。"三才之说最早见于《周易》，《系辞传》说："易之为书也，广大悉备，有天道焉，有人道焉，有地道焉，兼三材而两之，故六。六者非它也，三材之道也。"《说卦传》也说："兼三才而两之，故《易》六画而成卦。"此是说一卦六爻之中即包括天地人三才之道。三才的一个具体体现，就是时、位和中。所谓时，首先指天时，如昼夜、四时、节气等，引申而有处境、命运或遭遇等意义。王弼说："卦者，时也。"以卜筮而言，遇到某一卦，就意味着处在某时，如泰卦就是泰之时，否卦亦然。《周易》屡言某之时，如《彖传》解释豫卦、遁卦、姤卦、旅卦、随卦，都说某卦之"时义"大矣哉！蹇卦、睽卦、坎卦是某卦之"时用"大矣哉！颐卦、大过卦、革卦是某卦之"时"大矣哉！时不同，势就不同，其义其用也不同，意味着人要随之而变，"君子藏器于身，待时而动。""时止则止，时行则行，动静不失其时。""损益之道，与时偕行。"此谓变通，"变通配四时"。

所谓位，初指地位而言，地势有高低、有平陂，引申而指人在社会中的位置。《周易》以爻为位，六爻自下而上，下三爻为下卦，上三爻为上卦。又有初爻、中爻和上爻之分。爻有阴阳，位置也有阴阳，奇数位是阳，偶数位是阴。阳爻居阳位、阴爻居阴位是当位，反之是不当位。一般而言，当位则吉，不当位则凶，但不可一概而论。《系辞传》还讨论了不同位置的一般性特点：

其初难知，其上易知，本末也……二与四同功而异位，其善不同，二多誉，四多惧，近也。柔之为道，不利远者，其要无咎，其用柔中也；三与五同功而异位，三多凶，五多功，贵贱之等也。其柔危，其刚胜邪？

其中二、五爻位置最佳，二多誉、五多功。三、四爻位置凶险，三多凶，四多惧。初爻处一卦之始，如三岁小儿，前景不明。上爻居一卦之终，一览无余。

所谓中，主要是指人而言，但涉及人与天地的关系。人处天地之中以生，生存活动也都在天地之间展开。如何理解天地之道，如何理解人的位置和角色，至关重要。《周易》力图会通天道和人道，所谓圣人，就是"与天地合其德"之人。德要能配位，也要随时。《系辞传》说："德薄而位尊，知小而谋大，力少而任重，鲜不及矣……言不胜其任也。"天时有中，如子是夜之中，午是昼之中；地位有中，如一卦之内，二是下卦之中，五是上卦之中。人也有其中，指以其德行和智慧，把握时和位的平衡，做出最恰当的选择。不能把"中"理解为固定之物，某时之"中"，随着时之变化，就是"不中"。所以，《周易》特别强调"时中"。如"男女授受不亲"，是一般性的原则，是中道之要求；但嫂溺，须援之以手，这也是中。随时而变，"中"存于其间。孟子最推崇孔子，许之以"圣之时者也"，"可以仕则仕，可以止则止，可以久则久，可以速则速"。以《周易》言之，损之时则损，益之时则益。大过之时，可以过则过，看似过分者也不过分。该卦九二爻辞，"枯杨生稊，老夫得其女妻，无不利"。《周易》之"中正"或"正中"，也是时中的体现。如豫卦六二爻辞："介于石，不终日，贞吉。"《象传》解释说："不终日，贞吉，以中正也。"

以下，我想以三组对偶卦为例来做些具体说明。《周易》六十四卦，是32个对子，唐孔颖达称之为"两两相耦，非覆即变"。这三组对偶卦是乾—坤、泰—否、既济—未济。之所以选择这三组，主要考虑其代表性。乾、坤是六十四卦之首，其象指天地，彰显"简易"和"不易"的阴阳之道，有特殊意义。泰、否是乾坤两卦不同形式的组合，阐发定位和流行之义，是理解"交易"的方便素材。既济和未济居六十四卦之末，发挥"变易"之义，体现《周易》对于变化的理解。

先看乾、坤，从卦象来看，两卦最大的特点是纯粹，乾卦六爻皆阳，坤卦六爻皆阴，与其他六十二卦皆含阴阳不同。世界上没有纯粹之物，根据《周易》的理解，万物皆由阴阳和合而成。《周易》先立纯粹的乾、坤之象，其用意在于阐发阴阳之道理，以为其后六十二卦的基础。《周易》有卦辞和爻辞解释卦象的意义，又有《彖传》《象传》等解释辞和象的意义。乾坤两卦的卦辞和爻辞如下：

乾：元亨利贞。

上九：亢龙有悔。

九五：飞龙在天，利见大人。

九四：或跃在渊，无咎。

九三：君子终日乾乾，夕惕若，厉无咎。

九二：见龙在田，利见大人。

初九：潜龙勿用。

坤：元亨，利牝马之贞。君子有攸往，先迷后得，主利。西南得朋，东北丧朋。安贞吉。

上六：龙战于野，其血玄黄。

六五：黄裳，元吉。

六四：括囊，无咎无誉。

六三：含章，可贞。或从王事，无成有终。

六二：直方大，不习，无不利。

初六：履霜，坚冰至。

如"元亨利贞"是乾卦卦辞，其他自下而上，分别是从初九到上九六个爻的爻辞。与其他卦不同，乾坤两卦有用九和用六，此与其卦象的特殊性及筮法有关。用九"见群龙无首，吉"和用六"利永贞"分别是总结之词，是在卦爻辞基础之上的提炼。

因为时间的关系，我不想对卦爻辞进行详细的解说。简单地讲，卦爻辞表达该卦的意义，以及其中体现的道理。乾卦卦象代表天，天为阳，卦爻辞即表达阳之道理。坤卦卦象代表地，地为阴，卦爻辞即表达阴之道理。在爻辞中，乾卦以龙为比喻，通过位置的变化体现阳的精神。坤卦卦辞以牝马为比喻，爻辞也通过位置的变化深化对阴之道理的把握。《周易》通过乾坤两卦集中表现了其对于阴阳之道的理解。概括而言，阳的性质是刚健、开创、主导、跃动、高明，阴的性质则是柔顺、追随、顺承、安静、地道。先看《易传》对乾卦精神的阐发：

《彖传》：大哉乾元，万物资始，乃统天。云行雨施，品物流形，大明终始，六位时成，时乘六龙以御天。乾道变化，各正性命。保合太和，乃利贞。首出庶物，万国咸宁。

《象传》：天行健，君子以自强不息。

以上《彖传》《象传》是总说，下面《文言传》的内容则是分说：

君子以成德为行，日可见之行也。"潜"之为言也，隐而未见，行而未成，是以君子弗用也。

君子学以聚之，问以辩之，宽以居之，仁以行之。《易》曰："见龙在田，利见大人。"君德也。

九三重刚而不中，上不在天，下不在田。故乾乾因其时而惕，虽危"无咎"矣。

九四重刚而不中，上不在天，下不在田，中不在人，故"或"之。或之者，疑之也，故"无咎"。

夫"大人"者，与天地合其德，与日月合其明，与四时合其序，与鬼神合其吉凶。先天而天弗违，后天而奉天时。天且弗违，而况于人乎？况于鬼神乎？

"亢"之为言也，知进而不知退，知存而不知亡，知得而不知丧。其唯圣人乎！知进退存亡，而不失其正者，其唯圣人乎！

结合爻辞和《文言传》的解说可知，乾卦因其阳的性质，充满了刚健和进取的精神。从潜龙、见龙、惕龙、跃龙，一直到九五之飞龙，完成了一个自下而上的上升之途。九五之尊，古代指帝王。所谓"飞龙在天"，以位置而言，已经到达最高处。此时最应警惕者，是上九爻亢龙之局面。所谓亢龙，喻指"知进而不知退，知存而不知亡，知得而不知丧"者，亢龙则有悔。但圣人因"与天地合其德，与日月合其明，与四时合其序，与鬼神合其吉凶"，则可以做到"知进退存亡而不失其正"。乾卦之性质是刚健，其戒在过于刚健。用九"见群龙无首，吉"，要在明"刚而能柔，吉之道也"。刚到极处，需柔以节制之。以柔济刚，可以防止物极必反之结果。最能明柔道者，则是坤卦。下面看《易传》对于坤卦性质的理解：

《彖传》：至哉坤元，万物资生，乃顺承天。坤厚载物，德合无疆。含弘光大，品物咸亨。牝马地类，行地无疆。柔顺利贞，君子攸行。先迷失道，后顺得常。西南得朋，乃与类行。东北丧朋，乃终有庆。安贞之吉，应地无疆。

《象传》：地势坤，君子以厚德载物。

《文言传》：

积善之家必有余庆，积不善之家必有余殃，臣弑其君，子弑其父，非一朝一夕之故，其所由来者渐矣，由辨之不早辨也。《易》曰："履霜，坚冰至。"盖言顺也。

直其正也，方其义也。君子敬以直内，义以方外，敬义立而德不孤。"直，方，大，不习，无不利"，则不疑其所行也。

阴虽有美，含之，以从王事，弗敢成也。地道也，妻道也，臣道也。地道无成，而代有终也。

天地变化，草木蕃。天地闭，贤人隐。《易》曰："括囊，无咎，无誉。"盖言谨也。

君子黄中通理，正位居体，美在其中，而畅于四支，发于事业，美之至也。

阴疑于阳必战，为其嫌于无阳也，故称龙焉。犹未离其类也，故称血焉。夫玄黄者，天地之杂也，天玄而地黄。

坤卦集中阐发阴的道理，其核心是柔顺和安贞。首倡者乾，追随者坤，此万世不可易者。"先迷后得"，指阴欲首倡、主导则必迷失，会找不到北，追随才是本分。"安贞"这个词大家都很熟悉，北京有安贞桥，一定在北面，因为北面是阴的位置。南面是正阳门，东面是朝阳门，这是阳的位置。六三爻辞"含章"，"章"是美好的意思，如有才华或美貌，要含藏起来才是正道。"含章"强调内敛而不张扬。六四爻辞"括囊"，强调谨慎而不越位。六五"黄裳，元吉"，最能体现阴之美德。如果说九五是帝王、天子，六五便是人臣之极，一人之下、万人之上，以阴居尊，需"黄裳"之德，方保"元吉"。"黄，中之色也；裳，下之饰也。"指虽尊而不忘卑，时刻持守柔顺之中道。其戒在上六"龙战于野，其血玄黄"。坤本为牝马，若自视为龙，则为乾所疑，遂与乾成对抗相争之势，天地之大战不可避免。坤卦之性质是柔顺，其戒在遗忘柔顺。用六"利永贞"，要在长久保持忠贞之德，以刚持柔，方可不失。

可以看出，《周易》先立乾坤两卦，以明阴阳之道理。《系辞传》以乾坤为易之门户，"乾坤成列，而易立乎其中矣。乾坤毁，则无以见易。"可知乾坤两卦的重要。乾坤并立，以明阴阳对待，而刚柔相需，缺一不可。如《系辞传》

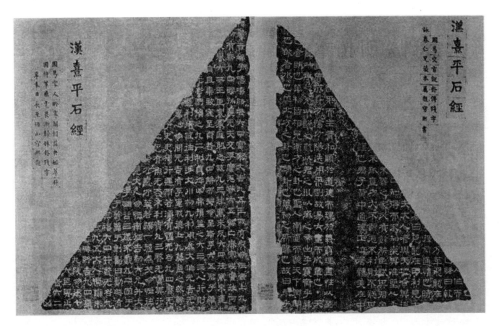

汉熹平石经《周易》残片

所说："阴阳合德，而刚柔有体，以体天地之撰，以通神明之德。"

　　再来看泰否两卦，成语"否极泰来"，即根源于此。其中对于定位与流行的交易之理的阐发，非常清晰。泰卦的卦辞是："小往大来，吉，亨。"《彖传》解释说：

　　泰，小往大来，吉，亨。则是天地交而万物通也，上下交而其志同也。内阳而外阴，内健而外顺，内君子而外小人。君子道长，小人道消也。

　　《象传》：天地交，泰，后以裁成天地之道，辅相天地之宜，以左右民。

　　泰卦的卦象是乾下坤上，即天下地上，与人们的日常经验相反，体现了对宇宙人生的独特理解。以位置言，天尊地卑；但以德行言，应该是天下地上。居高位者应处下，用今天的话来说，深入群众，放低姿态，才能交通成和。否则就是否卦：

　　否：否之匪人，不利君子贞。大往小来。

　　《象传》：否之匪人，不利君子贞，大往小来。则是天地不交，而万物不通也；上下不交，而天下无邦也。内阴而外阳，内柔而外刚，内小人而外君子，小人道长，君子道消也。

《象传》：天地不交，否，君子以俭德辟难，不可荣以禄。

否卦的卦象是坤下乾上，即地下天上，天地固执于各自的位置，而无交通，则万物不通。君臣上下各固执于自己的位置，而无交通，则天下不成其天下，国家就难以有共识，无法凝聚为一体。《周易》既重定位，更重流行。把定位讲得最清楚的是《系辞传》开始的一段话：

天尊地卑，乾坤定矣；卑高以陈，贵贱位矣；动静有常，刚柔断矣；方以类聚，物以群分，吉凶生矣。

但如果只有定位而无流行，则身不安而国家不保。于是需要"天地感而万物化生，圣人感人心而天下和平"（咸卦《象传》）。太和之理想是定位和流行共同塑造的，古人很懂得这个道理，并通过各种方式予以体现。以故宫为例，六个大殿相当于一卦之六爻，太和殿、中和殿、保和殿是下卦，乾清宫、交泰殿、坤宁宫是上卦。太和、中和、保和体现"和"之价值理想，但此"和"之理想必须通过乾坤交泰方能实现。

最后是既济和未济。既济的意思是完成，未济则是没有完成。《周易》以既济和未济结束，令人深思。任何的一个完成，对于未来来说，都不过是一个新的开始。譬如脱贫的完成，是小康的开始。既济卦的卦象很容易记住，自下而上，均是一阳一阴、一阳一阴、一阳一阴，六爻当位，给人的感觉是井井有条，头头是道，似乎一切都已经安排停当。但仔细看卦辞："亨小，利贞。初吉终乱。"某种看似完美的秩序中却潜藏着危险，并注定要走向混乱。《象传》解释说："水在火上，既济。君子以思患而豫防之。"看起来是安排停当的东西，由于变化的无处不在，随时都可能走向未济。未济的卦象与既济相反，一阴一阳、一阴一阳、一阴一阳，六爻皆不当位。其卦辞是"小狐汔济，濡其尾，无攸利"。无攸利即无所利。《象传》说："火在水上，未济。君子以慎辨物居方。"未济之时，更应慎思明辨，作出方向性的选择。

既济和未济两卦，值得我们认真思考。譬如完美和残缺，人们总是想追求形式上的完美，如既济卦的卦象一样。但真实的世界往往是残缺的，就如真实的人。人注定是残缺的，有限就意味着残缺。追求完美，正视和宽容残缺，是客观的态度。龚自珍诗云：

> 未济终焉心缥缈，百事翻从缺陷好。吟到夕阳山外山，世间谁免余情绕。

此外，还有事物和变化的无穷及无限。《序卦传》说："物不可穷也，故受之以未济终焉。"既济似乎画上了一个句号，但未济卦则是一个开放的省略号，世界的变化永无止境。"夫易，穷则变，变则通，通则久。"我们还可以继续说，"久则穷，穷则变……"，正如那个著名的老和尚讲故事的故事：

> 从前有座山，山上有座庙，庙里有个老和尚讲故事。讲的什么呢？从前有座山，山上有座庙……

未济之后，既不是完美，也不是虚无，而是一个新世界的开始。新世界开始的两卦仍然是乾、坤，当然，可以有对乾、坤的新理解。结束的两卦也仍然是既济和未济。不能期待未来世界就是一个句号，可以完美地解决所有的问题。每个人都有句号，但世界没有句号。根据《周易》，阴阳是永存的。只要有阴阳对待的存在，就有变易和交易，就有各种各样的问题和困难。从古到今，有些问题一直存在着；有些问题解决了，被解决的问题又会产生新的问题；同时，有些意想不到的问题又会出现，如目前引起广泛关注的人工智能和基因工程等对人类已经发生的或将要发生的影响。

最后，我想用"三心二意"这个成语做个简单的总结。所谓"三心"，指担心、信心和耐心；所谓"二意"，指古意和新意。之所以担心，是因为变易；之所以有信心，是因为不易；之所以需要耐心，是因为交易。古意代表着历史的向度，新意则代表着未来的向度。

《周易》乃至于整个中国哲学的起源，都离不开"担心"的生存状态。担心是指一种无法放下、不安的状态，这种状态也被称为"忧"，或者"忧患意识"。《诗经》"知我者谓我心忧，不知我者谓我何求"的名句，大家耳熟能详。只有真正关心这个世界的人，才会忧心忡忡，才会有热爱思考、追求万物之理的冲动。从这个意义上说，忧或担心是圣人必备的品质。程颐《易传序》云："圣人之忧患后世，可谓至矣。"朱熹《周易本义序》也说："圣人之忧天下来世，其至矣。"程朱所说之忧，无论后世还是来世，都是指向未来的。在这一点上，《周易》的主要制作者之一周文王，也是如此。《系辞传》说："易之兴也，其于中古乎？作易者，其有忧患乎？"又说："易之兴也，其当殷之末世、周之盛德邪？当文王与纣之事邪？是故其辞危。危者使平，易者使倾。其道甚大，百物不废。惧以终始，其要无咎。此之谓易之道也。"根据传统的说法，当纣之时，文王囚于羑里，忧天下无道，思有以易之，于是演八卦为六十四卦，并系之以文字。忧患的心态使得卦爻辞充满了危和惧的味道，危才能平，慢易的态度则容易倾覆。《系辞传》对这个道理有清楚的说明：

> 危者，安其位者也。亡者，保其存者也。乱者，有其治者也。是故君子安而不忘危，存而不忘亡，治而不忘乱。是以身安而国家可保也。《易》曰："其亡其亡，系于苞桑。"（否卦九五爻爻辞）

> 《易》之为书也不可远，为道也屡迁。变动不居，周流六虚，上下无常，刚柔相易，不可为典要，唯变所适。其出入以度，外内使知惧，又明于忧患与故。无有师保，如临父母。

尼采曾经说过："一个意识到有危险的民族是养育天才的民族。"文王正是意识到危险，才奠定了武王伐纣灭商的基础。以今天的世界而论，以色列的创新能力举世瞩目，其周围的敌意环境带来的危机感是一个重要的原因。

其次是信心。所谓信心，是指基于了解并相信某个道理而产生的坚持的底气。孟子说："富贵不能淫，贫贱不能移，威武不能屈，此之谓大丈夫。"大之为大，是由于"充实而有光辉"，道理在身，生命就有充实感，就有光辉，古人谓之气象。忧患意识之外，《周易》也充满了乐观的精神。"与天地相似，故不违。知周乎万物，而道济天下，故不过。旁行而不流，乐天知命，故不忧。"信心和乐观的精神来自于对天地之道的把握。《周易》认为，圣人通过对于天地之道的把握可以"通天下之志""成天下之务"，以此道理施之于天下之民，能成就伟大的事业：

> 夫易，圣人之所以极深而研几也。唯深也，故能通天下之志。唯几也，故能成天下之务。唯神也，故不疾而速，不行而至。

　　形而上者谓之道，形而下者谓之器。化而裁之谓之变，推而行之谓之通，举而措之天下之民谓之事业。

　　化而裁之存乎变，推而行之存乎通，神而明之存乎其人，默而成之，不言而信，存乎德行。

　　对道理的认识和把握内化于心，是德行；外化于行，是事业。"夫易，圣人所以崇德而广业也。"德行和事业，既是道理的呈现，又是信心之源泉。所以《周易》极其重视德行，"穷神知化，德之盛也"，《系辞传》更"三陈九卦"，从各个角度以阐发德之意义：

　　是故履，德之基也。谦，德之柄也。复，德之本也。恒，德之固也。损，德之修也。益，德之裕也。困，德之辩也。井，德之地也。巽，德之制也。履，和而至。谦，尊而光。复，小而辩于物。恒，杂而不厌。损，先难而后易。益，长裕而不设。困，穷而通。井，居其所而迁。巽，称而隐。履以和行，谦以制礼，复以自知，恒以一德，损以远害，益以兴利，困以寡怨，井以辨义，巽以行权。

　　有此德行，便有信心，可以坚守（恒），可以处困，可以处顺。信心并不意味着傲慢，文中提到的谦卦，其卦象为艮下坤上，象征山在地中，即俗语所说"不显山，不露水"，义指谦虚。该卦是《周易》六十四卦之中唯一一个从卦辞到六个爻辞皆吉利者：

　　谦，亨，君子有终。

　　上六：鸣谦，利用行师征邑国。

　　六五：不富以其邻，利用侵伐，无不利。

　　六四：无不利，㧑谦。

　　九三：劳谦，君子有终，吉。

　　六二：鸣谦，贞吉。

　　初六：谦谦君子，用涉大川，吉。

　　第三是耐心。所谓耐心，是通晓事物变化和发展规律之后的平和从容，是经过磨炼之后的气定神闲。程颢诗云："闲来无事不从容，睡觉东窗日已红。万物静观皆自得，四时佳兴与人同。道通天地有形外，思入风云变态中。富贵不淫贫贱乐，男儿到此是豪雄。"耐心是一种智慧，也是一种境界。柏拉图说："耐心是一切聪明才智的基础。"朱熹说："大凡事，只得耐烦做将去，才有烦心便不得。"曾国藩说："居官以耐烦为第一要义。"耐心和坚持一定会胜过激情和狂热。《周易》有小畜和大畜两卦，都讲蓄积之道理，小畜卦辞说："亨，密云不雨，自我西郊。"《象传》说："风行天上，小畜。君子以懿文德。"大畜《象传》说："天在山中，大畜。君子以多识前言往行，以畜其德。"德行需要畜，需要积累。创新也需要畜，需要积累。庄子说："水之积也不厚，则其负大舟也无力。"荀子说："积土成山，风雨兴焉；积水成渊，蛟龙生焉。"积累到一定程度，厚积薄发是水到渠成的事情。

成功不是一个一蹴而就的过程，经常会遇到困难，甚至困境，《周易》有很多卦都讲这种境遇，如否卦、明夷卦、蹇卦、困卦等。明夷的字面意思是光明消失，其卦象是离下坤上，离是日，坤是地，象征太阳落山之后的黑暗状态，该卦卦辞就三个字："利艰贞。"《彖传》解释说："明入地中，明夷。内文明而外柔顺，以蒙大难，文王以之。利艰贞，晦其明也。内难而能正其志，箕子以之。"《象传》说："明入地中，明夷，君子以莅众，用晦而明。"蹇卦卦象是艮下坎上，艮为山，坎为水，有山重水复疑无路之义。卦辞说："利西南，不利东北。利见大人。贞吉。"《彖传》曰："蹇，难也，险在前也。见险而能止，知矣哉！蹇利西南，往得中也。不利东北，其道穷也。利见大人，往有功也。当位贞吉，以正邦也。蹇之时用大矣哉！"《象传》曰："山上有水，蹇，君子以反身修德。"困卦卦象是坎下兑上，坎为水，兑为泽，有泽无水之义。卦辞说："亨。贞，大人吉，无咎。有言不信。"《彖传》解释说："困，刚掩也。险以说（悦），困而不失其所亨，其唯君子乎？'贞，大人吉'，以刚中也。'有言不信'，尚口乃穷也。"《象传》云："泽无水，困，君子以致命遂志。"

在《周易》看来，事物的发展不可能是一帆风顺的坦途，困境之中也总有出口，但出口总在反思的基础之上。"无平不陂，无往不复"，上面所举几个与困难有关的卦，前面的卦大都代表顺利或成功，如否卦之前是泰卦，指通泰；明夷之前是晋，代表前进；困卦之前是升卦，代表上升。没有永远的通泰、前进或上升，进退反复是常态，关键是对于困难情况的理解和应对。《周易》强调了以下几点：正其志、遂志之勇，见险而能止之知，不尚口而修德之仁。仁、知、勇，《中庸》称之为三达德。具体困难无法准确预知，但应对困难的德行和智慧可以操之在己。

所谓古意，本质是对于历史文化传统的敬意，以及由这种敬意而来的历史感。2014 年 12 月 20 日，习近平总书记在庆祝澳门回归祖国 15 周年大会上提到："泱泱中华，历史悠久，文明博大。中华民族在几千年历史中创造和延续的中华优秀传统文化，是中华民族的根和魂。"习近平总书记在 2018 年的全国宣传思想工作会议上指出："中华优秀传统文化是中华民族的文化根脉，其蕴含的思想观念、人文精神、道德规范，不仅是我们中国人思想和精神的内核，对解决人类问题也有重要价值。要把优秀传统文化的精神标识提炼出来、展示出来，把优秀传统文化中具有当代价值、世界意义的文化精髓提炼出来、展示出来。"习近平新时代中国特色社会主义思想的一个重要特征，是自觉地把中国特色社会主义思想和中华民族的历史文化传统接续起来，并结合当代中国和世界的变化，实现其创造性转化、创新性发展。读懂历史中国，了解我们从哪里来，对于理解当代中国以及未来中国文化的建设，都很重要。《周易》本身就是历史中国的一部分，它对于之前的传统和历史充满敬意，《系辞传》追溯《周易》的制作，一直到古圣王伏羲，此外还提到了神农氏、黄帝、尧、舜等。基于变化的立场，《周易》相信体现在历史之中的进步，如"上古穴居而野处，后世圣人易之以宫室"，"上古结绳而治，后世圣人易之以书契"等。但这种进步立足于历代圣人的贡献之上。以《周易》为例，所谓"人更四圣，世历三古"，四圣指伏羲、文王、周公和孔子，三古指上古、中古和近古。四圣之积累，成就了《周易》的德义化和哲理化，形成了一个清晰的世界观和价值观。世界观和价值观是传统文化的灵魂，是古人的立身之本和历史中国的立国之基，也是任何时候都必需的东西，过去如此，未来也如此。《周易》的世界观就是阴阳定位流行之道，价值观就是阴阳交通成和之德。在此基础之上，《周易》发展出了一个确定而不失变通、稳定又充满弹性的世界秩序。

所谓新意，是古意中包含着的面向并创造未来的自觉。在对历史的敬意中，通过对于历史的学习和总结，发展出一种"究天人之际，通古今之变"的历史感。历史感让我们在一个更深厚和宽阔的尺度中思考宇宙人生，并把握其规律性的东西。真正的历史感既总结过去，更面向未来。人和动物的一个重要区别就在于：人既是历史性的存在，又是面向未来的存在；既是历史塑造的，也是未来塑造的。对于未来的探索和想象，成为人类进步的重要动力，因此也成为塑造现在的力量和理解历史的基础。和历史不同，未来处在已知和未知之间，充满着不确定性，如未济卦所显示的那样。我们当然可以在已经掌握的确定性（如历史中呈现出来的道理）的基础之上规划未来，但永远无法准确地预知未来。未来在向我们呈现其某些面貌的同时，"犹抱琵琶半遮面"，始终保持其"不可以示人"的神秘部分。《周易》六十四卦的顺序，从乾、坤开始，到既济、未济结束，包含着深刻的意义。它可以理解为我们基于一个道理，以及这个道理所建立以来的价值和秩序，开创一个天道和人文的世界，如历史中国所呈现的世界。同样地，根据革故鼎新的精神，既济未济的启示，我们也可以基于另外一个道理，以及这个道理所确立起来的价值和秩序，开创另一个理性和人文的世界，如当代中国的中国特色社会主义。《象传》解释革卦说："天地革而四时成，汤武革命，顺乎天而应乎人，革之时大矣哉！"未来虽然有不确定性，但在中国特色社会主义事业发展的过程中，顺乎规律，应乎人心，无疑是确定的要求。顺乎规律，穷神知化，其核心是世界观；应乎人心，崇德广业，其核心是价值观。正确的世界观和价值观的确立，如定海神针，是解决现实问题、应对未来挑战的最重要基础。正如习近平总书记所说："在对历史的深入思考中做好现实工作、更好走向未来。"

（讲座时间　2018 年）

蒋重跃

战国政治变革与韩非法、术、势治国理念的形成

蒋重跃

蒋重跃，1958年生，原籍湖南岳阳。北京师范大学历史学院教授、博士生导师，教育部哲学社会科学重点研究基地史学理论与史学史研究中心研究员。兼任 *BNU Historical Review* 主编，全国高等学校文科学报研究会理事长，中国期刊协会常务理事，法家研究会会长，*Frontiers of History in China*、《史学史研究》等多家杂志编委、顾问等。国内多家高校兼职教授。

主要研究领域为中国古代思想史、中外古史比较研究。曾出版《韩非子的政治思想》《先秦两汉学术思想蠡测》《古代中国文明》《道的生成与本体化——论古代中国的本体思想》等著作多种。发表《古代中国人关于事物本体的发现——"稽"字的哲学之旅》《〈大学〉思想体系的中国特质——基于元典和古代诠释传统的本体论透视》《说"禅"及其反映的王朝更替观》《论法家思想中的变法与定法》等学术论文70余篇。

时下很多人谈论中国传统文化，往往是指儒家思想。其实，就中国传统文化尤其是政治文化而言，单纯讲儒家显然是不够的，法家对于中国传统文化的构成和发展就有非常重要的意义。在古代中国，国家制度和国家治理观念中有许多内容是来源于法家的，不仅如此，每当国家动乱、世情紧急、挑战严峻的时候，最能帮助国家提高政治运行效率的还是法家。

中国古时候，有些学派讲的更多的是意识形态的光鲜一面，尤其是对于政治，很少有人愿意触及本质的敏感部分。只有法家，甘冒天下之大不韪，来关注社会与政治的真实本质。过去我们经常认为法家缺乏人性，不讲人情。可是换一个角度看，我们也可以认为他们是诚恳的，敢讲真话。他们敢把残酷的政治现实明明白白地展现在世人面前，然后再探讨解决问题的办法。韩非就是这样一个人群中的杰出代表。不幸的是，两千多年来他被加上了"严苛少恩"的恶名，他的思想和理论也被认为是不宜学习的，甚至是不能公开讨论的。今天，时代不同了，我们可以公开地研读他的文章、分析他的理论，看一看，究竟哪些是有价值的，哪些是需要警醒的。

一、怎样认识韩非所处的时代

首先我们要思考这样一个问题：怎样认识战国这个时代？到今天为止，我仍然认为，在整个中国历史上，战国时代是变革最深刻、最全面、最剧烈的时代。古人是怎么认识这个时代的呢？

明末清初的著名思想家王夫之认为，战国时代是"古今一大变革之会"。与他同时代的另一位思想家顾炎武也罗列了几个重要的现象来概括这个时代的变化。他说："春秋时犹尊礼重信，而七国则绝不言礼与信矣；春秋时犹宗周王，而七国则绝不言王矣；春秋时犹严祭祀、重聘享，而七国则无其事矣；春秋时犹论宗姓氏族，而七国则无一言及之矣。"（顾炎武《日知录》"周末风俗"条）这段话以对比的方式，用传统的儒家语言概述了整个春秋战国时代的异同或变化。

顾炎武所罗列的这些现象，是中国历史上变化最为剧烈的表现。但这些现象的性质是什么？我们传统的学问与学者回答不了这个问题。他们研究社会的方法没有给他们提供回答这样的问题的条件，他们还不能用一个命题或一个概念把这种现象的本质揭示出来。因此我们才要借助近代学者的相关研究。

首先，中国的很多马克思主义史学家认为，春秋战国是奴隶制向封建制的转变时期。我认为从社会经济结构的转型来看，这个观点是有道理的。这个观点提醒我们要从社会内部的经济结构来理解一个社会的经济、社会、政治和文化变革，毫无疑问是深刻的、有效的。

其次，19世纪，法国历史学家库朗日则选择了另一条路径来认识与春秋战国几乎同时的希腊罗马等古代社会的变革。在他的《古代城市》这部史学名著中，他以古代的宗教信仰从多神到一神、古代政治共同体的规模从小到大的发展变化，说明古代希腊罗马时期是由城邦向帝国转变的时期。这种情况与中国从春秋战国的邦国林立到秦汉时期形成多民族统一大国的历史约略相当。

复次，还是在19世纪，英国法学家亨利·梅因又从人的法律身份的角度提出了自己的新见。他认为：迄今（到他那个时候）为止，所有能够称得上是进步的社会运动，无非就是"从身份到契约的转变"。揆诸史实，春秋时期是宗法时代，讲血缘与身份，历史舞台上的主角几乎都是贵族。到了战国时期，平民阶层登上历史舞台，许多人还成为主角，他们演出的历史活剧比春秋时期要精彩得多。

19世纪末20世纪初德国的哲学家雅斯贝斯则认为：公元前8到前3世纪，包括中国、希腊、罗马与印度等在内的几个大的文明地区，不约而同地涌现出众多杰出的思想家，他们创造的思想成果影响了世界长达两千多年。他把这个时期称作人类历史上的"轴心时代"。轴心时代变革的核心内容是人类精神的觉醒。从孔子到韩非，就是这样一群决定了后来中国文化样式和发展走向的轴心期思想家。

总之，上述观点为我们提供了多个角度来观察这个时代的本质，不论从哪个角度都会发现，战国的确是中国历史上变化最为剧烈、也最为深刻的时期。

春秋时期，邦国林立，周天子的权威下降，无法控制局面。一些强势的诸侯国在争霸活动中崛起。他们声称要"尊王攘夷"，打着周天子的大旗，以保卫华夏文化为口号。这说明，他们还不敢在名义上取代周天子。到了战国时期，情况完全不同了。诸侯纷纷称王，争当诸侯联盟领袖的春秋霸业就为赤裸裸的战国兼并所取代，战国七雄成为当时活跃在中国大地上的主要政治势力。韩非生活在七国中最为弱小的韩国。这个小国当时的形势非常危急。它的四周都是大国，西面是秦国，北面是赵国，东面是魏国，南面是楚国，连年征战，力不能支。国内的政治又极为黑暗，传统贵族势力强大，君主暗弱，权力无法集中，政令不能统一。在这种形势下，就出现了韩非这样的人物。他希望通过变法来加强君主权力，提高行政效率，富国强兵，改变被动局面。

那么，战国时代有什么变革？它的意义究竟有多大？它提出的问题尖锐到了什么程度呢？

（一）"古今一大变革之会"

在经济方面，战国时期铁制农具得到普及，农业生产力大大提高。新土地被新工具开垦出来，私田不断扩大，势必要改变传统的所有制关系。在此基础上，城市也开始繁荣起来。最典型的是临淄，在官府登记户口的常驻居民有七万户，如果按一户平均五口人计算，常住人口大约在 35 万人左右。如果再加上外邦人和奴隶等，人口总数能够达到 70 万应该不是问题。这个规模是相当可观的了。与此同时，战国时期商业发达，信贷活跃。像吕不韦这样的商人，富可敌国，势力甚至大到可以建储立君。齐国的孟尝君在自己的封地上拥有数不清的债权，也就是说有很多人与他有信贷关系。这也是战国时期非常严重的社会问题。这些都属于马克思主义史学家所重视的社会结构的变革。

在文化方面，从春秋后期开始，学术下移。孔子创办了私学，非贵族的普通人民得到受教育的机会，社会上涌现出一大批杰出的思想家，整个中国出现了风气开通、教育进步、思想深化的繁荣景象。雅斯贝斯用"轴心文化"来概括这个时期的文化突变，与中国当时的情况是吻合的。

在社会层面，阶级和阶层变动剧烈，人的社会身份也出现松动现象，比较充分地体现了亨利·梅因所说的"从身份到契约的转变"。《左传》表现了春秋时期的社会状况。里面记载的传奇故事绝大部分都是由贵族们担任主角的。可是看看《战国策》和《史记》就会发现，战国时期，故事更为传奇，可主角有很多换成了布衣平民。身份的松动使个人自由扩大，经过长期的演变，身份逐渐下降的贵族和身份上升的平民统称"齐民"，其中的自由职业者称为"士人"。战国时期的士不同于春秋时期的士，他们的特点是身份自由、择业自主。"士为知己者用"成为新时代士人生存的信条，一直沿用到今天。

（二）"战国"

总体来说，战国时期最核心的变化是政治的变化，即分封制向郡县制的转变，众多区域性邦国向少数乃至唯一的跨地区的多民族大国转变，与库朗日所说的希腊罗马古代社会的发展趋势有类似之处，这是由于战争驱动的。分封制可以说是宗法制在政治上的外化，不过，很多封主和封臣之间虽然有血缘关系，但是随着时间的流逝，血缘纽带越来越不牢靠。在这种体制下，各个相对独立的政治体内部的官员就是各级君主的亲戚，也就是贵族，还没有现代国家治理的观念。

春秋时兴霸政，为了在争霸活动中保存实力，避免削弱甚至灭亡，有的国君（像楚国的君主）就不再把新获得的土地分封给子弟，而是设立县或郡，派人到那里代表自己实施管理，这就把人力和领土资源尽可能多地掌握在自己手中。由此郡县制就出现了，后来不断发展扩大。

到了战国，时代变了，春秋霸政过时了，兼并成了新时代的主题。过去的分封和礼让，被现在的集权和争雄所取代。农战和纵横成为内政和邦交的头等大事。最高统治者一定要加强集权，否则担心会被削弱乃至被消灭。国家要打仗和种地，同时要培养纵横捭阖的人才，以便开展邦交斗争。

七国无一例外，都进行了体制上的改革，都变成了中央集权的政治体制。这与春秋相比有很大的不同。春秋时期许多诸侯国还是小国寡民，依靠血缘亲族管理国家，有一个"孝"字就够了。到了战国时期，国家面积扩大，实行了郡县制，真正妨碍国君有效管理国家的反而是血缘亲族。因此，国君纷纷在人才市场上物色和雇佣更多的行政管理人才。国家的许多官员与国君之间不再是父子、兄弟、叔侄、甥舅关系，而成了雇佣关系。体制上的这种变化虽然有利于国力的增强，有利于国土的扩大，但是国君要比以往付出更多来推动并管理这架巨大的行政机器，国君的统治方法和统治伦理也就必然地要随之改变。

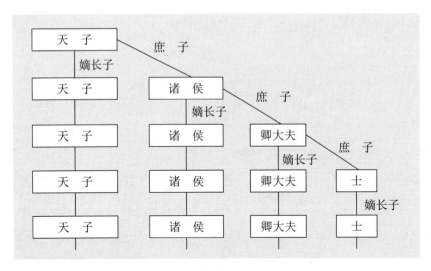

西周宗法—分封示意图

　　新体制下君臣关系发生了新变化，过去君臣之间是血亲关系，用家庭伦理就可以协调。现在则不同了，君臣之间原有的血缘关系还在，因为还有贵族掌握着一部分权力。此外，就是涌进来的大批没有血缘关系的两姓旁人担任官员。对于他们，用孝悌伦理来约束显然是行不通的，于是，忠就成了新的官僚队伍的道德准则，国家的政治道德也就发生了变革。可见，在新时代，君主要对付的，既有部分传统贵族势力，更有大批有才能的两姓旁人，君臣之间的关系相比从前毫无疑问是更加紧张了。韩非曾感慨道："黄帝有言，上下一日百战！"上下级之间矛盾尖锐，一天要发生一百次战斗！这就把新时代君主面临的与臣下的矛盾赤裸裸地揭露出来。可见，在韩非的心里，君臣关系已经成为当时最为突出的问题。

　　君主究竟要怎么做才能应付眼前的尖锐矛盾呢？这是当时各国君主面临的现实问题，更是韩国君主面临的严峻挑战。韩非首先要解决的就是这个问题。

　　我们知道，分封制的核心是宗法制，它的本质内容是天子权位由一代一代嫡长子往下传，诸侯权位也是由一代一代嫡长子往下传，大夫和士都是如此。可天子与诸侯、大夫、士之间则是分封关系，虽然礼规定了他们之间有相应的保护和拱卫的责任和义务，但随着时间的推移，他们之间的这种联系越来越淡薄，诸侯对于天子、大夫对于诸侯的分离倾向越来越增强。中央集权制度则不一样，在中央，战国到秦渐渐形成了三公九卿制度。在地方，则形成了郡县制，郡守、县令都由中央任命，县以下还有乡、亭、里的各级管理机构。再往下，到基层居民那里，还有什伍制度，每一个居民都被编入这张社会组织的大网之中。历史学家认为，商鞅变法之后的秦国，行政体系的最大特点是"一竿子插到底"，皇帝掌控的公共权力从上到下，一直管到每个老百姓。商鞅变法规定，五家编为"伍"，十家编为"什"，家家都组织起来，基层的社会资源都掌握在最高统治者手里。这种体制是非常厉害的，战国以后，中国的行政体制大体就是如此。从理论上说，它有强大的功能，特别是在应对特殊情况（例如战争、自然灾害）的时候，极为有效。

比较而言，世界其他地方的帝国都是上下脱节的。上面是帝国的最高权力机构，下面则是地方自治机构，地方与中央总是衔接不好，即使到近代仍然有这样的情况。中国的情况恰好相反。1860 年英法联军侵入北京，咸丰皇帝逃到热河。紫禁城里没有皇帝，但全国的行政管理照常运转。庚子事变，慈禧太后和光绪皇帝逃到西安，一躲就是好几个月，但全国的行政机关照常运转，国家整体不乱。这就是郡县制的功劳。而跟明清两朝几乎同时存在的印度莫卧儿王朝，它的最高统治机构从来就没有与广大的基层社会连为一体，所以才会被英国人采取各个击破的办法，把整个印度变成了殖民地。奥斯曼土耳其虽然有强大的武力，但也没有办法把帝国的中央统治机构与基层社会连为一体。不要说基层社会，就是帝国境内不同的几个大的文化区，也未能协调好，结果避免不了被肢解的命运。

如何评价郡县制是一个重要的话题，我认为它在应对特殊情况时具有很强大的生命力。韩非就是在这种背景下来思考问题的。

（三）韩非与他的时代

韩非是韩国的公子、国王的儿子。但他不是嫡出，没有机会继承王位，而且经常受到压制。他有思想、有学问、有理论，曾拜荀子为师，荀子是儒家大师。韩非的同学李斯后来做到秦国的宰相，对秦国的统一作出过很大的贡献。李斯有一个特点，司马迁记录了下来，可是很多读《史记》的人并未注意到，那就是他知道自己不如韩非，而韩非却不知道自己胜过李斯。这样的两个人在现实斗争中一旦相遇，会有什么结果就可想而知了。

韩非文章写得好，在各国流传。秦王嬴政读到其中的《孤愤》和《五蠹》，产生强烈共鸣。《孤愤》写的是法家优秀分子受到黑暗势力压制后内心所遭受的痛苦。《五蠹》写的是要想治理好国家就一定要去掉包括儒者、刺客等不服从国家法律和政策的五种人。秦王嬴政特别欣赏这两篇文章，读后禁不住感慨道："寡人得见此人与之游，死不恨矣。"能让秦王如此歆慕，可知韩非的作品有多大的感染力了。后来秦国出兵攻打韩国，韩王没有办法，就派韩非出使秦国。

韩非与他的老师荀子一样很欣赏秦国的制度，到了秦国按理应该大展宏图，可是情况却并不像想象的那样顺利。韩非来到秦国后，恰逢几个国家要联合进攻秦国，秦国得到消息，便采用一贯的做法，派人到相应国家，收买权要，化解这次行动。这次派出的是姚贾。姚贾不辱使命，成功瓦解了几国的行动计划，回来后得到厚赏。大家都在为姚贾庆功，唯独韩非提出要严惩姚贾，理由是姚

韩非画像

贾拿着国家的财宝到别国建立自己的私交，犯了里通外国之罪，决不能姑息。于是引起了包括姚贾和李斯在内的秦国大臣的群情激愤。在韩非心目中，大臣借国家之名，搞里通外国、培植外援的勾当，是导致韩国混乱和衰落的直接原因，这已经作为惨痛的教训深深嵌入了韩非的潜意识中。韩非对出使他国行贿权要的做法十分的警惕。这次偏巧遇到姚贾事件，对奸臣的愤恨便像火山一

样喷发出来，不可阻挡。可是出使他国，结交权要，瓦解敌国，这是秦国制度和策略要求的，没想到韩非会以如此严重的罪名加以指控，这就逼得姚贾以及背后的支持者李斯不得不为之一辩。秦王碍于形势，不得不把韩非关起来。对于秦王这样的强势君主，韩非本有莫名的崇拜和敬畏。本想通过进言得到赏识，结果却被关押，可以想见韩非的心理压力有多大。恰在这时，"自以为不如韩非"的李斯送来了毒药，一代伟大的思想家就这样结束了自己的生命。

韩非虽然死了，但是他的文章在秦国大行其道，受到了秦国统治者的推崇。读《史记》可知，后来的赵高和秦二世张口就能背诵《韩非子》，这说明韩非的思想在秦国确实广为传播，成为官方的指导思想。

在诸子百家的著作中，韩非的书保存得最好。今天我们读到的《韩非子》55 篇，基本上都是原作。很显然，秦始皇焚书坑儒，绝不会烧掉韩非的书。

韩非经常被后人称作法家思想的集大成者，其实他的思想渊源十分广泛。商鞅的"法"、申不害的"术"、慎到的"势"、老子的"道德"、荀子的"天常"，都是韩非思想的来源。尽管来源众多，但韩非政治思想的基本内容可用三个字来概括，那就是法、术、势。

法、术、势是韩非为最高统治者解决"上下一日百战"的现实矛盾提供的一套办法。

二、法、术、势为什么能结合起来

法、术、势是如何结合的？结合起来对中国传统政治文化有什么样的意义？对于我们今天有怎样的影响？下面就来谈谈这些问题。

（一）批评单纯法治

韩非要解决单纯使用法的问题。因为他从商鞅的理论里发现了问题，也从秦国的法治实践中发现了问题，这个发现本身的意义极为重大。我这里借用"成文法"的概念来帮助理解战国时期所说的法。通常说来，成文法是以文字形式记录在文件上、然后公布出来、能让人读到的法律。它的最大秘密是主权者运用立法权当下制定法律。这是成文法的实质。

用成文法的观点来看中国古代法律变革就会发现这样一个问题：秦国变法之初，商鞅与秦孝公、甘龙、杜挚四个人一块开会讨论变法问题时，商鞅发表了一系列的观点，其中有一个观点就是：从伏羲、神农到黄帝、尧、舜，再到文王、武王都是"当时而立法，因事而制礼"的。这句话是在说，礼和法都是根据现实的情况来制定的，不是永恒不变的。到了韩非这里，更做了理论性的概括："世异则事异，事异则备变。"（《韩非子·五蠹》）就是说，时代变了，世事随之也就变了；世事变了，处理世事的办法也要变化。为了保障法治的与时俱进，最高统治者一定要掌握立法权。没有立法权，统治者就无法表达自己的意志，就无法实施治理。一般认为，战国时代的统治者都是集权君主，对他们来说，这一点是至关重要的。

后代历史上有许多例子可以说明这一点。汉元帝的诏书曾说过这样的话："朕闻明王之御世也，遭时为法，因事制宜。"（《汉书·韦贤传》）法是君主统治国家（"御世"）的工具，它要根据所处时代来制定（"遭时为法"），要与具体事情相适宜（"因事制宜"）。隋文帝也有诏书说过："自古哲王，因人作法，前帝后帝，沿革随时。律令格式，或有不便于事者，宜依前敕修改，务当政要。"（《隋书·高祖纪下》）法是"因人"而作的，"前帝""后帝"要根据各自的时代制作各自的法，各类法的修改也要如此。

像这样的说法，实际上针对的是"不成文法"。所谓"不成文法"也是我用来帮助理解传统法治的一个概念，一般指未经立法程序制定但被国家认可并赋予法律效力的行为规则，如习惯法、判例法等。我们之所以用"成文法"和"不成文法"这样的概念，目的是用它们作为观察的视角，来看中国古代的法治变革。

商鞅强调的是君主当下立法，在战国之前这种情况不是经常存在的。比如在春秋时期，楚灵王想加强集权，有一个贵族芋尹无宇就与他作对。楚灵王修建了豪华的章华宫，当时的人力资源稀缺，他就从别的贵族那里争夺劳动人手

（奴隶）。芋尹无宇家有一个奴隶跑到章华宫去服务。芋尹无宇追到章华宫要人。结果被卫兵抓住，押来见楚灵王。楚灵王问他为何到王宫抓人，芋尹无宇回答说："周文王之法曰'有亡荒阅'，所以得天下也。"（《左传·昭公七年》）就是说，500 年前周文王时期有条法律叫"有亡荒阅"，意思是说有奴隶逃亡，大家共同搜捕，抓到了要归还给原来的奴隶主。无宇认为正因为有了这条法律，才争取了众多奴隶主的支持，武王才能打败殷纣王，赢得天下。他接着又说："吾先君文王，作《仆区》之法，曰：'盗所隐器（杜预注：隐盗所得器），与盗同罪。'"（《左传·昭公七年》）这是 300 年前楚文王的一条法律，意思是说藏匿了赃物就与偷盗同罪。无宇认为正是因为有了这条法律，楚国的疆土才扩张到了汝水之滨。接着，无宇批评楚灵王不效法这两位伟大君主的榜样，却偏偏要学殷纣王行事（容纳诸侯的逃人），并严厉质问：如此行事，不亡何待！楚灵王听罢，自知理亏，无奈，只好让无宇把奴隶带回去了。

试想一下，一个下属跑到王宫，口述两条几百年前的所谓"法律"，就可以把自己的"财产"讨要回来，以今天人们对"君主专制"的理解，大概不会相信有这回事。可这的的确确是春秋历史上记载的事件。这说明什么？这说明习惯法的力量。习惯法代表着众多贵族的利益。在贵族制度盛行的时代，即便是国王也不能随意破坏传统的习惯法，任意剥夺下级贵族的利益。我们再想一想，难道楚灵王就不想拥有独立的立法权吗？当然想了，可是在春秋中后期，传统的习惯势力仍然很强大，社会上通行的还是贵族文化，他想有当下立法的权力也不现实啊。楚灵王专断强横，结果得罪了大批贵族，最后落得个身败名裂的结局，可悲可叹。

这种情况到了战国时期被打破了。战国七雄的君主都有根据时代的需要创立和废除法律的权力，这是战国时期得以施行郡县制的立法保证。七国变法后，新的制度确立起来了。但是，法治本身有没有问题呢？韩非发现了法治本身的问题。韩非认为，治理国家不能单纯用法，因为法治本身不足以治国。商鞅变法后秦国的法治实践可以提供例证。

说起商鞅变法，大家再熟悉不过了。可是我们想没想过，商鞅变法之所以能够实施是因为有秦孝公，没有秦孝公的支持，根本不可能有商鞅变法。可是历史上却没人说是"秦孝公变法"。这种情况秦孝公和商鞅在世时就已经如此了。把秦孝公领导下的秦国变法说成是"商鞅变法"，这对商鞅的处境是非常不利的。秦孝公死后，有人向继位的惠文君举报，说天下人只知有商鞅之法，不知有大王之法，可见商鞅有谋反之意。于是，惠文君下令捕杀商鞅。

韩非在著作中指出：单纯法治，可以富国强兵，但也容易出现大臣专制的情况。商鞅的悲剧证明韩非的担心不是多余的。按理说，立法的目的一定是要实现立法者的意志。可是法确立之后，注定了要由立法者之外的别人来执行。执行法律的人当然有个人利益，而法律在施行过程中又恰恰是有利可图的。这就潜藏着一个巨大的危险：本来应该体现立法者意志的法，一旦确立，就有可能成为执法者谋取私利的工具，法律因此而背离立法者的意志，成为与立法者对立的东西。这就是法自身的内在矛盾。韩非敏锐地发现，商鞅变法后秦国执掌国政的大臣，都是利用国家的法治，来为自己谋取私利的。韩非发现单纯使用法治是有缺陷的，如果没有其他有效的办法加以管控，执法的官吏就会利用手中的权力贪赃枉法，亏害国家。

在类似成文法的法治刚刚确立不久的战国时期，韩非就发现了它的内在矛盾，目光是犀利的。韩非的认识是不是具有普遍意义呢？回答应该是肯定的。

明末清初大思想家王夫之也在读史时发现了这个矛盾。秦灭六国之际，秦楚成了世仇。秦统一之后，楚国大将军项燕之子项梁因杀人被捕入狱。负责看押的狱掾（典狱长）接到外地另一位狱掾朋友的来信（那个朋友也是项梁的朋友），就把项梁释放了。王夫之大为惊诧：楚国大将军的儿子，国家要犯，两个小小的狱掾就可以把他放掉，那要是有权有势的高官显宦，指不定要怎样贪赃枉法呢！由此他总结出一条结论："法愈密，吏权愈重；死刑愈繁，贿赂愈章。"法越细密，执法官吏的权力也就越重；死刑的条文越是繁多，贿赂的办法也就越是冠冕堂皇。结果，"天子之权，倒持于掾史"，天子的权力反倒掌握在那些狱掾小吏手里啦！（参见王夫之《读通鉴论·二世》）王夫之的这个认识，同样深刻地揭示了法治的内在矛盾，与韩非的看法有异曲同工之妙。

其实，这样的例子在历史上随处可见，就看你是不是有心人。西汉有个酷吏叫杜周，有人曾对他的执法风格提出质疑，说你执法只看君主的眼色行事，而不顾法律本身的规定。君主想杀谁你就想方设法罗织罪名杀掉谁；君主想保住谁，你就先关起来，然后慢慢审问，待问出有利的缘由就给予释放。"执法者难道就应该这样办案吗？"杜周听了，不以为耻，反以过来人的口吻教训质问者说："前主所是著为律，后主所是疏为令，当时为是，何古之法乎！"（《史记·酷吏列传》）你以为法是个什么东西？前面的君主肯定的就写下来成了律，后面的君主肯定的就通过解释而成为令，都是谁当权就听谁的，为什么一定要遵循古代的法律呢？这就是说，像春秋时期那样一个下级贵族仅凭两条几百年前的习惯法就可从君主那里讨回自己的财产，这种事情已经一去不复返了。杜周的话强调法的变动性的一面，而质问他的人则有意坚持法的稳定性的一面。法律没有变动性就不能进步，没有稳定性就要走向反面，如何处理这两者之间的关系呢？这是研究法律、制定法律、执行法律的人都应该认真思考的大问题。不过，我们要说的是，不论是变动性，还是稳定性，法律一旦制定，就要脱离立法者，成为执行者手中的工具了。你想要变动性，那就要通过像杜周这样的执法官员才能实现；你想要稳定性，那就会有更多的人利用法律与你作对。不管怎样，法都会成为执法者和大众与立法者君主作对的东西。这就是法的内在矛盾。

按理说，法，不管你采用怎样的办法，都无法消弭它的内在矛盾，而只能在一定条件下缓解矛盾冲突的剧烈程度。韩非发现了这个矛盾，眼光是犀利的，但他好像还不知道这个矛盾是与生俱来的，是无法消弭的，他希望能找到一个好办法，彻底整治官吏的贪赃枉法，以弥补单纯法治的不足。韩非的阅读相当广博，他从韩国的前辈思想家申不害那里找到了术治学说作为解决这个问题的理论资源。在韩非看来，有了法，如果没有约束执法之人的办法，法就会走向立法者意图的反面。他相信术可以约束执法之人。于是，他对术治做了深入的理论思考，提出了系统的术治学说，并建议君主使用术遏制住官员以权谋私的倾向。

（二）批评单纯术治

传统时代的学者羞于谈术，但其实术里面的大部分内容还是法治，完全可以谈。至于其中有些界定不清的东西，也需要不断地研究才可望澄清。

韩非的术治学说内容也很多，有必要分类说明。

第一，"刑名之术"。

第一条是官员铨选法，也就是现代人说的公务员录用制度。它的基本原则是四个字——因能授官，即根据能力授予官职。当时说出这四个字，真是石破天惊啊！要知道，在血缘身份的时代它是没有存在余地的。春秋时期及之前，要想当官，首先要考虑的是出身或血统。而现在却可以因能授官，这是一个划时代的进步啊！根据这条原则，韩非提出了"宰相必起于州部，猛将必发于卒伍"的口号，成为时代政治变革的最强音，至今仍受到格外的重视。从那个时代直到今天我们都认可这两句话，就说明在某种意义上，我们和韩非生活在同一个时代。它反映的是现代性的问题，是人类平等的问题，是按照能力而不再按照血统来评价人的问题。

第二条是行政管理法，申不害、韩非把它叫作"正名"。当时人们认同"十言十当，百言百当者，人臣之事"，也就是根据能力来安排岗位，根据岗位来评价工作绩效，而且只能做一份岗位工作，不允许兼职。形（事务，实际工作）和名（岗位职责）必须一致，做不到不行，做多了更不行。

第三条是绩效考核，当时叫"上计"。战国时代各国对县令郡守的考核办法是，年初定下任务书，年末要求官员必须按照任务书对实际绩效做述职和审计，这样就可以看出这些人是否符合他们的岗位所要求的标准，是否称职。

上述这三条相当于今天所说的人力资源管理，显然属于法治或制度化的内容，是时代进步的标志。

第二，统治者的修养。

术还要求最高统治者要加强修养，要靠得体的言行帮助做好官员管理工作。具体做法如下：

第一条：等距。作为公共机构的最高领导者，要在工作中与下属保持等距离关系，不能有偏有向，有亲有疏，更不能拉山头、搞帮派，就像古代圣人的遗训说的："无偏无党，王道荡荡。"这是一个很正面的、很有价值的思想。

第二条：藏拙。申不害、韩非告诫君主，人不是无所不能的，君主也不例外，所以，在实际政治生活中，君主千万不要随意炫耀才能，那样就会暴露短处，给奸人可乘之隙。

第三条：混沌。有些事不必要求精细和绝对，如果做不到，令行禁止的权威性就会丧失。君主要为自己留有余地，免得陷于被动。

第四条：独断。说的是君主要能独自决断，有出于保密的考虑，但更重要的是要有决断能力。这是公共事务的领导者必须具备的政治素养。

以上四条，我认为仍然是很正面的观点，值得借鉴。

下面的内容可能要略加分析。传统时代，人们不太愿意承认自己读申韩，大概就是因为这些内容。

其中较有代表性的是"挟智而问"。说的是要想威慑某官员、某机构，事先派人潜入该官员、该机构所管辖的范围，隐秘地做一番调查工作，了解情况后却佯作不知，然后择日突然亲临现场，加以问责。韩非举了几个例子，其中一例说韩昭侯事先派人到某县调查牲畜入田啃食秧苗的情况，然后发布命令，让官吏上报牲畜入田啃食秧苗的案件。结果发现他事先了解的某某案件没有上报，便当场对质并问责官员，官员惶恐惊惧，再不敢隐瞒。

还有一例，为了试探某官员是否廉洁，便派人去行贿，一旦受贿，罪责板上钉钉，这个官员就必倒无疑。这种做法，现在被看作是"钓鱼执法"，是不是合适，需要研究。这样的术，限度很难掌握，弄不好就变成阴谋诡计，具有一定的副作用。总之，此类术的内容还有很多，恕不一一列举。

术的确有整饬吏治的功效。不过，韩非还是发现了问题。他认为，术虽然好，但是单独使用，效果仍然不理想。在他眼里，前辈思想家申不害用术治理韩国，效果就不很理想。申不害教韩昭侯用术，韩昭侯对老师所教不但心领神会，而且拳拳服膺，视为法宝。一天晚上他睡着了，没盖被子，仅盖了件衣服也从身上滑落了。负责管理帽子的侍者把衣服拾起来给他盖上。第二天早上醒来，韩昭侯就问是谁给他盖上衣服的。当得知是负责帽子的侍者盖的，便下令将负责帽子的侍者和负责衣服的侍者一并处罚。罪名一个是兼职（越权），一个是失职，即负责帽子的越权干了负责衣服的工作，而负责衣服的却没有做自己应该做的本职工作。当然，韩昭侯这样做是符合术治的要求的，在原理上好像没错，但在现实中，这么点小事就对两个人行刑，实在恐怖。

韩非很看重术，但发现申不害、韩昭侯单纯使用术治，对于韩国法治混乱毫无助益。

据韩非描述，韩国改革不彻底，旧贵族的势力一直很强大。君主暗弱，大权一直被公仲朋、公叔这样的大贵族把持。新君即位后，虽然可以创制新法，但无法废除先君的旧法，于是就出现了法治上的新旧杂陈、前后抵牾的局面。申不害整天教韩昭侯用术，却没有办法统一法治，17 年过去，国家仍然处于混乱局面。韩非由此得出结论：术也不能单独使用，"法"和"术"一定要结合起来。

（三）批评单纯势治

法和术要能够有效地行使，就一定得结合起来，要想结合得比较融洽，那就一定要有势，一定要掌握并利用权势。法也好，术也罢，都离不开权势。

因此韩非又开始讨论势。什么叫"势"？想一想，在没有外力介入的情况下，水只能从高处往低处流。也就是说，因为地心引力的作用，居于高处的某物就会拥有某种向下运动的势能，这是一种自然的趋势。古人喜欢用这样的物象来说明社会生活或政治生活中，站在高位的就会对处在低位的形成某种优势，这个所谓的高位是法律和制度规定的，也就是名分，所以韩非宣称"分势不二"。有了名分便会理直气壮，没有名分就师出无名，就心虚胆寒。君主处在社会和政治等级的最高端，所以拥有最大的"势能"或优势，但是身为君主，要懂得如何保卫和使用这个优势。

韩非的时代，讨论势治的有代表性的人物是慎到。慎到的著作叫《慎子》。

韩非显然是揣摩过势治主张的，而且在韩非之前，关于势治主张就有过争论。据《韩非子·难势》，韩非的势治思想似乎是在这场争论中形成的。

在《难势》中，韩非首先引用慎到的观点。慎到是赵国人，在齐国成名。他讲势治，宣称飞龙能飞上天，是因为有云雾托举上去。云雾散了，它就会摔在地上，像蚯蚓和蚂蚁一样，毫无优势可言。同理，尧、舜如果不是天子，就不会有人在乎他们的意见，服从他们的统治。所以，人有没有德行不重要，重要的是有没有权势，权势才是重要的，有了权势就有了一切。《韩非子》的《难势》篇用辩难体来讨论势治，看来这是一场辩论。既然是辩论，首先出场的慎到可以当作正方。

接着，韩非又引述了另一个否定慎到的观点。韩非没有告诉读者这个观点的持有者是谁，但我猜想应该是他的老师荀子。因为这个观点重视德行，与荀子的观点相一致。韩非引述这个观点说：尧、舜当了天子，结果天下大治；桀、纣也当了天子，可天下却大乱。由此可见，同样有权势，但有没有好的品德结果是完全不同的。如此说来，权势并不是最重要的，德行才是真正重要的。这是否定慎到观点的，可以作为反方。

正方用有权比有德更管用来为势治张目，反方用有权且有德比单纯有权更能带来福祉以批评单纯势治主张。反方吸收了正方的权力因素，但增加了德行因素，已经对正方形成超越，即扬弃。韩非呢？面对这一正一反，他被逼到了绝处。他既想要回到原点，维护势治主张，又无法否认德行的意义，不能无视反方的意见，他将怎样论证呢？韩非不愧是伟大的思想家！他既看到了势治的绝大优势——没有权力，法术主张就毫无意义，又无法否认德行带来福祉这个事实。这两者的真实存在他必予肯定。于是，他对正方和反方做了进一步的综合创新工作。他首先承认尧舜当政天下享福是真的，桀纣当政天下遭殃也是真的。接着却提出了一个意想不到的新思路：尧舜和桀纣都是千年一遇的人物，遇到尧舜的时代你就只管享福就好了，不必想更多的。遇到桀纣的时代，你就只好忍受痛苦，想多了也无用。结论：真正要关注的既不是尧舜，也不是桀纣，而是绝大多数普通的统治者。对于那些上不及尧舜之贤，下不至桀纣之不肖的所谓"中人"（普通的统治者），势治才是有意义的。对他们来说，没有势不行，但他们德才不济，光靠势也不行。怎么办呢？韩非认为还是要靠法，用法来弥补德才的不济，以确保权势能够掌握在手中。韩非的这段论证，具有以下两层意义：第一，对于势治做了有意义和无意义的区分，在思考问题的方法上有分析哲学的意味，比单纯形而上学的论证要实在多了；第二，对于正方（第一阶段）和反方（第二阶段）都做了扬弃。对于正方，保留势治主张，批评忽视德才的偏颇；对于反方，承认尧舜和桀纣在德才上有差异的观点，指出用尧舜和桀纣这样的极端人物不如用绝大多数的普通君主做论据更有说服力。可见，韩非的观点是第三阶段的创新性成果，表现了辩证思维的特点。在思想方法上把个别极端案例悬置起来，选取有意义的大多数作为观察对象，这表现了韩非一贯的务实作风，也大大提高了论证的效率和质量，值得肯定。

（四）法、术、势的循环互补且形成体系

这是韩非对中国思想史作出的一大贡献，他总结了商鞅、申不害、慎到三家的学说并把它们统一起来，这是中国古代政治学说的一个里程碑。

在韩非看来，法、术、势要综合为用，我把它叫作循环互补，它们是互相补充的。

首先，术是用来补充法的，这在前面已经论述。

其次，势还可以弥补术的不足，因为术是最高统治者自己亲自处理上下级关系，如果没有威权在手，那也是不可想象的。

再次，势是君主的权力，如果不受约束，任性而为，那是注定要翻车的。所以韩非主张用法来弥补势的不足，这就是他所说的"抱法处势"。

复次，势还能做法的前提条件。立法要有立法权，战国时期政治变革最深刻的内容就是君主获得了立法权，从春秋到战国的变革之所以成功，原因就是君主拥有了立法权。立法权就是势的一种体现。

最后，术也可以补势。权力的概念是抽象的，但权力的使用是具体的。要在具体的行政关系中解决问题，术就成了势的表现形式，这就是术可以辅助权

势的作用。

以上是法、术、势可以相互补足的说明。

那么，除了在功能上的相互为用，法、术、势相结合形成体系在理论上何以可能呢？或者说，它们有什么同一性呢？

具体说，三者有重合的地方。比如，选官考绩之术其实就是法治（术＝法）；独断之术就是指分内的工作：所谓"分势不二"，独断是术，也是势，分又是法（术＝势＝法）；主权论的势就是君主立法建制，势的表现就是立法权，也就是法（势＝法）。所以，这三个概念在某种意义上说就是同一个东西，只不过在具体应用的时候可以分成三个方面。

从语言文字上看，三者也可以用同一个字——"名"来表示。法在古代叫"刑名"，就是法律条文，它是以文书和文字的形式呈现出来的。术叫"形名"，即行政工作和岗位职责，它要求行政工作与岗位职责必须吻合。势又叫作"名分"，所谓"分势不二"。名分是对分的一种所有权。古代把所有权叫作"名"。名也可做动词用，指拥有、所有、占有，这也是由法来规定的。可见，法、术、势三者都是"名"，只不过各有侧重罢了。

总之，法、术、势三者拥有内在的同一关系，所以在理论上结合起来是自然而然的。更何况，它们本来就是君主手中的三样工具，不论内在外在，都有结合起来的必然性和必要性。但要真正结合起来，还是需要思想家的理论创造，韩非就是完成这项创造任务的伟大思想家。

三、法、术、势的深刻矛盾

法、术、势三者有内在的一致性，已如上述；但它们也有不一致的地方。法、术、势毕竟是三个概念，它们之间有不一致的地方，它们各自的内部也有不一致的地方，甚至有着较为严重的对立，我们按习惯姑且称之为"矛盾"。

首先，法与术的矛盾。"成文法"是要公布的，要让天下人都知道、都遵守。而术的有些内容却是不能让人知道的。这就形成了一组矛盾。这个问题在全世界任何国家都不能说得到了彻底的解决。

其次，法与势之间也存在着矛盾。法制定出来是为了追求公平，需要人人遵守。可"势"强调名分的不同，支持不公平，这个矛盾怎么协调呢？这仍然是个问题。

最后，术与势也是有矛盾的，术的法制内容与势的高下等级、术的阴暗的权谋手段与势的分势不二的法制精神都存在着矛盾。

可见，法、术、势三者之间的确是有矛盾的。那么，法、术、势各自的内部情况如何呢？其实，法、术、势三者之间的矛盾是源于各自内部存在着的根本矛盾的。

首先，无论中国外国，法治的内部矛盾都是存在的。上一节已经说到立法者意志与执法者利益之间的冲突。事实上，还存在着法本身的规范性与立法者意志的不规范性的矛盾。早晨立了法，到了晚上新情况就出现了，如果马上就改，那就成了朝令夕改，法就要失去权威性。所以，法本身就有规范性与不规范性的矛盾。它一方面要求规范，要求相对稳定。但是法的本质又是意志，是立法者意志的表现，而立法者的意志却总是处在变动中的。这个矛盾不是单纯的好坏问题，而是客观存在的事实。

其次，术治的矛盾。刑名法术的规范性与阴谋权术的不规范性是矛盾的。规则本身是规范的，可是当特例不断出现，就会与规范产生矛盾。规则不能随意改动，可又要应付现实问题，那就只能上下其手了，所以术内部的矛盾也就显露了出来。

最后，势也是一样，讲究"分势不二"时，就是规范性的体现。但是有了权势就必然有了上下其手的条件，在名分里面上下其手，这本身就是矛盾的。

说穿了，法、术、势三者之间和各自内部都有矛盾，矛盾的这些表现具有一个共同的实质，那就是法和权的矛盾，这是最根本的矛盾。这个矛盾表现出来就是"法治"和"人治"的矛盾以及臣民和君主的矛盾。这些矛盾在古代历史上都是真实存在的。

战国时期的社会变革所提出的问题，就是在中央集权的官僚制度和郡县制度基础上所出现的新情况与新矛盾，就是怎样处理新的行政上下级关系，国家怎样能够更好地走上正轨的问题。为了解决这些问题，思想家韩非做了深入的思考，创造了法、术、势循环互补的思想体系，为古代中国政治学说的发展作出了重大贡献，对于今天从事学术研究的人来说仍然是值得思考的。从这个意义上说，学习和研究法家的学术思想意义极为重大。它至少可以让我们把对法家的学术研究与对儒家、道家还有佛家等的研究结合起来，形成关于中国文化的总体认识。

（讲座时间　2020 年）

黄朴民

《孙子兵法》的战略思维及其当代价值

黄朴民

　　黄朴民，1958年生，浙江绍兴人。1988年获山东大学历史学博士学位，现为中国人民大学国学院教授、博士生导师。曾任中国人民大学历史系主任、国学院执行院长、图书馆馆长。兼任中国史学会理事、中国孙子兵法研究会常务理事等职务。

　　主要研究方向为中国古代思想史、中国军事史。代表性专著有：《春秋军事史》、《天人合一》、《先秦两汉兵学文化研究》、《中国文化发展史》（秦汉卷）、《孙子评传》、《何休评传》、《大一统：中国历代统一战略研究》、《孙子兵法解读》、《刀剑书写的永恒：中国传统军事文化散论》等。曾在《历史研究》《中国史研究》《文史》《文献》《学术月刊》《文史哲》《中国军事科学》等海内外各类刊物发表学术论文200余篇。

我们都知道，中国历史源远流长，中国文化博大精深，我们的经典更可以说是浩如烟海，但是最核心的经典，我个人的理解也就是"四本书三万字"，其中三本五千个字，一本一万五千个字。

第一本就是《周易》，《周易》的经文部分是五千个字左右；第二本是道家的祖师爷老子写的《道德经》，五千个字；第三本是中国的第一经典，告诉我们做人做事的基本道理、形塑了我们道德伦理规范的孔子及其弟子的言行录——《论语》，它稍微长一点，一万五千个字；第四本就是我们今天要介绍的《孙子兵法》，不同的版本字数不完全一样，"武经本"是五千九百多个字，"十一家注本"多一点，是六千零几十个字，取个大概的数字也是五千个字。三本五千个字加上一本一万五千个字，就是中国文化的重中之重、经典当中的经典了。如果我们把中国文化比作一座房子的话，它们就是四根支柱。至于法家、墨家、纵横家、阴阳家、农家等思想，我们就把它看成是砖头和瓦片。这四根柱子加上这些砖头、瓦片，共同建构了我们中华文化璀璨辉煌的殿堂。

今天的讲座主要有两部分内容。第一部分讲《孙子兵法》是一本什么样的书，说说这本书的主要内容、它的来龙去脉、它的历史地位、它的文化影响。一本两千五百年前的书，我们现在为什么还这么重视，为什么还要学它、用它？它一定是有独特魅力的。所以这就是第二部分，是我们讲座的重点，也就是我们讲座题目《〈孙子兵法〉的战略思维及其当代价值》所要表达的意思，这本书究竟好在哪里？

那么，《孙子兵法》是一本什么样的书呢？我想用四个"最"可以来定位它的历史地位和贡献。

第一个"最"是最早的，它是我国历史上现存的第一部系统完整的兵书。"现存的"三个字不能漏，你要说它是我国最古老的兵书就不对了。《孙子兵法》之前中国是有兵书的，但是这些兵书由于思想比较浅薄，内容已经过时，尤其文字还不够优雅和漂亮，在历史的长河当中大浪淘沙，被淘汰了，失踪了。所以，我们今天能看到的第一部兵书是《孙子兵法》，它是我们能找到的最早的、最古老的兵书，这是第一个"最"。

第二个"最"是最好的。光是资历老是不够的，《孙子兵法》之所以伟大，还因为它质量上是中国兵学最高成就的体现。唐太宗李世民曾经说过"观诸兵书，无出孙武"，看遍天下的兵书，没有一部能超越《孙子兵法》。明朝军事学家茅元仪也说："前孙子者，孙子不遗；后孙子者，不能遗孙子。"什么意思？就是说孙子之前的那些兵书，它们的精华、它们的优点，《孙子兵法》都吸收了进去，没有任何遗漏；而比孙子后出的兵书，则不能绕开《孙子兵法》另起炉灶、另搞一套，只能在孙子搭建的理论框架里面做一些修修补补的工作。《孙子兵法》作为中国兵家文化的最高峰，是永远没有办法被超越的，是最好的兵书。

　　第三个"最"是最广的，也就是说《孙子兵法》已经不单纯是中国的兵书了。从唐朝玄宗开始，它就通过遣唐使吉备真备之手，流传到了日本，到了18世纪的时候，它最早又被入华传教士翻译成法文版，后来又被译成英文版、德文版等，在欧美世界广泛流传。它已经作为中国文明同其他世界优秀文明进行对话的一个重要的平台和资源，也是外国人了解中国兵家文化、战略文化传统，了解中国历史的一个重要窗口。关于它在世界范围的传播，我想到了一个故事。2012年我曾经到美国纽约参加一个中美文明论坛，在论坛上听了一个美方代表的主题发言，发言人的身份很特殊，是天主教华盛顿总教区退休的大主教，一个大主教参加中美文明论坛本来是很怪异的事情，但是他的讲话让我刮目相

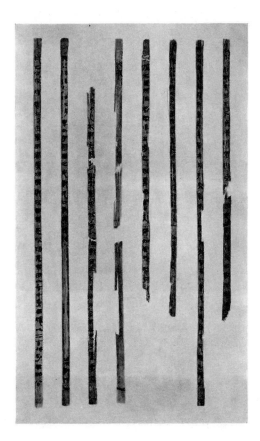

山东银雀山汉墓竹简《孙子兵法》

看。他讲了三层意思，他说中美两个大国意识形态不一样，社会政治体制不一样，尤其是国家利益不一样，发生矛盾和冲突是正常的。第二层意思说中美作为世界上两个主要的国家，面临的好多问题是共通的，面临的挑战也是具有共性的，譬如说贫困问题、资源匮乏问题、生态环境的污染问题，尤其是恐怖主义的威胁问题，这个时候中美两个大国就不能打架了，应该求同存异，进行有效的战略合作。他的第三层意思则提到了我们的《孙子兵法》，他说中国的《孙子兵法》这本书里面讲到，苏州人和绍兴人是仇敌，仇人相见分外眼红，打得不可开交。但是两个人同坐一条船的时候遇到风浪，就不能打架了，要同心协力来抵抗风浪，划桨的步调要一致，因为船一旦沉了，大家都得玩完。我听到这里的时候真的震撼了。假如他说《孙子兵法》里面的"上兵伐谋""不战而屈人之兵""知彼知己"等，我当然也觉得很了不起，但是我不会震撼，因为那些话已经是名言警句，早已脍炙人口，跟你读不读《孙子兵法》已经关系不大了，但是苏州人和绍兴人打架这段文字（"吴人与越人相恶"），你不把《孙子兵法》认真看完的话，肯定不知道的。一位美国宗教界的人士，一位八十多岁的老人对我们的文化如此熟悉，我们的经典他真正做到了阅读和运用，这是令人震惊，也是发人深省的。可见，我们的对手天天在琢磨我们，我们没有理由不看重我们自己的经典。所以从这个角度来说，《孙子兵法》是最广的，它已经是世界的兵书了，而不只是我们中国的。

最后一个"最"是最活的。我们的领导同志在军队里面工作的是少数，大部分还都是从事经济、文化、管理等其他行业的工作。读兵书当然不是单纯为了去打仗，但是《孙子兵法》讲的道理实际上在各行各业里面都是可以借鉴的，它的智慧、它的影响早就超越了单纯的军事战争领域。台湾有个企业家王永庆就对《孙子兵法》推崇备至。他说，现在的企业老总都在抱怨一个字——忙，忙肯定是事实，一个企业老总肯定比普通员工要忙得多。但是他又批评这些人的忙在很大程度上是没有眼睛的瞎忙，没有方向、没有计划、没有目标，眉毛胡子一把抓，西瓜芝麻随地捡，这是最糟糕的。他说这个感悟不是他自己的发明，而是来自于《孙子兵法》。《孙子兵法》的确是这么看问题的。在孙子看来，战争，或者做其他任何工作，最怕的就是平均使用力量、撒胡椒面，面面俱到等于面面不俱到，什么都是重点了就没有重点。孙子曾经用军队的防御来做比喻，就算有再多的兵力，但是若要处处设防的话，那兵力永远是不够用的，总是会捉襟见肘、顾此失彼的。"备前则后寡，备后则前寡，备左则右寡，备右则左寡，无所不备，则无所不寡。"

许多历史上的人物、历史上的事件，如果我们按孙子的逻辑、道理去分析的话，就会发现我们的观感、评价会变得很不一样。比如说诸葛亮，我们大家都说他了不起，但是如果用孙子的道理去分析诸葛亮的所作所为，我们会发现他是一个失败的政治家。他的工作精神当然是非常值得敬佩的，"鞠躬尽瘁，死而后已"，但是工作方法、工作思路问题就太大了。他的最大的问题就是事无巨细，亲力亲为，大包大揽，因此造成了两个严重的后果：第一个后果，他的接班团队打造不起来，大树底下不长草，下面的人没有实践锻炼的机会的话，能力是不会真正提升的，只会成为纸上谈兵的人物，在关键时刻会掉链子。他死了以后，他的事业后继乏人，所以才有了"蜀中无大将，廖化作先锋"这句话，这就是诸葛亮的工作思路造成的后患。他造成的第二个不良后果是什么？他把自己的健康给毁坏了。他什么都要管，那就要经常熬夜，睡眠就不能保证。从他哥哥和弟弟的情况看，他的家族是有长寿基因的，结果他 54 岁那年就早早过世了。他是国家的栋梁，他的死可不是个人的事情，这对蜀国是一个巨大的损失。我老是想诸葛亮为什么非要什么都去管呢？一个士兵犯错误打五十军棍还是一百军棍，这是连长干的活，最多就是团长这一级干的活，这种事情你这个总司令都要亲自抓的话，你还能不把自己累死吗？所以我们说，《孙子兵法》的许多道理，它是超越了军事领域的，它因此也是最活的。

那么，《孙子兵法》讲的是什么？我认为它就讲了三个"道"。

第一个道：竞争之道。

战争当然是最残酷的、最血腥的竞争，但是其他只要是有分出胜负、分出高下、分出输赢的地方，《孙子兵法》的道理都是贯通的、可用的。竞争实际上有两个步骤，《孙子兵法》也就讲了这两个步骤。

第一个步骤，行动之前的战略规划、战略运筹、战略评估、战略分析、战略预测的问题，用古人的话来说就是运筹于帷幄之中。竞争在具体着手进行之前，有几项工作是一定要提前做到位的：

一是要尽可能多地搜集各种数据信息，数据信息的充分与否决定了胜负的趋势，数据充足你才可能一目了然，胸中有数，胸有成竹。现在我们讲大数据时代、数字化管理，这个数据信息尤其重要。所以，孙子才强调知彼知己、知天知地。

二是在动手之前要辩证地分析事情的利弊得失。任何事物都是利弊相杂的，有一利必有一弊，世上万事万物没有单纯的利，也没有单纯的害。都是利中有害，害中有利，你要得到它的利的同时，就要容忍和接受它的害。你如果排除了它的害，它的利益也就得不到，而且这种利弊关系是互动的，向自己的对立面转化，这就是老子讲的"祸兮福之所倚，福兮祸之所伏"。最坏的东西你也不要把它看死，它有它合理的、有价值的内容。最好的东西也有它的软肋，也有它的短板。所谓"天无弃物""天无弃人"，最坏的东西，让我来看的话那就是核武器，自从有了核武器，人类社会就笼罩在自我毁灭的阴影当中了。但是你换个角度想一想，有了核武器，从某种程度上，它避免了第一次世界大战、第二次世界大战那种战争了，古巴导弹危机最后也得美苏双方妥协，谁也不敢真的让核武器用上。因为打了第三次世界大战，就没有第四次了，玉石俱焚，同归于尽，大家都灭亡了也就不用打了，这是没有办法想象的。所以从某种程度上，最可怕的武器它反而维系了那种脆弱的和平。另外，在动手之前我们还要正确评估竞争双方的实力对比。对方有他的强项、他的短板，我方有我们的优势、我们的软肋，怎么来扬长避短，就是一个问题。《孙子兵法》讲在动手之前进行利弊关系的分析，实际上就是要抓核心的利、长远的利、根本的利、全局的利，必要的时候，要放弃局部的利、眼前的利、表层的利、次要的利。

三是动手之前要能够预测事物发展的趋势。了解事物发展的趋势非常重要，一旦方向选择错了，所有的付出和投入不但是劳而无功的，效果还可能是南辕北辙、适得其反、缘木求鱼。众所周知，第二次世界大战之前，各个国家海军的实力衡量标志是什么？不是现在所说的航空母舰，是战列舰，包括"珍珠港事件"里面被炸沉的"亚利桑那号"都是战列舰系列的。但是有战略前瞻眼光的，像当时日本的山本五十六、美国的尼米兹这些人已经看到战列舰最辉煌、最鼎盛的时候也正是它走向衰落转折的开始，海上作战要发生革命性的变革，海军航空兵时代到来了，海上作战，最后是空军制胜。但是不管是战斗机还是轰炸机，作战半径是有限的，它需要有个活动的投放平台，那就是航母，航母的最大功能就是在第一时间把作战的飞机投送到战场的第一线。所以，美国尽管在"珍珠港事件"当中遭到了重大的损失，但是它没有真正伤筋动骨，为什么？日本偷袭珍珠港那一天，美国所有的航母都不在珍珠港，被炸沉炸伤的都是些战列舰，这些反正是要报废的，那就提前报废吧。事实也证明，太平洋战争的转折点就是中途岛海战，美国人用一艘航母的代价，炸沉了日本联合舰队的四艘主力航母，从此太平洋战争的攻守之势全变了，美国由战略防御转为战略反攻，而日本则由战略进攻转为战略退却了。日本当时有世界上最大的两艘战列舰"大和号"和"武藏号"，有用吗？一点用处也没有，没有航母飞机的掩护它就是个靶船而已。所以，我们说发展的方向是重要的，在动手之前，一定要看清趋势。

最后一个，怎么来选择正确的突破方向。孙子考虑问题的一个特点就是整体的、系统的、综合的、全面的，但是在解决问题的时候，他一定是抓重点、抓关键，能够牵一发而动全身的，能够中心突破然后再四面开花的，以点带面，一定不是平均使用力量。

竞争之道的第二个步骤则是在实施的过程当中，怎么巧妙地实施和高明地落实的问题。这包括怎么合理配置资源，怎么扬长避短，怎么避实击虚，怎么奇正相生、示形动敌；怎么在坚持原则性的同时做到能权达变，即能够运用灵活性的问题；怎么立足于最坏的情况争取最好的结果，所谓"上兵伐谋，其次伐交，其次伐兵，其下攻城"。

由此可见，《孙子兵法》近六千言，说来说去，讲的就是所谓的竞争之道，

山东惠民孙子兵法城孙子塑像

这是它的第一个道。

《孙子兵法》讲的第二个道是什么？战略之道。

我们中国古代战争相当多，因而兵书的数量也是非常庞大的。民国时期有
位学者叫陆达节，他做过专门统计，我们的历代兵书的数量是1304种。在现代，
许保林先生在《中国兵书知见录》里面统计的数量是3000多种，而刘申宁先生
在《中国兵书总目》中统计则是4000多种，总之，我们兵书的数量是非常多的，
但是我们说到兵书，你说不出来几本，我们脑袋里面只有《孙子兵法》，最多再
加上《孙膑兵法》《三十六计》，厉害一点的人还知道《武经七书》，说来说去也
就10本左右。

为什么会有这个情况？我想大概是两个方面的原因。

第一，《孙子兵法》的文字太漂亮了，跟《庄子》《孟子》《老子》是同一个
等级的，可以说是中国先秦诸子百家里面最优美的文字了，比《墨子》《管子》
《商君书》这些读起来要有趣多了。顶真、排比、对偶、比喻，所有的现代语文
修辞方式它都有，朗朗上口，而且押韵。"上兵伐谋，其次伐交，其次伐兵，其

下攻城。""百战百胜，非善之善者也；不战而屈人之兵，善之善者也。""知彼知己，胜乃不殆；知天知地，胜乃可全。"类似的语言比比皆是。孔夫子曾讲"言之无文，行之不远"，文字漂亮与优雅，是书籍这个载体能够流传下去最重要的保证。

　　第二，也是更重要的，我们觉得其他的兵书讲的都是战术性的问题，但是战术是会过时的。随着武器装备的发展、作战样式的改变、军队编制体制的调整等等，这些变化发生后，关于战术问题的分析就会成为过眼云烟、明日黄花。《孙子兵法》当然也有讲战术的，它后面的五篇都是讲具体的战术问题，但是《孙子兵法》最核心的问题是讲战略的，战略是宏观的、抽象的，是超越时空、永不过时的。"知彼知己，百战不殆"会过时吗？古今中外无论什么时候打仗都要了解对手、了解自己，它永远不会有错的，所以我们说留下来的东西一定有它的理由。

　　我们都知道孙子的后代里面有位叫孙膑的，他曾经也有兵书留下，汉朝的时候还在，但是到了唐朝编纂《隋书·经籍志》的时候已经不见了，到现在失传了一千多年。直到 1972 年我们对山东临沂的银雀山汉墓进行考古发掘，在里面出土了《孙膑兵法》，才使得他的兵书重见天日。孙膑打仗比孙子打得还漂亮，

孙膑画像　　　　　　　文化传播/供图

我们想象之中，他的兵书一定也是很好的东西，但是挖出来仔细一看，发现无论是从思想的深度、内容的翔实程度还是文字的漂亮程度来看，《孙膑兵法》都赶不上《孙子兵法》，所以我们也理解到它的失传是有其必然性的。

　　《孙子兵法》是讲战略的，它要解决的是战略的基本核心问题。什么叫战略？我以前在军事科学院工作，我们的首任院长是叶剑英元帅，两个副院长是

粟裕大将、王树声大将。当时他们带领一批少将、大校进行研究，对战略下了个很明确的定义，就一句话，简明扼要，战略是指导战争全局的方略。我到现在都想不出来有什么话能取代它。这句话里面有四层意思：第一，战略的中心任务是为战争服务的。第二，战略的性质是指导的，指导的就是决定性的、引领性的、方向性的、规范性的。第三，战略所面对的问题是全局的，而不是局部的；是长远的，不是眼前的；是根本的，不是枝节的。第四，战略是方略，它不是挂在墙上那些大而无当的、夸夸其谈的东西，而是在实战当中可以操作的、可以落实的一种具体的方针和策略。《孙子兵法》回答的就是关于战略的四个命题。

第一个命题，做还是不做的问题。许多事情有价值、有意义、值得做，但是环顾我们自身的条件，考虑到客观的环境，你没法做，只能忍痛割爱，或者暂时搁置。所以，英国战略学家利德尔·哈特在他的《战略论》里面说军事战略的核心问题，就是要告诉我们什么是可以做的、什么是不能做的。东西方思维方式实际上都是一样的，我们都知道英国有个伟大的戏剧家莎士比亚，他的四大悲剧第一部是《哈姆雷特》，《哈姆雷特》里面最关键的一句台词我们现在翻译过来是"生存还是死亡"，如果按字面直译的话就是"做还是不做"。《哈姆雷特》里面所有的悲剧就是王子本人在这个问题上瞻前顾后、优柔寡断、患得患失、投鼠忌器，最后造成了悲剧。

第二个问题是何时做的问题。决定要做了，什么时候介入就要有讲究。过早地介入叫作枪打出头鸟，出头的椽子先烂，你会成为矛盾的焦点、众矢之的，所以邓小平同志要求我们做到韬光养晦，就是这个道理。但是你也不能过晚地做，否则的话，过了这个村没有这个店了，蛋糕已经分割完毕了，你已经被边缘化了，你出局了也就再没有机会了。所以把握时机要恰到好处，收放自如，见好就收。

第三，《孙子兵法》要回答的战略命题是何地做，水土服不服的问题。在北京可以做的事情，在西藏不一定能做；在美国可以做的事情，在中国不一定能做。我们改革开放特区很多，成就都很大，但是最成功的恰恰是深圳和上海浦东，因为有的地方它缺乏持久性的发展动力。珠海绝对是个好地方，宜居城市，但是它旁边挨着的是澳门，澳门的优势只有博彩业，它带动不起来珠海的发展。上海就不一样了，上海有一百多年的开埠历史，老百姓小资情调还是很足的，看电影要到大光明，平时也要看看跑马场、大世界，还会讲几句洋泾浜的英语。上海又是江浙财团的核心发展区域，所以只要给它政策，它马上发展迅速，虽然是后发，但是能够先至。深圳也是这个道理，它挨着香港，无论是信息资源渠道、劳动力的素质，它都是容易冒尖的。

最后，孙子要回答的就是何人做的问题。干部问题、用人问题是战略问题，毛泽东同志说得很对，思想政治路线确定以后，干部就是决定因素。我们经常有很好的思路、很好的规划，但是环顾自己的团队，发现没有人可以替你去抓总执行，这时候工作就很难推动。孙子为什么把将帅看得这么重要，就是因为这涉及何人做的问题。"兵熊熊一个，将熊熊一窝。""置将不善，一败涂地。""千军易得，一将难求。"都是这样的道理。这就是《孙子兵法》第二个重点说明的规律，战略之道。

《孙子兵法》第三个道是统帅之道。

领导干部学《孙子兵法》真的有必要。汉代有规定，凡是大校以下的普通军官和普通士兵不能学《孙子兵法》，而是要学《司马法》。《司马法》其实就是军人守则、干部守则，它里面的规定是死的，下级见了上级要敬礼，到了一个地方要放警戒，晚上要查岗、要对口令。做到了这些，就是个合格的低级军官、合格的士兵了。那么，《孙子兵法》是谁学？需要少将以上的人才能学的，它是一种管理艺术、领导艺术，是统帅之道。

《孙子兵法》的基本内容，其实就是讲了这三个道：竞争之道、战略之道和统帅之道。

那么，《孙子兵法》这本书在现代社会还有什么样的价值呢？从哲学的层面来说，最值得肯定的就是下面的八个意识，这也是阅读它带给我们的八个启迪。

第一个是全局意识。

我们有句古话："不谋万世者，不足谋一时；不谋全局者，不足谋一域。"

我们看许多问题，不能计较一城一地的暂时得失，要长时段地看问题。成功的战略家总是善于从错综复杂的局面当中，清醒地分析敌我双方的优劣态势，充分地考虑到当时的地缘关系、综合实力以及战略布局与互动，在这个基础上来确定自己的战略目标，营造有利于未来发展的良好战略环境。《孙子兵法》看所有的问题都带有全局性的眼光。例如，它认为战争取胜的核心是一个整体性、综合性的东西，它包含五个核心要素、七个具体方面，即"五事七计"。

第一，道。古往今来，古今中外，讲政治都是放在第一位的，道就是政治。在孙子看来，政治清明、内部和谐、上下团结，大家有共同的奋斗目标、共同的奋斗理念、共同的核心价值观，能够心往一处想，劲往一处使，这就是战争取胜的前提条件。

但是光有政治不行，接下来是第二个要素：天。从抽象来说是时机问题，从具体来说也是刮风下雨的气候、天象问题。如果我们对古代战争历史有一点了解的话，就都知道凡是南方地区打北方，它选的时间大多是选择暮春或者是初夏，因为这个时候河流解冻了，水位最高，运兵运粮最方便。打仗就是打后勤，兵马未动，粮草先行，这个天时对它有利。而北方地区打南方，它一定倾向于选深秋或者是初冬，因为北方的军队主要靠骑兵，骑兵最重要的就是马匹，这时候秋高马肥，正是军队战斗力最强大的时候，是杀向南方的最好时机。古代战争如此，现代战争也是一样。有些国家是不能碰的，比如当年的苏联，今天的俄罗斯，谁碰它谁倒霉。希特勒碰它完蛋了，拿破仑碰它也完蛋了。因为那个冰天雪地的地方不用打，把你冻死就可以了，这就是天时。

第三，地。地就是环境，包括战场的容积量。我们看古代史书里面，经常看到一种情况，十万人的军队被一万人的军队打败了。我们看了没有明显的错误，怎么会被打败？但是我们的老首长带着我们去看了古战场以后，一下子就明白了。他说这个地方战场的容积量就是两万人，对方来了一万人，你带十万人过去没用，你放进去也是一万人，另外九万人你放不进去，在旁边干着急，一万人跟一万人打，那就有可能被人家打败。这一败不是一万人败了，旁边看着的九万人也是肝胆俱裂、草木皆兵、风声鹤唳，跟着败。所以，一万人的军队能打败十万人的军队。

　　此外，不同地区的军队在不同的环境当中打仗也完全不一样。曹操的军队到了湖北这个地方打败仗就是必然的，他的优势在于有强大的骑兵，骑兵在北方地区可以纵横驰骋，这是所向披靡的。可是到了当时的湖北这一带，遇到的都是丘陵、沼泽地、河流、湖泊，骑兵就不起作用了，这时候需要有强大的水军，恰恰在这一块他是最弱的，成为制约他所有战斗力发挥的最短的那块木板。他过早地在错误的地点跟人家进行了一场错误的决战，所以他打败仗就很必然。不要怪敌人太狡猾，所有的问题都要在自己身上找原因。对方给你一个连环计，你把船连接起来，上当了，一把火烧起来损失惨重。之所以会上当，就是因为你的军队是北方人居多，水性不好。我们想一想，如果军队里都是"浪里白条"，是南方兵的话，那么这个连环计就不能奏效。对方给你伪造封书信你也上当，把两个水军大将给杀掉了。你会上当，就是因为你自己没有心腹将领去带领水军打仗，只有借助刚刚投降过来的荆州降将张允、蔡瑁。你和他们之间还在磨合的阶段，不能做到用人不疑、疑人不用，所以小儿科一样的挑拨离间，你就会轻易上当。试想一下，如果你的水军大将是张辽、徐晃，你会上当吗？这些问题归根到底都还是"地"的问题。

江苏南京东吴大帝孙权纪念馆"赤壁之战"模拟场景　　　　　上弦月／供图

第四，天时、地利之后就该是人和了，人和就是队伍，就是孙子强调的将的问题。孙子对普通员工是瞧不起的，别看他说得很好听，要爱兵如子、爱民如子，"视卒如婴儿""视卒如赤子"，但骨子里他对士兵是很轻视的，这是他的阶级局限性，没有办法避免的。实际上，他认为兵就是羊，对他们要如赶群羊，"驱而来，驱而往"，不要有怜悯之心，把他们放到无路可退的绝路上，他们为了求生自动就打仗了，这就是他说的"投之亡地然后存，陷之死地然后生"。孙子打仗只认"将"，他认为将帅才是军队的灵魂、军队的大脑，带兵打仗将帅的人选最为关键。

第五个要素就是法、制度。没有规矩不成方圆，人做事要有章程、制度来保障，所以孙子强调"修道而保法"。

统观这五个方面，我们可以看到他取胜的要素是全局性的、综合性的。同样，他对将帅的素质要求也是全局性的。

孙子认为将帅最重要的素质第一条就是"智"，因为将帅只有睿智才能去搜集各种信息数据，只有睿智才能分析利弊得失，只有睿智才能预测事物发展的趋势，只有睿智才能正确地评估竞争双方的实力对比，只有睿智才能选择正确的战略突破方向。

第二条，信。信在春秋时代的地位特别重要，到了后来才越来越边缘化了。孙子是春秋时代的，春秋贵族最大的荣耀就是讲诚信。与孙子同时代的孔子也一样特别强调"信"，他认为一个国家要想存在、发展，第一要有充分的、足够强大的军队，足兵；第二要有丰厚的物质积累，要足食；第三就是民信之。如果要去掉两个的话，那去掉兵和食，"自古皆有死，民无信不立"，信是最重要的。我们现在有一个词叫威信，你这个领导之所以有威望，是因为讲信用、守诺言的，你如果讲话不算数，那么往后也就没人听你的了，讲话再也没有用。

第三条，仁。儒家和兵家都讲仁。我们现在把"仁"理解成仁者爱人，那是狭隘的理解，真正的儒家里面的"仁"是包容性。"己欲立而立人，己欲达而达人""己所不欲，勿施于人"，这才是真正的"仁"。兵家也是一样，"仁"

有两层含义。第一个"仁"是关心民众、关心士兵，但兵家更强调的是领导者的胸襟和肚量，能够做到海纳百川，有容乃大，能够开诚布公，集思广益，兼听则明，不要求全责备，避免出现"水至清则无鱼，人至察则无徒"。现在好多领导自己很优秀，就要求下面的人都同他一样都做到，这太难了。从某种程度上来说仁就是一种肚量、气度、胸襟。历史上经常出现贵族斗不过无赖，君子斗不过小人的现象，某种意义上说，好人、贵族他要检查的，为什么？坏人有时候的包容性很强的，而好人眼睛里面掺不得沙子，所以最后经常无人可用，变得孤家寡人。项羽永远打不过刘邦，因为刘邦是无赖，项羽是贵族。韩信原来是项羽手下的，项羽作为军事家不知道韩信打仗不好吗？他不喜欢，韩信年轻的时候受过胯下之辱，项羽就摇头了，男子汉大丈夫，宁可站着死也不能跪着生，一点骨气都没有，弃之不用。陈平也是他手下的，但是他生活作风不好，这个项羽也摇头，不用。当时楚汉相争，项羽不用他们，他们就跑到刘邦那里去，刘邦是无赖，就都把他们用起来了。这就是最后项羽失败的重要原因。所以孙子就讲，作为统帅是要有包容性，有海纳百川、有容乃大的这种气象的。

第四条，勇。勇也有两个层次，浅层次的勇就是奋勇杀敌、视死如归的意思。但对领导干部来说，孙子强调的是作为将帅，要有一种担当精神，要敢于负责，敢于担当。最让我们瞧不起的领导是有了成绩都是他英明领导，有了问题总是要找替罪羊。

最后一条，严。部队里面这条特别重要，"慈不掌兵"。先秦时期荀子有个说法，讲凡是山东人一定打不过河南人，凡是河南人一定打不过陕西人。当时我觉得很纳闷，山东人打不过河南人可以理解，因为齐国是以工商业立国，工商社会人们的战斗力就比农耕民族要差得多。但是，河南人为什么打不过陕西人呢？大家都是农耕的，大家都是吃面条的，为什么打不过呢？后来看到《商君书》，看到反映秦国军事制度、军事文化的《尉缭子》就知道了，军法实在是太严了，一个班去打仗，班长死了，战士有活着回来的得砍头，排长死了杀班长，连长死了杀排长，所以士兵打仗是有进无退的。秦国的军队号称"虎狼之师"，最后能够横扫关东六国，那就是严厉调教出来的。戚继光也是这样的，他到部队里去视察，就拿块白布去你仓库里面摸那些大刀长矛的柄，如果发现有灰尘，仓库保管员还有使用这把刀的那个士兵当场斩首，所以戚家军在战场上才能所向披靡，这就是严。

通过兵法里面的这两个例子，我们可以看到孙子考虑问题是全方位的、综合的、系统的。这种全局意识无论用于政治和军事主从关系的分析、经济和战争的关系、敌我态势的判断，它都是全局的、互补的、系统的、整体的。

《孙子兵法》带给我们的第二个启迪是重点意识。

关照全面不等于事无巨细平均使用力量，恰恰相反，抓住重点，强调主次，是做好一切工作的生命线，面面俱到等于面面不俱到，什么都是重点就没有了重点。求全固然是好的，《孙子兵法》也一直讲全胜，但是求全的话，它往往会让我们考虑问题的时候患得患失、瞻前顾后，处理问题的时候也往往是优柔寡断、投鼠忌器。打仗绝对不能等有八九分把握的时候再打，这个时候大家都看得到胜负的趋势了，往往也就没有战机了，打仗往往在五六分可能性的时候，就要适当地冒险。

《孙子兵法》中一直都在强调重点，比如进攻和防守孙子都在讲，但是他重点强调的还是进攻，"避实以击虚"的时候，"击虚"才是重点。在"奇正相生"里，"正"是常规的做法，明面上的主力部队叫"正"，而"奇"则是关键时候投入的机动的部队；循规蹈矩的战法叫作"正"，不按常规的出牌就是"奇"。两者不可偏废，光有"正"没有"奇"，打的是笨仗，就不可能出奇制胜；光有"奇"没有"正"，往往导致要么大赢要么大输，风险太大了，所以需要"奇正相生"，两个字缺一不可。在孙子那里，"奇"是重点，"正"是配合的。孙子是矛盾的两点论者，但他更是矛盾的重点论者。

"知己知彼"这句话我们大家都知道，也往往把它当成孙子的名言，但这是一个我们习以为常的错误说法，因为孙子从来不说"知己知彼"，他只说"知彼知己"，任何版本的《孙子兵法》讲的也都是"知彼知己"。为什么？孙子认为要战胜对手，既要了解自己，也要了解对手，两个都要了解，这是矛盾的两点论。但是孙子更是矛盾的重点论者，了解自己相对比较容易，真正的难度在于了解对手，对手在暗处，他们真实的战略动机、他们真正的军事实力都难以琢磨，而且他们还要制造假象欺骗你，透过假象的迷雾看到事物的本相更是难上加难。所以孙子才会强调"知彼"是第一位的，这是重点，重点没有抓牢，你就什么都想抓的话，最后往往什么都得不到。

诸葛亮的《隆中对》千百年来大家都是推崇备至，赞誉有加，但是毛泽东一下子就看出问题了。他说《隆中对》是个坏计划，刘备集团之所以是三个国家里面第一个灭亡的，就始误于《隆中对》，因为《隆中对》太求全了、太完美了，然而越是完美的东西，往往都是不真实的，有缺点的计划、有问题的计划，才可能恰恰是行得通的计划。我们经常会讲到残缺是美，就是这个道理。《隆中对》太一厢情愿了，它犯了用兵打仗的一个最大的忌讳——分兵。刘备的兵力在三个集团当中是最少的一方，他把有限的兵力一部分留到了四川、重庆，一部分留在了湖北、湖南，一旦打起来，中间隔着长江三峡，那就会首尾不能相顾，远水不救近火，被别人各个击破。关羽在荆州之战最危险的时候，刘备在四川是鞭长莫及，没有办法救他。《隆中对》的计划一开始就有问题，它两面都要兼顾，那就没有重点了，在实际操作中不可能实现。

我们都知道赤壁之战是孙刘两家一起打下来的，但是唱主角的是孙权的部队，刘备当时只是个配角。刘备集团在整个赤壁之战里面最多就是玩了三十六计里面的两招，第一招浑水摸鱼，把孙权拉下水，一起来对付曹操。第二招就是趁火打劫，在曹操败走的时候，派出一些将领中间拦截一下，抢点战果。荆州这个地盘本来应该是东吴的，人家出于战略同盟关系是暂时让出来借给你的，但你现在占了这么大的地盘，赖账不还了，然后还要跟人家讲友谊、讲合作，想要求全地保留所有成果，分不清重点，那么最后双方之间关系破裂，反目成仇，大打出手，也就是必然的了。

孙子一直在强调重点意识，《孙子兵法》中我们也可以看到他讲所有的问题都是两点当中抓重点，在孙子那里，矛盾是对立统一的，但是要找矛盾的主要方面，或者说在诸多矛盾当中抓主要矛盾。这种重点意识和全局意识的平衡与协调永远是我们读《孙子兵法》里面应关注的重要的哲学命题。

《孙子兵法》的第三个启示意义就是它的创新意识。

《孙子兵法》的出现，从本质上来说是一个创新的过程，它就是一个创新的成果。它的整本书里贯穿着创新的精神，这也正是它能够超越其他兵学理论，独领整个兵书学术界风骚的最根本原因。

我们现在回头来看，《孙子兵法》讲的一些基本的原则，比如"兵以诈立""兵者，诡道也"等等，我们今天看来都是很正常的东西，但是在孙子生活的那个时代，这些都是一种重大的理论上的创新，也是对当时现实的反映。

《孙子兵法》不是我国最早的兵书，我们最早的兵书叫《古司马兵法》，这是当时军事文献一类书的统称，不是某一本书。《孙子兵法》正是在这些传统的基础上发展起来的，《古司马兵法》里讲到当时的一些基本原则，跟《孙子兵法》有非常大的差异，或者说是完全的对立。《古司马兵法》里面有许多原则，比如打仗，规定对方国君死掉办丧事的时候不能去攻打，这是西周礼乐文明在军事活动中的表现，对当时战争的一种限制，而在《孙子兵法》看来对方的国君死的时候，正是群龙无首、趁乱加以攻击的良机。《古司马兵法》还说在战场上要"不重伤，不擒二毛……不以阻隘也，不鼓不成列"，这些都是当时普遍的军事原则，敌人受了伤你不能补一刀，对方年纪大了也要加以优待。"逐奔不过百步"，敌人打败逃跑的时候，可以进行追击，但是最大的距离就是追一百步，一百步以后就要停下来。我们有个成语叫"五十步笑百步"，它背后反映的就是这一原则。"纵绥不及三舍"，敌人退却的时候可以尾随追击，但是最大的距离是三舍，一舍是三十里路，也是古人行军一天的路程，三舍就是三天的距离，表明敌人退出战场了，我们现在说"退避三舍"也就是从这个意思来说的。这些都是当时大家普遍认可的战争原则。可是到了孙子生活的时候，现实发生了一些变化，这种温文尔雅的打法行不通了，这时候战争的性质发生了变化。春秋时候的战争宗旨是争霸，把对方打服了，对方认输就可以放过，可是春秋后期及战国不一样，那时候战争的宗旨是兼并，不但要把敌人打败，还要把对方的土地、人口占为己有。战争的残酷性明显加大了，孟子讲"争地以战，杀人盈野；争城以战，杀人盈城"就反映了这一变化。《孙子兵法》就是对这一时期战争原则及规律的总结，同《古司马兵法》相比，《孙子兵法》完全变了，但是这种改变恰恰符合了战争消灭敌人、保存自己的那个根本的规律，回归到战争的本质，这是对战争理论的创新。

现代社会，我们大家在从事各种活动的时候，似乎都在或多或少地学习借鉴《孙子兵法》，但是我觉得，它的战略思维是可以借鉴的，具体战术还是要谨慎一点，因为《孙子兵法》的本质属性是兵法，是战场上解决你死我活、敌我矛盾的斗争策略。战场上为了夺取胜利可以不择手段，但是现代社会不一样，现在的经营管理、商业运作是讲究多赢、双赢，是人民内部矛盾，如果把对付敌人的这种战场上的东西，不加保留地都用到我们的人际关系、社会活动中，道德就会没有底线，游戏就会没有规则，后果是很恐怖的。《孙子兵法》的创新对军事领域而言确实有价值，但它如果完全没有道德制约在其他领域应用的时候，也会出现问题，我们必须要有敬畏之心、感恩之心、是非之心，不能光讲功利之心。我们中国的文化是个体系，在读《孙子兵法》的同时，我们还要学儒家的经典《论语》，告诉我们做人做事的底线，还要读点《老子》和《庄子》来提升我们的境界，能够舍得，懂得放弃的道理，豁达、包容。这样我们有兵家的手段、儒家的立场、道家的境界，这才是一个领导应该有的综合的素质。

另外，我们还要牢记创新需要一定的基础。如果没有一定的传承，就谈不上发展；没有一定的积淀，就谈不上创新，否则的话，创新就是无本之木、无源之水。《周易》里面有革命的革卦，讲的就是变革，但是《周易》里面还有相应的鼎卦，强调的是稳定、守成，二者不可偏废，我们不要只把创新当作时髦的语言来用。我们在《孙子兵法》里面可以看到既有创新又有大量的传承，他是把前人的一些好的原则都吸收采纳了进来，比如说"穷寇勿迫"并不是孙子本人的发明，这是《古司马兵法》里面的东西，被他借鉴了过来。这样，既传承又发展，既积淀又创新，才使得孙子真正形成了一个超越其他兵家理论的最高超的、最高明的、最有价值的兵学文化体系。

第四个是机遇意识。

机遇意识又叫时机意识，孙子是特别强调时机的，我曾经用 12 个字来对《孙子兵法》的机遇意识做过一个形容。第一个是"料事能准"，机遇意识就是要求我们能把事情看得清晰明白，能够未雨绸缪，把握住时机。第二个是"遇事能忍"，时机不成熟的时候，不要急于求成，不可忘乎所以、轻举妄动。"时不至，不可强生；事不究，不可强成"，但是这种"忍"不是消极等待，而是要以防御为手段、以反攻为目的的那种积极的防御。在等待中要积累力量，等到时机一旦成熟，就要坚决地把握战机，毫不犹豫，稳准狠地给对手以致命的打击。最后一个是"善后能稳"，这一点特别重要，往往胜利即将到手的时候，也是可能失败的一个转折点。我们现在喜欢用"盛世"这个词，形容一个时代、王朝发展到最高峰的时候，但是我们看历史，没有一个朝代不是盛世的时候出现问题的。西汉王朝在汉武帝的时候几次攻打匈奴，扫除了边患，达到了鼎盛，但是最后也是因为没有节制、无休无止打匈奴打到了海内虚耗、"户口减半"，成为汉朝中衰的转折点。唐朝的盛世是唐玄宗在位的时候，号称"开元盛世"，但也恰恰是唐玄宗造成了"安史之乱"，成了唐朝由极盛的顶点走向衰落的开始。清朝的盛世肯定不是康熙的时候，那时候还有三藩的问题、台湾问题都没有解决，它的盛世是在乾隆时期，但是也就是乾隆的时候出现了和珅等贪官污吏，最后成了清朝衰落的起点。

孙子的机遇意识我们可以看到，它强调的是在军事实力的基础上，发挥将帅的主观能动性，创造和运用有利的作战态势，出奇制胜打击敌人，实现自己的战略目标。

第五个是主动意识。

主动权是军队行动的自由权，毛泽东同志曾讲过，主动权是军队行动的生命线，一支军队如果失去了主动权，实际上就处于被打败的边缘了。有了主动权，军队弱可以胜强，少可以胜多，败可以转胜，而一旦没有主动权，你最大的优势也会随着时间、空间的转移而丧失殆尽。

我们都知道，唐太宗李世民是古代皇帝里面最能打仗的一位，他就对《孙子兵法》里的一句话推崇备至，讲的就是关于军队打仗怎么赢取胜利的，道理其实非常朴素，千言万语归结到一句话，就是："善战者，致人而不致于人。""致人"就是调动敌人，"致于人"是被敌人所调动，这句话充分说明了主动权的重要性，在战场上你要能牵着敌人的鼻子走，而不是让自己的鼻子被敌人牵着走。毛泽东同志关于主动权的问题，也有一句非常精彩的点评，就简简单单八个字："你打你的，我打我的。"

我们的兵法典籍叠床架屋，浩如烟海，但是说来说去，最核心的问题就是主动权的问题，调动敌人而不被敌人所调动。军事战争中有没有主动权是完全不一样的。楚汉战争中，项羽最后被刘邦打败了，他是百思不得其解。他说，我自起兵以来大小七十余战，战无不胜，攻无不克，可如今落到四面楚歌、十面埋伏、霸王别姬的悲惨境地，这不是我仗打得不好，"非战之罪"，是天亡我也。项羽始终没想到的是，在楚汉战争的整个过程中，他没有一天拿到过主动权，主动权反而始终在刘邦手上，刘邦充分发挥主动权在手的优势，让项羽顾此失彼，疲于奔命，慢慢地把项羽的优势都消磨殆尽。

第六个是优势意识。

优势意识，用今天的话来说就是实力意识。现在很多人经常把《孙子兵法》跟"三十六计"等同起来了，其实这两者根本不是一回事，这是认识上的一个误区。从出身来讲，《孙子兵法》是名门正派，现存最早的《孙子兵法》是写在竹简上的，距今两千多年，最早的纸本《孙子兵法》出现在宋代，是宋刻本图书。但是"三十六计"从来没有在古书出现过，也没有哪本古书有过它的著录，它是 20 世纪 40 年代在成都的一个小书摊上发现的手抄本，近似于"地摊文学"，来历不明，形迹可疑。

当然，英雄不问出身，如果内容确实好的话我们一样重视，但是"三十六计"有明显的局限性，它只讲谋略，而且还都是些下三烂、阴损不入流的东西，听名字就知道了，瞒天过海、借刀杀人、顺手牵羊、树上开花、指桑骂槐、浑水摸鱼、趁火打劫、美人计、反间计，全是这些乱七八糟的东西。《孙子兵法》当然也有谋略，它有《孙子兵法·谋攻篇》，提倡"上兵伐谋"，但是

我们要注意，它最重要的特点是强调实力建设。在孙子看来，巧妇难为无米之
炊，没有实力一切无从谈起，无论是"伐谋""伐交"，都是需要实力做后盾的，
"伐兵""攻城"更是离不开实力做基础。所以我们说孙子是唯物主义的，他强
调"胜可知，而不可为"，胜利可以预知，但是不可以脱离客观实际去强求。在
强调实力建设的基础上，孙子又不是机械的、教条的，不是光讲实力不讲谋
略。他也强调造势、任势，在尊重实力、尊重客观规律性的前提下，充分发挥
将帅的主观能动性，这时他又强调胜利是可以主动去创造的，"胜可为也。敌
虽众，可使无斗"。关于实力与谋略的关系，我们可以看一个小故事——田忌
赛马。这个故事大家都很熟悉，田忌和齐威王赛马总是输，孙膑就给田忌支着
儿，让田忌用上驷对中驷、用中驷对下驷、用下驷对上驷，这样比赛的结果是
输一局赢两局，三局两胜赢了。它说明一个什么问题？谋略是有用的。在双方
实力相差无几的情况下，谋略可以起到四两拨千斤、成为压垮骆驼的最后一根

明刻本《新列国志》插图《田忌赛马》

文化传播 / 供图

稻草的关键作用。但是我们如果再追问一句，一旦三驷的马都是下等马，那么，不管怎么排列组合，最后的比赛结果都会是三局皆负，这就是实力和谋略的关系。

一切取胜的根本还是实力，没有实力一切无从谈起。我们看清朝的历史，鸦片战争、甲午海战的时候，我们的《孙子兵法》是在的，但是说实话，那时候就算有一万本《孙子兵法》我们也得打败仗，因为双方的实力对比不一样了。我们当时还是封建的、落后的农耕文明，而西方侵略者已经是经过工业革命以后先进的资本主义工业文明了，所以较量一次就败一次。这就像印第安人遇到西班牙殖民者一样，不管印第安人再怎么骁勇善战，在殖民者的枪炮面前，就免不了被人家屠杀灭绝了。明白这点特别重要，孙子就说善战者"不可胜在己，可胜在敌"，首先要自己实力强大，能够做到不被敌人打败，之后再看敌人有没有犯错误，抓住敌人的失误去打败敌人。双方的争斗中，我们最大的任务就是要让敌人出现思维盲区，出现误判而暴露破绽，我方趁机加以利用。如果人家没有暴露破绽，那就要耐心等待，"先为不可胜，以待敌之可胜"。孙子一直强调胜利的军队是"先胜而后求战"，失败的军队是"先战而后求胜"，这是胜兵和败兵的最大区别，总之，要"以镒称铢"，用石头去砸鸡蛋，而切忌拿鸡蛋碰石头。

我们原来读《孙子兵法》，过多地强调了谋略，这样实际上对我们中国军事文化的发展是有障碍的。我们天天想着靠智慧取胜，不是说智慧不重要，但这种靠智慧走到极端反而没有关注科技的发展，忽略了硬实力方面的提升。总是想利用人家的漏洞，这样的机会是可遇而不可求的。孙子的谋略大家都重视到了，甚至把它夸张了，但是孙子的重实力，力求主客观的平衡和统一，才是我们今天应当特别重视的启迪和当代价值。同理，一个国家要"和平崛起"，最大的自觉就是要有强力的实力发展政策，不断强化自身的硬实力和软实力。

第七个是偏锋意识。

偏锋意识说白了就是另类意识、逆向思维。关键时刻它能起到剑走偏锋的效果，造成意外的收获，它最大的特点就是不按常规出牌。

在孙子看来，没有规则就是最高的规则，没有规则才是唯一的规则。孙子希望大家学他的兵法，但是孙子最大的愿望是大家学了他的兵法之后忘掉他的兵法。凡是历史上学《孙子兵法》学得好的人，最后打仗都不怎么样，马谡打仗，哪一条不是按《孙子兵法》来的？《孙子兵法》说军队驻扎应该在居高向阳之处，他就把部队驻扎在山坡上。别人劝他说，山上没有水源，容易陷入死地。他说不要紧，《孙子兵法》里面讲了，投之亡地然后存，陷之死地然后生。但是，他忘了《孙子兵法》的灵魂是"兵无常势，水无常形，能因敌变化而取胜者，谓之神"，他学得再滚瓜烂熟也只是纸上谈兵，隔靴搔痒，遇到了战争经验丰富的张郃只有吃败仗。

《孙子兵法》里面关于另类思维的内容太多了。比如说我们讲"道"，儒家的正常理解"道"就是要尊重民意，以人为本，但是孙子说治国和打仗不一样，在他看来，"道者，令民与上同意也"。做领导的，一定要有主见，你得要有决断，你要敢于负责，应该是你领着大家走，而不应当听风就是雨，被民意所绑架。你要想办法让大家拥护你、支持你、配合你，而不是你改变自己的原则立场去迎合大家。正如毛泽东同志所指出的那样，领导干部不能当群众的尾巴。不同的利益阶层有不同的利益诉求，要想满足所有人的诉求，最后只会导致所有人都不满意。我们有句古话叫"筑室道旁，三年不成"讲的就是这个道理。

我们说孙子看问题看到了问题的实质，这就是偏锋。正常当中发现不正常，合理当中找到不合理。他这样的话很多，比如依我们正常的思维，军人以服从命令为天职，一切行动听指挥。可是孙子在肯定这个的同时，又提出"君命有所不受"，这其实是对一切行动听指挥的反动。但恰恰是有了这种反动，一阴一阳谓之道，才形成了最佳的、最恰当的管理平衡。如果把所有的前线指挥员的手脚都捆住，将领没有临机指挥权的话，这个仗就没法打了。当然，政治上忠于最高领袖这是绝对要肯定的，但是行动上一定要给将领灵活的权限，两者相辅相成才会取得胜利。

孙子还说将帅有五种致命的危险，一不小心就会导致将帅身败名裂、军队覆灭、国家灭亡。第一种是打仗不怕死；第二种是打仗时善于保全；第三种是打仗有激情；第四种是将帅廉洁奉公；第五种是将帅爱民如子。在我们一般人看来，这些全都是优点，哪里是缺点？可是孙子认为，这些优点所有人都看得到，大家就都会来提倡、来强调，这就很容易把好的东西推到极端，就走向反面了。真理过了一步就成了谬误，播下的是龙种，收获的却是跳蚤。另外，孙子还有一个逻辑，就是任何好的东西都有它的软肋：廉洁奉公固然是好的，但是廉洁的人就容易爱惜自己的羽毛，在乎自己的名声，容易图虚名而处实祸。敌人通过造谣抹黑他的名声，他越重虚名越会心烦意乱，寝食不宁，这样就很容易作出错误的决策，这时候廉洁就反而变成负面的障碍了。

从这里我们也可以看出来，只有兵家跟道家才有这么透彻的思想力，儒家就不会说爱民不好，说廉洁不好，只有道家和兵家才真正从哲学的高度认识问题。如果我们再仔细一想就能发现，儒家的大多数概念都是同义的叠加，忠信、忠义、仁义都是两个好的词加起来的，而道家和兵家所有的概念范畴都是矛盾的对立统一，道家讲"长短相形，高下相倾""前后相随"，讲"少则得，多则惑"；兵家说奇正、虚实、迂直、主客、攻守、利害，这些都是矛盾的对立体。所以，我们说孙子最大的优势之一就是他具有超常思维、另类思维，这就是比普通人高出一筹的关键所在。

最后一个意识是忧患意识。

《孙子兵法》全书都贯穿着一种忧患意识，全书开篇就提到："兵者，国之大事，死生之地，存亡之道，不可不察也。"孙子讲打仗，也从来不讲求胜的问题，他是千方百计强调要避免败的问题。他告诉我们到一个地方先不要看进攻的道路，要先看撤退的道路，所以他只说"知彼知己，百战不殆"，他从不说百战百胜，只能保证没有危险。他讲问题的时候，一直是把危险放在前面作为重点来考虑的。

孙子是兵家，本来用兵打仗应该是他建功立业的最好机会，但他首先强调要知道用兵之害，只有知道用兵之害，才能知道用兵之利，"夫不尽知用兵之害者，则不能尽知用兵之利也"。他强调"军争为利"，"军争"就是争取主动权，这是有利的，但是紧接一句就是"军争为危"，然后"军争有利"根本就不展开，一句话带过，反而写了一大段文字重点强调"军争为危"，突出讲不利的地方。孙子的许多观点都充满了这种忧患意识，比如"穷寇勿迫"。鲁迅先生讲痛打落水狗，毛泽东同志也讲"宜将剩勇追穷寇"，但是孙子认为要考虑到对手狗急跳墙、鱼死网破的问题，这是军事战争学里的一条重要原则，孙子是悟透了。我们有个词汇叫作"除恶务尽"，可是在孙子看来，除恶不能务尽，留有敌人、留有对手是我们自身存在和发展的前提。一个人、一个团队、一个国家、一支军队，不怕有对手，最怕是打遍天下无敌手，这个时候就会趾高气扬、忘乎所以、得意忘形，让胜利冲昏头脑，最后在阴沟里翻船。

我们想想道理确实是这样，正是因为有了百事可乐的存在，可口可乐才能长盛不衰；正是因为有了空客的挑战，波音飞机才会不断地改进技术，这都是水涨船高的关系。美国现在之所以能有一百年的世界霸权，跟它战略文化里面重要的一条原则是有很大关系的，就是它始终在寻找对手，甚至有意识地制造对手。你看它一战的时候，以奥匈帝国、德国为对手；二战的时候，以日本和德国为对手；二战结束了，冷战了，以苏联为对手。这个思路它贯穿于始终。

说到忧患意识，我就想到了周敦颐《爱莲说》里面两句非常有名的话，"出淤泥而不染，濯清涟而不妖"，但是我们往往只看重前面一句，激励我们逆境当中不自暴自弃，能咬定青山不放松，坚持了下来，走向成功。但是后面一句话我觉得更重要，"濯清涟而不妖"，"清涟"是顺境，在顺境当中不忘乎所以，保持清醒的头脑更为重要。一个人、一个团队，逆境当中奋斗固然是不容易，但是在顺境当中能够戒骄戒躁，谦虚谨慎，战战兢兢，如履薄冰，继续前进，更为困难。

孙子的忧患意识和孟子的"生于忧患，死于安乐"的思想是一致的。这种忧患意识反映了孙子作为一位伟大的、杰出的思想家，对国家安危、民众存亡乃至人类命运的那种终极的关怀。正是由于这种强烈的忧患意识，使得《孙子兵法》超越了一般的、普通的兵书层次，而上升到一种伟大的哲学理论的高度。

当今时代，我想，我们国家顺利发展的同时，如果能够从中国的传统文化当中汲取智慧，借鉴古人的思想方法论和哲学大智慧的话，也许可以使我们各方面的视野更为宽阔、我们的思维更为活跃、我们的工作能力可能有一个新的升华。而《孙子兵法》的永恒魅力，就在于始终为我们提供这样的帮助！

（讲座时间　2020 年）